高 等 学 校 小 学 教 育 专 业 教 材

U0661192

中外教育思想史

主 编 朱永新 副主编 杨树兵

南京大学出版社

目　录

1

第一章 导 论

当人们研究和回顾人类教育历程的时候,总是十分关注人类教育历史中波澜壮阔的教育事件,以及一些影响人类教育发展进程的具有决定意义或开创性的教育制度以及教育法规、政策等,对教育史中的一些伟大教育家的教育思想却不太重视。其实,在人类文明发展的源远流长的历史发展轨迹中,无论是教育事件的发生还是教育制度的形成,都不同程度地受到教育家教育思想的影响和支配。因此,通过对历史上伟大教育家教育思想的深入细致的分析和研究,对于我们了解教育发展历程,开阔和拓展对中外教育的过去以及现在的认识,把握教育发展的规律,具有十分重要的意义和作用。可以说,在世界文明史上,这些伟大的教育家的教育思想丰富多彩、形式多样,是进一步推动人类教育发展不可多得的宝贵财富,对这些教育思想作进一步的分析和研究,并在此基础上,对他们的教育思想观念进行合理地吸收,对于我们做好当前的教育工作大有裨益。

第一节 教育思想史的性质及特点

一、教育思想史的性质

教育思想史作为一门系统研究古今中外伟大教育家的教育观点、教育理论、教育思想的学科,越来越受到人们的重视。但是,在具体的理论研究中,对于教育思想史研究的对象,不同学者有着不同的观点,他们对"教育思想"提出了许多不同的理解和解释,其中代表性的有以下几种:

教育思想就是"对教育现象的认识,主要包括:教育主张、教育理论、教育学说等。大体可分为两个层次:一是较为零星的、不太系统的教育思想,如人们对教育总体或某方面的、片断的、初步的看法、想法、主张、要求与建议等;另一是较为系统和严密的教育思想,如人们在总结前人的经验基础上,经过深入探索、反复检验、整理、改进而提出的教育理论、教育学说。"①

"不管教育思想的具体结果采取何种形式(观点、主张、学说或理论),在本质上,教育思想是人类种族及其个体对教育现象的一种理性把握。易言之,教育思想虽然是人类主体对教育这个大千世界的认识结果,但这种认识结果首先不是感性的、直觉的,其次不是模糊的、不确定的,也不是随意的、即兴而发的。在这个意义上,教育思想不同于对教育现象和教育问题的议论、感受、体验。作为人类理性的产物,教育思想是主体运用一定的概念、范畴对教育现象的把握,它是一种沉思活动的结果,并且以某种形式确立下来的,或以某种方式表达出来的。"②

还有一些学者把教育思想定义为"教育思想是人们对于各种教育现象及其规律的认识和概括,它既包括某些教育理论,也包括来自教育实践的经验和观点"。还指出"着眼于教育工作应如何进行所提出的各种各样问题所引起的关于教育方法方式的直接议论与答案。教育思想不同于对教育问题本身的议论而产生的教育理论。教育理论是把教育问题当作客观事实来探讨,回答的是'什么是教育',而教育思想则回答'怎样教育'的问题。"③

应该说,以上这些对教育思想的理解都是合理正确的,只是由于不同学者对教育思想所强调的角度、深度以及表达方式的不同,从而导致了对教育思想的理解存在差异。

从字面上看,思想既有"思考""想法""念头"等意思,还有某一阶级、某一政党所持的一定的观点、概念、观念的体系等意。毛泽东曾指出:"感性认识的材料积累多了,就会产生一个飞跃,变成理性认识,这就是思想。"④在他看来,思想就是人的理性认识。

综合思想的本义和其他学者对教育思想的理解,本书认为,教育思想就是在一定历史时代的社会条件下,在教育实践基础上形成的对教育现象与问题的认识和看法。因此,教育思想史也是关于教育思想产生、变革及发展规律的一门学科。很显然,同任何观念形态一样,教育思想也有一个历史发展的过程,而这一过程又具有一定的规律性,经过教育思想家和研究者对教育思想的不断反思、补充和研究分析,逐步形成了内容丰富的教育思想体系,从而也就形成了教育思想史这门学科。

---

① 顾明远主编.《教育大辞典》(增订合编本).上海教育出版社,1998.776 页。
② 张斌贤,褚宏启主编.《西方教育思想史》.四川教育出版社,1994.3 页。
③ 张焕庭主编.《教育辞典》.江苏教育出版社,1989.763 页。
④ 《毛泽东著作选读》(甲).人民出版社,1966.383 页。

中外教育思想史既然是研究古今中外教育思想的产生、形成、发展和演进的历史过程，是建立在过去教育思想家的教育思想研究和总结归纳基础之上，那么，就决定了这门学科具有历史性的性质和特点。

首先，教育思想的形成和发展必然受到一定历史条件的影响和制约。每一时代的教育都与该时代整个社会有着密切的联系，要受到政治、经济、文化等条件的影响和制约。而教育思想又是人们在一定社会条件下对教育现象和问题的认识和看法，这就决定了教育思想与每一时代的社会历史条件有着密切的关系，教育思想的内容由社会历史条件所决定，社会历史条件及背景不同，教育思想的内容也会有所不同。

纵向来看，中国和其他一些国家都经历了不同的历史阶段，产生了不同的教育思想内容。从西方教育思想发展的历程来看，其历史发展大致经历了古希腊罗马时期、中世纪文艺复兴时期以及 17 世纪到当今的近现代社会发展等几个阶段。在这当中，曾经历了若干次教育思想的形成和发展，如雄辩家教育思想、经院主义教育思想、宗教改革教育思想、泛智教育思想、绅士教育思想、自由教育思想、"新教育"思潮和进步主义教育思想、永恒主义教育思想等等，其真正形成教育思想体系的不下数十种教育理论或流派。而这些理论或流派的形成均与当时社会历史条件密切相关，受到当时各方面条件的影响和制约。如其中的"新教育"思想、"进步教育"思想就是与 19 世纪末 20 世纪初欧美国家的社会和经济变革密切联系在一起的。19 世纪末 20 世纪初期，欧美国家存在着经济生活混乱、政治不稳定以及严重的阶级对立等一系列社会问题，这就使欧美教育面临两个基本任务。一方面是为大工业提供受过一定教育、经过良好训练、具有某种主动性和创造能力的工人，这种人应该是"既能替资产阶级创造利润，又不会惊扰资产阶级的安宁和悠闲"①的人。另一方面就是要培养忠于本阶级的利益，具有多方面的知识并具有首创精神的、精干的领导者和统治人才。为适应当时社会的需求，便在这一时期形成了批判传统教育理论和方法，提倡新的教育形式、内容和方法的"新教育"思潮和进步主义教育思想，这成为当时欧美国家中一场广泛的社会改良运动的一个组成部分。从中国教育思想发展的角度看，中国经历了古代、近代和现代三个阶段，在这三个历史发展阶段中，也曾出现了许多教育理论思想和流派以及教育思潮，如儒家教育、道家教育、墨家教育、理学教育、洋务教育、维新教育、平民教育、生活教育等。同样，这些教育理

① 吴式颖主编.《外国教育史简编》.教育科学出版社,1995.365 页。

论和思想的形成也受制于中国不同历史时期、不同的社会发展水平。例如,在中国古代,春秋末战国初时期,孔、墨教育思想反映了奴隶制向封建制过渡初期的社会需要,反映了当时冲击"学在官府"、发展私学教育的进步趋势。

从横向方面来看,在某一历史时期,教育思想也会呈现出多元性的特点。一般会形成一种占主导地位的主体教育思想,同时还会存在多种非主导地位的教育思想,而占据主导地位的教育思想大多是与社会历史发展水平相适应的,是符合当时政治经济发展的教育思想,否则,就不能为社会所接受和承认,不能起支配作用。以西方文艺复兴时期为例,文艺复兴提倡以人为中心,反对中世纪神学以神为中心,歌颂人的伟大,提倡"自由意志",重视人的世俗生活和世俗享受的意义,提倡世俗教育和科学知识。恩格斯曾给予评价说:"这是一次人类从来没有经历过的最伟大的、进步的变革,是一个需要巨人而且产生了巨人——在思维能力、热情和性格方面,在多才多艺和学识渊博方面的巨人的时代。"[1]因此,顺应当时社会发展的需要,从批判经院主义教育思想出发,强调人的全面发展,主张拓宽学校课程内容和学科范围,提倡使用新的教育和教学方法的人文主义教育思想便形成和发展起来。人文主义教育思想在文艺复兴时期起到了支配和主导作用,对当时教育思想的转变和教育质量的提高起到了十分重要的作用,而一度以神学占统治地位的中世纪时期的经院主义教育思想则受到了攻击和冷落。另外,在文艺复兴时期,还兴起了早期空想社会主义教育思想、早期科学教育思想以及马丁·路德的宗教改革教育思想等,但在影响深度上远远不及人文主义教育思想。再如,在中国古代社会中,儒学教育思想长期在所有的教育思想中占据着主导地位,这是因为儒家教育思想十分适合封建社会政治、经济的需要,儒家的基本精神就是强调文化教育同政治、经济的密切联系。另外,儒家教育思想还以"述而不作,信而好古"为宗旨,实际上又是"以述代作""寓作于述",便于融会和凝集中华民族的悠久文化传统和先圣前贤的智慧,植根于广阔而深厚的民族背景之中,又致力于传播民族文化于社会各个阶层和各个方面。[2] 而且,儒家教育思想能随着社会的不断发展而不断变化,不断进行自我调整。正是因为儒家教育思想适应当时中国社会和教育发展的需要,才能长期在众多的教育思想中居于主导地位,而当时的法家、道家、墨家等教育思想则因为不能与社会要求和历史发展保持一致,而没有

---

① 《马克思恩格斯选集》(3).人民出版社,1972.445 页。

② 王炳照,阎国华主编.《中国教育思想通史》(一).湖南教育出版社,1994.6 页。

受到统治阶级的重视和推广。

另外，教育思想的形成和发展的历史性还体现在教育思想的历史继承性上。恩格斯指出："每一时代的哲学作为分工的一个特定的领域，都具有由它的先驱者传给它而它便由此出发的特定的思想资料作为前提。"[①]他又说："历史思想家……在每一科学部门中都有一定的材料，这些材料是从以前的各代人的思维中独立形成的，并且在这些世代相继的人们的头脑中经过了自己的独立的发展道路。"[②]在人类对教育现象和本质的认识研究发展过程中，也存在本质相同的现象，一个时代的教育思想是对这一时代的教育实践经验进行理论思维的结果，并获得一定规律性的认识，这些认识、结果都作为历史思想资料遗留给后代，而后代的教育家在认识和研究其所处时代的教育现象和问题时，往往要综合前人的教育研究成果和教育思想资料，并结合其自身的社会特点和状况，加以继承和改造，从而在新旧教育思想之间建立了一定的联系，使之具有一定的继承性。不同时代和社会的教育思想之间之所以会产生这种内在的联系，是因为虽然在不同的时代和不同的社会条件下，教育具有自身的特质及规律。教育从产生之日起，它的一些本质特性，它之区别于其他一切人类活动的根本性质以及基本关系，就已经确定下来，并被不断地强化、深化和形式化。[③]不论在任何时期，就教育的基本构成要素来讲，基本上都包括教育者、受教育者、教育目的、教育内容以及教育方法等方面。因此，这就决定了教育在不断发展的过程中，它自身具有一些稳定的本质规定，不同的社会阶段，基本上都是围绕这些教育本身的内在本质要素进行新的拓展。正因为如此，后代人可以汲取前人的思想成果，并把它转化为自己的思想工具和材料，人类就是在这样一个不断继承、更新和发展的基础上，向着真理的认识不断前进的。其中比较典型的一例就是古希腊和古罗马时期的教育思想。

在古罗马希腊化的过程中，有许多古罗马教育思想家曾提出"我们要向罗马学习道德，向希腊学习文化"。他们在制定教育目的、教育内容和教育方式等方面基本上都继承了古希腊时期教育思想家的观点和理论，并结合古罗马社会的特点和状况，对之不断完善和补充，使古罗马教育思想家对教育现象的认识和教育问题的论述更加全面和深化。另外，在对古希腊教育

---

① 《马克思恩格斯选集》(4).人民出版社,1972. 485 页。

② 同上.501 页。

③ 张斌贤,褚洪启等主编.《西方教育思想史》.四川教育出版社,1994. 6 页。

思想继承的基础上,古罗马教育思想家同时又批判了古希腊教育思想家所强调的重思辨而忽视重实际和重实用的缺陷,保持了罗马人本身所具有的重实际和重实用的特点。古罗马教育思想家就是在总结前人教育经验的基础上提出了一些新鲜而中肯的见解,这是符合人们认识事物的规律的。

总之,教育思想的发展过程就是由低级到高级,由简单到复杂,由片面到全面的历史发展过程。因此,对教育思想史的探讨和研究,实际上也就是对不同历史时期的教育思想家的教育思想、观点、理论的分析和研究,从而正确把握和认识教育发展的规律和特点。

二、教育思想史的特征

上面我们对教育思想所具有的历史的性质作了分析,在对中外教育思想发展轨迹的分析和考察中,我们还可以清楚地发现教育思想还具有以下几方面的特征:

1. 实践性

在中外教育思想的发展中,许多教育家都是在教育实践的基础上形成具有自己特色的教育思想的。他们不仅是著名的教育思想家和理论家,更是伟大的教育实践工作者。如中国古代的孔子,从 30 岁时便开始私人讲学,其一生的大部分时间和主要精力都是从事聚徒讲学和整理古代文献的活动,其弟子多达 3000 人,精通六艺的高才生有 72 人。孔子正是在其广泛的教育实践的基础上提出了许多独特的有关教育的见解和观点,包括教育作用、教育对象、教育目的、教育内容、道德教育的原则与方法以及教学原则方法等诸多方面的内容,不但对当时教育的发展作出了可贵的贡献,而且对中国和世界教育思想史都有十分深刻而重要的影响。再以古罗马著名教育思想家昆体良为例。昆体良从公元 58 年就开始了教师生涯,后来还在古罗马历史上首次开办了由国库支付薪金的国立拉丁语雄辩术学校和希腊语雄辩术学校。昆体良主持拉丁语雄辩术学校,长达 20 年之久。昆体良正是在其丰富的实践经验的基础上,精心撰写了《雄辩术原理》一书,总结了自己长期从事教育工作的经验,其中在教育目的、作用、雄辩家教育、教学理论以及教师等问题上提出了丰富的见解和观点,极大地推动了古罗马教育的发展。古今中外的教育史上还有许多这样典型的事例。

辩证唯物主义的认识论认为,实践是认识的惟一来源和基础,只有通过实践,人们才能接触客观事物,才能了解和认识客观事物,并形成一定的观念与思想。同样,教育实践也是教育思想形成的源泉和基础,离开教育实践,教育思想也就成为无源之水和无本之木。教育思想以教育实践为基础,但反过来,教育思想又会在不同程度上影响教育实践,并指导教育实践。当然,这种指导作用既有积极的方面,也有消极的方面。

2. 民族性

每个民族都有自己生息活动的领域,都有自己的历史文化背景和氛围,以及本民族的社会经济和政治制度,从而也会形成具有自己民族特色的教育传统和特点,教育思想家所形成的教育思想也会受到以上因素的影响,具有鲜明的民族性。如中国古代儒家教育思想,其倡导的尊师重教、有教无类、注重德育、因材施教、教学相长、启发诱导以及学思结合等观点、见解,一直成为中华民族教育思想的优良传统,与世界其他国家民族相比,具有一定的民族特点。我们再以西欧中世纪的经院教育思想为例。由于中世纪教会控制了整个社会,并深深地渗透到教育当中,在这种社会背景之下,产生了具有浓厚宗教神学色彩的经院主义教育思想。在教育目的上,主张教育为教会和神学服务,培养虔诚的基督教教徒和教会的教士。在教育内容方面,以《圣经》等神学教材为主,即使在道德教育上,也是从神学的立场出发来论述的。可以说,以神学为中心的经院主义教育思想对中世纪的影响具有全面性和决定性的特点,形成了西方民族教育思想的一个显著特点,即使在后来上千年的教育发展历程中,神学教育也不同程度地渗透在教育活动和教育思想中,成为中西教育实践和教育思想的一个明显的区别。

3. 阶级性

思想作为意识形态领域的一种形式,决定了它必然与阶级性相联系。从政治、经济与教育三者的关系方面看,教育要受到政治、经济制度的制约,而由此形成的教育思想在很大程度上也要受到统治阶级思想和经济基础的制约。教育只有适应政治、经济的发展,才能获得发展,在特定的社会当中,教育思想家的教育思想只有迎合统治阶级的利益,才能被承认和接受。这就决定了许多教育思想家的教育思想要符合统治阶级的利益。当然,也有一些教育思想不是维护统治阶级利益的,但往往会受到排挤与打击,形不成主流的教育思想。总之,阶级性是教育思想的一个重要特征。如中国两汉时期的著名教育家董仲舒,他提出了著名的性三品说理论,并在《对策》中提出了独尊儒术、兴太学和重选举的三大文教政策。此外,他还在教学、道德修养等方面提出了许多自己的见解。不可否认,这对两汉时期的教育发展起到了十分重要的作用。但同时也应看到,董仲舒的这些教育思想都是基于维护封建统治阶级的统治服务的,他把孔子所创立的原始儒学神学化,成为封建统治者在精神上奴役人民的工具,以维护封建统治秩序。又如我国现代的著名教育家徐特立,他在教育作用、教育方针、教学、教师等方面提出了精辟的论述,但是作为一名无产阶级革命家和教育家,其教育思想都是根据马克思列宁主义和毛泽东思想,从人民的利益出发,为促进新中国社会和教育的发展而提出的。

4. 规律性

辩证唯物主义认为,任何事物的产生和发展都具有一定的规律性,教育思想的产生与发展也不例外,它也具有自身的规律性。从教育思想的内容上看,一般都包括教育的作用和地位、教育的方针与目的、教育内容、教育教学方法、学生与教师以及教育管理等方面。古今中外的教育家基本上都是从这几方面出发进行研究和探索,从而形成了自己的教育思想体系。从教育思想的发展过程来看,一般都具有从片面到全面,从肤浅到深刻,从简单到复杂的认识发展过程规律。从这些教育规律出发,才能系统地全面地客观地研究某个教育家的教育思想。

第二节　教师为什么要学习教育思想史

西方曾有一位学者说过:历史能使一个年轻人变成既没有皱纹又没有白发的老年人;使他具有老年人所特有的经验,但没有年老所带来的疾病和不便之处;又能对将来的事情作出合理的推测。这句话说明了学习和了解历史对人的发展的重要意义。而作为从事教书育人活动的教师来讲,必须懂得教育、了解教育,特别是吸收别人的教育教学经验,而学习教育思想史则是达到这一目的的很好途径。古人云"学史明智",广大教师只有通过教育思想史的学习,才能在了解教育历史发展的基础上,正确把握教育发展的现在和未来,才能消化吸收历史上伟大教育思想家的教育思想,取其精华,为我所用,才能减少自己盲目探索的错误,有效促进自己教育教学水平和能力的提高。

具体来说,广大教师学习教育思想史的意义表现在以下几个方面:

1. 学习教育思想史,有利于拓宽教师的知识面

任何一个教师,他对学生所产生的影响绝不限于某一专业领域。这就要求教师必须具有更为广阔领域的知识,而教育思想史这门学科,不仅可以使广大教师了解古今中外许多伟大教育家的教育思想,而且其中还包括了不同时期许多国家的教育状况的描述,甚至还反映出不同历史阶段各国的

政治、经济、文化诸方面的发展状况和特点。我们可以从许多教育思想家的思想中学习到许多关于哲学、政治、宗教等知识以及一些学习和治学的方法。如在我国的朱熹的教育思想中,朱熹不仅论述了一般教育的问题,还专门就读书方法提出了自己的见解,这就是著名的"朱子读书法"。他提出读书要掌握循序渐进、熟读精思、虚心涵泳、切身体察、着紧用力、居敬持志等六法。就广大教师来说,在研究和学习朱熹的教育思想时,领会朱熹关于读书方法的见解不无裨益。再如,在介绍中世纪奥古斯丁和阿奎拉等人教育思想时,我们可以了解中世纪神学统治整个社会的状况,还可以了解从教父哲学到经院哲学的演变过程以及唯名论与唯实论之争等一些哲学和宗教问题。总之,教育思想史的系统学习,对于广大教师开拓知识范围,增强知识底蕴,具有重要作用。

2. 学习教育思想史,有利于提高教师的理论水平

广大教师在教育和教学过程中,都积累了一定的经验,但是这种个人的经验毕竟是有限的。要把个人的感性经验上升到理性高度,需要借鉴别人的经验,同时还要系统学习一定的理论知识。教育思想史这门学科正好适应了广大教师的这一需求,它系统全面总结了那些伟大教育家的实践工作经验,这些经验经过理性化的思考,上升到理性的高度,经过不少人的总结提炼而形成,教育思想史是以许多伟大教育家的许多亲身实践经验为基础,并有理论总结的一门学科,是有效提高教师理论水平的一门基础学科。

3. 学习教育思想史,有利于提高教师的实践工作能力

在教育思想史这门学科中,介绍了许多教育思想家关于教育教学方法的论述,如中外教育家们提出的因材施教、学思并重、启发诱导、循序渐进、由博返约以及理论联系实际的教育原则和方法,都是前人的实践总结。又如在道德教育中倡导立志乐道、身体力行、自省自克以及改过迁善等德育原则和方法。这些古今经验的归纳总结,如能为广大教师所理解和接受,并适当地运用到教育教学实践中,一定可以提高教育教学的效果。所以,在前人总结的理论经验的指导下,广大教师可以少走许多弯路,大大提高在实践中的教育教学工作能力。有些教师曾用"相见恨晚"4个字描述自己学习教育思想史后的心情,的确是肺腑之言。

4. 学习教育思想史,有利于教师把握教育教学规律

在前面,我们已经介绍过,教育思想具有规律性这一特点。其实,这种规律性也就是许多教育家集中对教育基本内容及其本质和规律的探讨和研究。当今的广大教师,掌握了教育教学规律,才能顺利实施教育教学工作。

通过教育思想史的学习,了解前人对教育教学规律的探索,我们可以在直接借鉴他们研究成果的基础之上,结合当前的教育实际和自己的实际经验,进一步对现代教育教学规律加以研究,这样可以使我们取得事半功倍的效果。

5. 学习教育思想史,有利于加强教师的责任感和使命感

在人类教育发展的历程中,曾出现了无数伟大的教育家,他们在理论上提出了自己许多独到的见解,为人类教育的发展提供了可贵的思想瑰宝。同时,这些伟大的教育家更是令人敬佩的教师工作者,他们在工作中兢兢业业、无私奉献,甚至把自己的一生都献给了教育事业。在治学上,教育家具有许多常人不可比拟的优点,为广大教师提供了学习的榜样。我国近代的著名教育家杨贤江,就是很典型的一例。他于1917年师范毕业后就开始了教育生涯。他坚持自己的共产主义信仰,为无产阶级教育事业作出了重大的贡献。1927年大革命失败后,他逃难出走,但仍然从事他的教育事业,写成了《教育史 A、B、C》一书。后来,由于日本警察的监视与迫害,又回到上海,继续从事写作和翻译教育方面的论著,完成了著名的《新教育大纲》,由于积劳成疾,1931年8月9日病逝于东京,年仅36岁。再如外国教育史上著名的教育家苏霍姆林斯基,从17岁起就开始做乡村小学教师,一直到他逝世。在整个教育生涯中,他把他全部的爱都献给了他的学生,为了实现他所追求的教育理想,他在农村一所完全中学——帕甫雷什中学做了20余年的校长。同时,为把自己的教育与教学经验传给别人,实现他的教育思想,他还写了40余本教育专著,如《给教师的一百条建议》《帕甫雷什中学》等,对整个世界的教育发展以及其他教育家的教育思想的形成都产生了深刻的影响。古今中外这些伟大的教育家的高尚的道德情操和人格品质以及为教育事业无私奉献的精神都是广大教师的学习楷模和榜样。通过教育思想史的学习,有利于广大教师加强自身的责任感和使命感,自觉提高自身的修养,提高献身教育的职业道德。这些优秀教育家的成长轨迹,也为广大教师的成长提供了学习借鉴的楷模,鼓励他们探索真理,立志成才。

6. 学习教育思想史,有利于教师在教育上不断创新,形成自己的教育教学思想和风格

前面我们说过,教育思想的形成与发展具有一定的继承性,任何教育思想的形成与发展不是凭空产生的,它需要在前人的研究基础上作进一步的开拓。特别是现在,学校教育的内容、方法、组织形式、组织管理都要适应新的时代和社会发展的需要,传统的教育思想在许多方面已不能满足社会对教育的要求。因此,要形成新的教育思想和观念已显得非常迫切。广大教

师无疑在这一过程中起着重要作用。广大教师要使自己在教育思想上有新的创见,首先必须了解和研究别人的教育思想,找出别人教育思想中的优点和弊端,再根据现实的要求,构造出新的教育观点和见解。当今许多成功的优秀教师的新的教育思想的产生无不雄辩地说明了这一点。

第三节 教师如何学习教育思想史

"工欲善其事,必先利其器"。学习教育思想史,掌握科学的学习方法是非常重要的。我们认为必须注意以下几个问题:

1. 要坚持实事求是的态度和辩证的观点

马克思主义的辩证唯物主义和历史唯物主义是研究和学习教育思想的总的方法论指导。对于任何一位教育家的教育思想,我们对其分析都应该持实事求是的态度和辩证的观点,做到具体问题具体分析,取其精华,去其糟粕,切不可以点盖面、以偏概全。任何一位教育思想家的教育思想都不可能是绝对正确或绝对错误的,即使在某一历史时期或特定条件下是正确或错误的,随着时空的变化,其正确与否也会发生变化。如我国著名的教育家孔子,他在教育思想史上的重要地位是毋庸置疑的,他提出的许多观点、见解至今为人们所承认和运用,但是,在他的教育思想中也有不足之处。如在教育目的上,孔子一方面主张"举贤才""学而优则仕",但同时还主张"故旧不遗"。我们再以西欧中世纪教育思想家奥古斯丁的教育思想为例。中世纪学校所盛行的蒙昧主义、禁欲主义、体罚、机械训练,以及对古希腊、古罗马学术的鄙视态度等,都在一定程度上受到了奥古斯丁的影响。但是,不能由此而认为奥古斯丁的教育思想就全无价值之处,他所提出的关于世俗知识可以为基督教信仰所用的见解,提倡中世纪早期教会致力于保存古典作品的做法,以及关于修道院学校的教育活动安排等方面的见解和思想,还是具有一定的积极意义和进步性的。总之,我们在评价和认识一位教育家的教育思想时,一定要持实事求是的态度和辩证的观点,不可因某些观点正确而肯定其所有思想,也不能因某些思想观点不正确而否定其所有的观点及思想。

此外,教育思想是人类长期从事教育实践的产物,是人类智慧的结晶,它具有连续性,是不分国界的。因此,我们要在继承和发展我国以往教育思想的同时,还要注意学习外国教育家的教育思想,根据我国的教育国情,融汇提炼,为我所用。尤其对西方近现代的教育思想,要正确评价,去其糟粕,取其精华,在分析研究之中加以改造,使其适合我国的教育状况,这样才能把别人的先进思想吸收过来,成为我国教育思想体系中的一部分。当然,教育思想总是在一定程度上体现着统治阶级的意志。因此,我们在学习中外教育思想史时,尤其是西方教育思想史,应该具有一定的原则性,要认清资产阶级教育思想的本质,并予以批判。另外,教育思想的发展是具有一定联系和规律性的,并且具有一定的继承性,许多教育思想之间都存在一定的关联性。因此,我们在学习教育思想史的过程中,还要善于把不同年代不同国家的教育家的教育思想联系起来,进行分析和比较,在比较分析的基础之上,找出各种教育思想之间的异同,这样有利于我们把握教育思想发展的规律,同时还有利于我们加深对各种教育思想的认识和理解。

2. 要坚持理论联系实际的原则

理论联系实际是学习任何一门学科所必须遵循的基本方法。要掌握教育思想史这门学科,必须认真读书,掌握本学科的基本理论和知识,掌握教育思想家们所总结、创立的教育理论。但是,在认真学习理论知识的同时,还应当根据教学的需要和条件,把所学到的许多有价值的教育思想运用到具体的教育教学实践中去,或者有意识地带着实践中的问题来学习教育思想史。在学习过程中,要运用所学的教育理论、教育思想来研究教育实践中的问题,学以致用。通过理论联系实际的方法,更深入地领会和理解所学的教育思想,用前人的教育思想来解决自己教育教学过程中所面临的问题,这也是我们学习教育思想史的一个主要目的。

3. 要采取学思结合的方法

古人曰:"学而不思则罔,思而不学则殆。"学习要与思考相结合,在学习教育思想史的过程中,一方面要认真阅读和理解教育思想史,努力吸取前人已有的教育教学经验和研究成果。另一方面还要充分发挥广大教师的主动性和积极性,进行独立思考,把培养创造性的思维,培养分析问题和解决问题的能力,作为学习教育思想史的一项重要任务。目前,我国正处于教育改革的转型时期,在教育价值、教育目的、教育内容、教育方法与手段等诸多方面都要进行全新的改革,以适应时代发展的需要。因此,广大教师更必须在学习教育思想史的过程中,将读书和思考结合起来,不为前人已有的教育观念和思想及现成结论所困,勇于探索和开拓教育思想的新境界。

4. 要提倡阅读教育家的原著

固然,在许多有关教育思想史的教材中,大多采用专题的方式系统介绍每位教育家的教育思想,对古今中外的教育家的教育思想进行了整理归纳。这样,可以使广大教师高效系统地掌握著名教育家的教育思想。但是,这种方式所形成的弊端是,教师自身的思想观念极易受到研究者已有观念和思想的影响与支配,不利于广大教师对教育思想家的原有教育思想进行新的探索。所以,广大教师在学习教育思想史的过程中,在结合教育思想史的教材的同时,还要有选择地阅读一些教育思想家的教育原著。这样,一方面有利于对教育家思想有更深入更具体的认识,同时,也容易使广大教师自身发展创新性思想,提出新的观点和见解。

教育思想是一门系统性较强的学科,它不仅讨论了教育思想家对教育的观点见解,还包括影响教育家教育思想形成的社会背景以及多种学科的理论基础,包括哲学、宗教、心理学、生理学等方面的知识。因此,广大教师如果能具备广博的知识底蕴,则对理解教育思想家的教育思想大有裨益。

总之,广大教师怎样才能学好教育思想史这门学科,除上述几点建议外,还应根据广大教师自身的学习方法和习惯以及条件,选择适应自己的学习方法。古人云:"学无定法。"我们相信,只要广大教师在思想上充分重视,实践中勤奋钻研,就一定能学好教育思想史这门学科。教育思想史的学习也必将对广大教师的工作有很大的促进和帮助。

思考题

1. 教育思想史的研究对象是什么?如何理解"教育思想"?
2. 如何认识教育事件、教育制度与教育家教育思想之间的关系,并举例说明。
3. 谈谈你学习《中外教育思想史》的计划。

推荐阅读书目

1. 王炳照,阎国华主编.《中国教育思想通史》.长沙:湖南教育出版社,1994
2. 顾明远主编.《教育大辞典(增订合编本)》.上海:上海教育出版社,1998
3. 肖建彬主编.《中国教育思想史》.北京:高等教育出版社,2001
4. 单中惠主编.《外国教育思想史》.北京:高等教育出版社,2000
5. 张斌贤主编.《西方教育思想史》.北京:人民教育出版社,2011

第二章　中外教育思想的发展轨迹

　　教育思想的产生与发展是伴随着人类的起源和发展而进行的。最早的原始人群出现后,原始的教育形态也初见端倪。人类的祖先在征服自然的过程中,把劳动和生活的经验传授给下一代,这便是最初的教育活动;当他们自觉或不自觉地思考自身的教育行为时,最原始的教育思想的萌芽就已经产生了。虽然我们无法与先人对话,无法猜度先人的教育思维,但借助考古的发现,我们对远古的教育亦可窥斑见貌。而文字与学校的出现,则使我们真正有可能把握古代教育思想的源头活水。

第一节　中国教育思想的起源与发展

一、中国教育思想的滥觞

　　中国古代的教育思想可以溯源到最早有文字记载的殷周时期。此时,学校教育系统臻于完备,六艺教育的内容也趋于完善,从而为教育思想的诞生准备了条件。由于西周以前基本上是政教一体、官师不分的体制,教育思想往往也与政治、军事、哲学思想揉和在一起,未成为独立的理论形态。

　　中国古代最早的教育思想可以通过《尚书》《周易》《诗经》《周礼》等文献进行爬罗剔抉的整理与研究,但比较系统和具有代表性的,当推周公的有关论述。

　　周公,姓姬名旦,系周文王第四子,周武王同母弟,又称叔旦,曾助武王伐纣灭商,为周朝开国功臣。在武王病逝后又扶持成王,"继文王之业,履天子之籍,听天下之政"[①],为建立和巩固西周江山立下了卓越功勋。尽管周公在教育问题上并无恢弘之作和惊世之言,但由于西周在中国历史上的独特地位,由于周公对于西周王朝的独特贡献,周公的教育思想在中国教育思想史上有其特殊的地位。

---

①　《淮南子·氾论训》

14

1. 重视教育的政治功能

周公非常重视教育的政治功能,把教育作为治民安人、移风易俗的重要工具。他认为,只有经常对人民进行训告、教诲,他们才不会互相欺诈、违反法制,"古之人犹胥训告,胥保惠,胥教诲,民无或胥而张为幻"。[①] 如果不这样对民众进行教化,就会使他们"厥心违怨"(心中滋生反抗、怨恨的情绪)、"厥口诅祝"(口中发出诅咒的语言),从而危及社会秩序。

为了施行教化,使人民遵守规范,周公提出了"彝教"的主张。他说:"无能往来,兹迪彝教,文王蔑德,降于国人。"[②]"彝",训"常",指规范、准则,"彝教"是相对民众进行行为规范的教育。周文王时,正是由于有虢叔、闳夭、散宜生、泰颠和南宫括等贤臣不遗余力地宣扬教化,使文王的美德传播给国人,才使国民循规蹈矩,安居乐业。所以,周公在夺取政权后,也比较注重对殷民的教化,曾告诫康叔说,"汝惟小子,乃服惟弘,王应保殷民,亦惟助王宅天命,作新民"。[③] 要求康叔不负天命,帮助成王把殷朝的旧民教化成为"新民"。

刑罚与教化历来是统治阶级用以维护社会秩序的两面刃,但周公主张"明德慎罚",先教后刑,注重教化的政治功能与心理效应。他说:

> 士制百姓于刑之中。以教祗德。穆穆在上,明明在下,灼于四方,罔不惟德之勤,故乃明于刑之中,率于民彝。[④]

意思是说,士师教导臣民遵守法令制度,教导臣民敬重德行,就不会由于犯罪而受到刑罚的处置。当国王的有美德在上,当大臣的能明察于下,政治十分清明,光辉照于四方,所有的人无不勤勉地根据德教办事,因此用刑完全合乎法律,臣民完全服从统治,而乐于遵守法律。相反,如果不重教化,滥施刑罚,任意杀戮,就会激起民怨。

周公重视教育的政治功能的思想对后世影响很大,构成了中国古代教育的一个基本特征。后世如孔子"为政以德"的主张;《学记》中"建国君民,教学为先"和"化民成俗,其必由学"的观点;董仲舒关于"教,政之本也"的论述;以及王安石"天下不可一日而无政教"的提法,都是对周公这一思想的继

---

① 《尚书·无逸》
② 《尚书·君奭》
③ 《尚书·康诰》
④ 《尚书·吕刑》

承与发展。

2. 重视君主的榜样示范

周公在《尚书·召诰》中有这样一段对于年幼的成王的训词:"其惟王位在德元,小民乃惟刑用于天下。"意思是说,希望成王居于天子之位,而有圣人的大德,小民在下面便能够自行按照法度行事。周公认为,君主的品德与志行,对于小民有着重要的示范作用和心理影响。君主如果具有圣人的大德,小民在下面就能够自觉地遵章守法,显扬其美好的品德。否则,如果君主不能做好榜样,道德低劣,胡作非为,人们就会口出怨言,违法作乱。

《尚书·无逸》也是周公对成王的训词,它比较集中地论述了君主榜样示范的社会教化功能,阐明了小民犯罪与君主无德的内在关系。如认为君主不能贪图安逸享受,而要"先知稼穑之艰难,乃逸则知小人之依";赞扬过去的殷王中宗能"严恭寅畏,天命自度,治民惧,不敢荒宁",所以能"享国七十有五年"。周文王也是如此,他"卑服,即康功田功,徽柔懿恭,怀保小民,惠鲜鳏寡。自朝至于日中昃,不遑暇食,用咸和万民"。由于他心地仁慈,态度和蔼恭谨,用自身的善行去影响百姓,所以人们能安居乐业,并把他的恩惠施及于那些鳏寡孤独、无依无靠的人。据此,周公一再告诫成王,要像文王等圣明君主那样,"皇自敬德"(更加恭敬地按规矩办事),反省"朕之愆"(自己的过错)。

正是从君主自身行为的教化功能出发,周公等人十分重视统治者自身的榜样示范,要求用自己的大德去感化万民。这种思想在《诗经》和《周易》中都有清楚地反映。如《诗经》曰"仪刑文王,万邦作孚"①,即只要效法于文王,万邦就会对你信任;"成王之孚,下土之式"②,即王德取信于天下,天下之人以为法。《周易·临卦》也说:"咸临,贞吉。"高亨注:"盖读咸为感,谓君子志行正,方可以感人也。"这种强调君主的榜样示范,主张用君主的志行端正去感化万民的思想,后来经过孔子和孟子的发挥以后,成为儒家道德教育的一个重要内容。如孔子关于"其身正,不令而行;其身不正,虽令不从"的论述;王安石关于"教授必可以为人模范者"的观点,其思想渊源都与周公的上述见解有关。

3. 重视艺术的教化作用

中国古代的艺术教育是从原始社会宗教活动的仪式(礼)和原始音乐歌

---

① 《诗经·大雅·文王》
② 《诗经·大雅·下武》

舞(乐)脱胎而来的。到西周时,艺术教育的内容主要体现在"六经"与"六艺"之中,其中最典型的就是诗教与乐教。

诗教与乐教在上古时期的教育中具有重要的地位。《尚书·尧典》曾记载了舜与夔的一段对话:

> 帝曰:"夔!命汝典乐,教胄子,直而温,宽而栗,刚而无虐,简而无傲。诗言志,歌永言。声依永,律和声。八音克谐,无相夺伦,神人以和。"夔曰:"於,予击石拊石,百兽率舞。"

在这段文字里,舜要求夔用诗与歌去教导年轻人,使他们形成正直而温和、宽大而谨慎、性情刚正而不凌人、态度简约而不傲慢的人格特征。

周公在诗教与乐教方面也身体力行,奠定了中国古代艺术教育的基础。言诗教必言《诗经》,这部中国最早的诗歌总集,是儒家用以教化百姓的经典,虽然它经过漫长的流传、扩充、修订的过程,但周公对其创作、订定的贡献是不可磨灭的。据考证,《诗经》中《周颂》31篇,就是周公亲自创作或订定的,此外,《小雅》中的《棠棣》以及《诗经》中的《周南》与《豳风》,也可能是周公所作或为周公所定。[①] 这些诗的教化作用是显而易见的,如《小雅·棠棣》云:

> 棠棣之华,鄂不韡韡。
> 凡今之人,莫如兄弟。
> 死丧之威,兄弟孔怀。
> 原隰哀矣,兄弟求矣。
> 脊令在原,兄弟急难。
> 每有良朋,况也永叹。
> 兄弟阋于墙,外御其务。
> 每有良朋,烝也无戎。

这是劝教兄弟之间要友爱和睦的诗作。周公还注意采集征选民间诗歌,以作为对统治者进行讽谏劝教的手段。汉代史学家班固就认为周公负有选集民歌的职责,指出"孟春之月群居者将散,行人振木铎循于路以采诗,

---

① 毛礼锐,沈灌群主编.《中国教育通史》(一).山东教育出版社,1985. 138 页。

献于太师,比其音律以闻于天子"。《诗经·豳风·七月》就是由周公从民间选辑到宫廷中的,该诗反映了百姓饥寒交迫、受尽剥削的状况:

> 七月流火,九月授衣。
> 一之日觱发,二之日栗烈。
> 无衣无褐,何以卒岁?

周公把这首诗献与成王,就是要其"知稼穑之艰难"、"知小人之依"[①],体恤民情,为政无逸。

在乐教方面,周公亦有提倡之功。虽然《乐经》早已亡佚,周公对其有无贡献不得而知,但他创制乐舞却是载于史册的。《吕氏春秋·古乐》说:"武王即位,以六师代伐殷,六师未至,以锐兵克之于牧野;归乃荐俘馘于京太室,乃命周公为作《大武》。"《大武》是西周时期规模宏大的乐舞,成功地表现了周初开国的壮丽景象。作为乐教的内容,它是西周国学的必修课程。

周公重视艺术的教化作用的理论与实践对后世影响甚大。如孔子就主张"兴于诗,立于礼,成于乐"[②]。认为诗能激发人们的道德情感,乐则可以使人们完成这一方面的道德修养。明代王阳明也指出,诗教与乐教能陶冶学生情感、涵养学生德性,使其不受"邪僻"的侵蚀。[③]

此外,周公对于教育培养德性的论述,对于师保之教的重视等,也对后世有一定影响。其中最直接、最重大的影响或许莫过于孔子。孔子的最大理想就是实施"周公之典",恢复周礼,其教育思想也在很大程度上受到周公的启发。由于孔子的教育思想代表着儒家文化教育思想的灵魂,也直接构成着中华教育思想的表征,周公的教育思想及其在中国教育思想史上的地位,就不能不使人注目而视了。

二、两朵奇葩:孔子和《学记》

在中国和世界教育思想史上,有两朵瑰丽靡曼、鲜艳夺目的奇葩,这就是堪称世界上第一位教育思想家的孔子和世界上第一部教育专著的《学记》。

---

① 《尚书·无逸》
② 《论语·泰伯》
③ 《传习录》(中)

1. 世界上第一位教育思想家——孔子

孔子(公元前 551~前 479 年),名丘,字仲尼,鲁国陬邑(今山东曲阜)人。孔子 3 岁丧父,17 岁丧母,大约在 30 岁左右开始讲学,从事教育工作 40 余年。其中虽有过几次短暂的入仕,但受徒授业从未停却,号称弟子七十,养徒三千。

孔子在教育上最大的贡献就在于创办私学,并公开亮出了"有教无类"①的旗号。"这一人人受教育的主张,充分表现了人民性和民主性的因素,开创了通向文化下移和普及教育的新道路,是中国教育史上划时代的革命创举。"②

虽然在孔子之前或孔子的时代可能已出现私人讲学,但无论是在规模或影响上都无法与孔子相提并论,或言之,他们的成就已被孔子的光辉所淹没了。孔子"有教无类"的主张,突破了"学在官府"的旧框框,给下层平民创造了接受教育的机会,这不仅有利于提高整个社会的文化教育水准,也促进了中国最早的知识阶层的崛起。③

孔子不仅明确提出了"有教无类"的主张,也亲身躬行了这个主张。他自称"自行束以上,吾未尝无悔焉"④。即只要送给他一束干肉作为拜师求学的礼物,就可以收为弟子,随孔子读书,所以,在孔子身边聚集着国籍、贵贱、贫富、老幼各不相同的学生。如鲁国的颜渊、冉求,齐国的公冶长,陈国的颛孙师,卫国的子贡、子夏,宋国的司马耕,吴国的子游,楚国的公孙龙,秦国戎族的秦祖等,可谓"五湖四海";从出身的贵贱贫富来看,有来自贵族家庭的南宫敬叔、司马牛和孟懿子,有来自"家累千金"的大商人家庭的子贡,也有"一箪食,一瓢饮,在陋巷"的颜渊、"卞之野人"⑤的子路,"无置锥之地"⑥的仲弓,"环堵之室,茨以生草;蓬户不完,桑以为枢;而瓮牖,二室,褐以为塞;上漏下湿"⑦的原宪,絮衣破烂的曾参,"以芦花衣之"的闵子骞,甚至还有梁文大盗颜涿聚,曾经"在缧绁中"的罪犯公冶长等,可谓兼容并蓄。从年龄来看,有比孔子小 4 岁的秦商,也有比孔子小 53 岁的公孙龙,有颜繇与颜渊、

---

① 《论语·卫灵公》
② 匡亚明.《孔子评传》. 齐鲁书社,1985. 277~278 页。
③ 正是在这个意义上,冯友兰先生称孔子"创立,至少亦发扬广大中国之非农、非工、非商、非官僚之士之阶级"。(《中国哲学史》(上). 中华书局,1961. 71 页)。
④ 《论语·述而》
⑤ 《史记·仲尼弟子列传》
⑥ 《荀子·非十二子》
⑦ 《庄子·让王》

曾点与曾参父子的前后入学,也有孟毅子与南宫适等兄弟的同时受业。虽有人发出"夫子之门何其杂也"的疑问,但这恰恰反映孔子是坚持自己"有教无类"的主张,实践自己"泛爱众,而亲仁"①的理想的。

孔子之所以提出"有教无类"的主张,是与他对于人性的深刻理解分不开的。孔子提出了一个言简意赅的人性论命题:"性相近也,习相远也。"②认为人的本性是相近的,没有很大的差异,人之所以成为各种不同的人,人的道德和知识水平之所以会有那么大的距离,都是后天的影响造成的,是后天学习、教育的结果。从这一理论出发,孔子认为人人都可以通过教育革新自我,可以通过教育得到改造与提高。这样,人人接受教育就不仅是一种可能性,更是一种必要性了。事实也正是如此,上述贫富贵贱各不相同,聪慧迂拙素质各异的人,在孔子"诲人不倦"的教育引导之下,大多成为人才,其中还有不少成为著名的贤才。孔子从"性相近,习相远"出发,强调教育对于人的发展的意义,从而构成了中国儒家重视教育的传统,也开了中国平民教育的先河。

在孔子的教育理想中,为学与做人的和谐统一是最高的境界。"学知与修身并举,使其弟子既学诗书,又学做人,从而有力地奠定了中国哲学之重人生、重世事的鲜明格调"。③ 这种格调在教育内容上的反映,就是注重具体的日常生活的准则,注重完善人格的实现。《论语·述而》阐述了孔子对于弟子为学的基本要求:

> 志于道,据于德,依于仁,游于艺。

"道""德""仁"都是孔子用以形容品德修养的基本概念,要学习者立志于道、据守于德、倚依于仁,然后方可从事一招一式的学习过程,方可游憩于礼、乐、射、御、书、数六艺之中。《学而》的一段话也有异曲同工之妙:"弟子入则孝,出则悌,谨而信,泛爱众,而亲仁。行有余力,则以学文。"这样,孔子就把教育的基础奠定在具体的行为习惯的培养上。一开始就显示了与西方古代教育把认识最高理念世界作为教育之理想的不同风格。即使所谓"六经"与"六艺",也都是为了进一步陶冶与塑造完美的人格,巩固良好的行为

---

① 《论语·学而》
② 《论语·阳货》
③ 高专诚.《孔子·孔子弟子》.山西人民出版社,1991.14 页。

习惯。正如《礼记·经解》引孔子的话所说:"其为人也,温柔敦厚,《诗》教也;疏通致远,《书》教也;广博易良,《乐》教也;洁静精微,《易》教也;恭俭庄敬,《礼》教也;属辞比事,《春秋》教也。"

作为一位杰出的教育家,孔子在其不懈奋斗的生涯中,积累了许多极有价值的教育经验,总结出一套建立在实践基础之上的教育原则与方法,如学思结合、启发思维、以身作则、因材施教等,这些是孔子教育思想中最精华的部分,也直接影响着中国古代教育原则与方法的形成与发展,可谓中华教育思想的基因。

2. 世界上第一部教育专著——《学记》

《学记》是《礼记》中的一篇。《礼记》又称《小戴礼记》,小戴是指西汉戴德之侄戴圣。戴德、戴圣都是西汉今文礼学的开创者,戴德为西汉宣帝时太学博士,辑有关于中国古代各种礼制的论述 85 篇,世称《大戴礼记》,今所存仅为 39 篇。戴圣辑编的《礼记》中的《学记》一篇,据考证,与《大学》的作者为同一人,即战国后期的思孟学派乐正克所作。

《学记》是一部专门讨论教育问题的专著。它虽然只有 1229 个字,但微言大义,内容十分丰富,从教育的功能到学制的设想,从教育成败兴废的规律到师生间教学相长的关系,都进行了比较详尽的讨论,体系严密,极有价值。特别是关于教育成败兴废规律的研究,言简意赅地勾勒出学校教育的基本规律,可以说是一部学校教育学的大纲。它这样写道:

> 大学之法:禁于未发之谓豫,当其可之谓时,不凌节而施之谓孙,相观而善之谓摩。此四者,教之所由兴也。
> 发然后禁,则扞格而不胜;时过然后学,则勤苦而难成;杂施而不孙,则坏乱而不修;独学而无友,则孤陋而寡闻。燕朋逆其师,燕辟废其学。此六者,教之所由废也。
> 君子既知教之所由兴,又知教之所由废,然后可以为师也。

这段文字阐述了学校教育中四方面的基本规律。一是教育的预防性,即在学生不良的行为发生之前就加以防范,把不良的行为消灭在萌芽状态之中。如果等不良行为发生之后才去禁止,积习既深,则难以矫正。二是教育的及时性,即抓住适当时机,及时地进行教育。如果不在最佳时机因势利导,就会贻误机会,事倍功半,虽勤苦也难以成就。三是教育的循序渐进,即根据学生的身心发展和已有知识水平循序进行教育。如果不按顺序,教材漫无系统,教学就难以收到应有效果。四是教育的观摩性,即同学之间互相学习,取长补短,发挥集体的教育作用。如果独自关起门来学习,缺乏师友的帮助,就不容易增进知识;如果交友不慎,与表现不好的同学结伴为友,就会违背师长的教诲;如果与这些同学群居终日,言不及义,就会荒废学业。作为一个教师,只有在了解了教育兴废成败的原因所在,掌握了教育的内部规律,才能胜任工作。

《学记》对于学校制度的论述也具有重要意义。可以说,是《学记》首先提出了学制的雏形、教育视导制度、教学组织形式和作息制度,以及学习操行考查制度。它写道:

> 古之教者,家有塾,党有庠,术有序,国有学。比年入学,中年考校。一年视离经辨志,三年视敬业乐群,五年视博习亲师,七年视论学取友,谓之小成。九年知类通达,强立而不返,谓之大成。夫然后足以化民成俗,近者说服而远者怀之。此大学之道也。《记》曰:"蛾子时术之,"其此之谓乎!

> 大学始教,皮弁祭菜,示敬道也。《宵雅》肄三,官其始也。入学鼓箧,孙其业也。夏楚二物,收其威也。未卜禘不视学,游其志也。时观而弗语,存其心也。幼者听而弗问,学不躐等也。此七者,教之大伦也。《记》曰:"凡学,官先事,士先志,"其此之谓乎!

上述第一节首先提出了从中央到地方按行政建制建立学制系统的设想,是以中央为核心的学校教育制度雏形。这个设想其实就是中国古代学制的原型,从汉代开始,封建统治阶级基本上就是按照这个设想去兴办教育事业的。[①] 接着论述了考校制度。分学年规定学习的内容与要求,定期测验教学的效果。第二节首先论及"大学之礼",即学校的开学仪式,如最高统治者或主管教育的官员带领全体师生,戴着鹿皮帽子,端着芹菜之属,致祭先圣先师,以示尊重师道。其次论述了视导制度,对视学的时间与方法提出了要求。

此外,《学记》还就长善救失、藏修息游、教学相长等问题提出了颇具价值的意见。

---

　　① 　张瑞璠主编.《中国教育史研究》(先秦分卷). 华东师范大学出版社,1991. 124 页。

三、古代教育思想的发展轨迹

中国古代的教育思想绵延数千年之久。在这个历史长河中,曾出现了4 次"百家争鸣"的高潮,推动了当时学术思想(包括教育思想)的发展。中国古代教育思想具有十分丰富的内涵,除了不同的历史阶段,不同时代有不同的教育思潮外,教育思想还有地区的差异(如春秋战国时期曾出现过风貌迥异的区域文化教育——邹鲁、三晋、燕齐、荆楚文化教育)、民族的差异(汉文化为主的教育与少数民族的教育)、对象的差异(上层的、官办的、贵族的教育与下层的、民间的教育)等。这里我们试以"百家争鸣"为历史线索,把古代教育思想发展划分为 4 个时期。

1. 先秦时期的教育思想

先秦时期泛指公元前 221 年秦王朝建立以前的殷周、春秋战国时代。这是中国古代社会由奴隶制过渡到封建制的巨大变革时期,社会的政治、经济、文化、教育乃至自然科学等各方面都发生了很大的变化,不同阶级和阶层的思想家为了解决社会大变革中提出的各种问题,各抒己见,展开讨论,因而出现了所谓"百家争鸣"的学术繁荣。

在文化教育方面,先秦时期出现了新的格局,即学术下移和士阶层的崛起、官学的没落和私学的勃兴。发轫于孔墨两学派之辩的百家争鸣,也使教育思想进入了空前活跃的时期。

儒家是以孔子所创立、孟子与荀子为主要后继的一个学派,它不仅是先秦时期的显学,也是整个中国古代社会的国家学说。儒家强调教育的作用,认为教育具有改造社会与造就新人的功能。如孔子说:"道之以政,齐之以刑,民免而无耻;道之以德,齐之以礼,有耻且格。"①强调教育具有刑罚所无法替代的功能。孟子也把教育视为推行"仁政"的主要工具:"善政不如善教之得民也。善政,民畏之;善教,民爱之。善政得民财,善教得民心。"②至于《学记》则更明确提出了"化民成俗,其必由学乎"和"建国君民,教学为先"的命题。儒家特别重视伦理道德教育,认为这是教育的根本所在。孔子所说的"君子怀德"③以及"君子务本,本立而道生"④,就是突出了道德至高无上的地位。孟子更直截了当地指出:"设为庠序学校以教之。庠者,养也;校

---

① 《论语·为政》
② 《孟子·尽心上》
③ 《论语·里仁》
④ 《论语·学而》

23

者,教也;序者,射也。夏曰校,殷曰序,周曰庠,学则三代共之,皆所以明人伦也。"①而所谓"人伦",就是指"父子有亲、君臣有义、夫妇有别、长幼有序、朋友有信"②,是封建的伦理纲常。荀子也注重道德品质的培养与训练,把具有"德操"的"成人"视为道德教育的最高境界。③ 此外,儒家在教育的内容、教育的原则与方法等方面也多有论述,颇有建树。

墨家是代表手工业小生产者的一个学派,创始人为墨翟。在春秋战国之际,儒家和墨家都被称为"显学"。墨家思想体系的核心是"兼相爱,交相利"④,在教育上,也就主张培养能担当治国利民、兼爱相利的"贤士"或"兼士"。从"利天下为之"的原则出发,墨家重视实用技术的传习,在科学技术教育(如几何学、光学、力学、声学、机械制造等)方面具有突出的成就,不仅实现了我国古代生产技术向科学理论的最初飞跃,也开了我国古代科学技术教育之先河。此外,墨家"合其志功而观"的道德评价方法,"量力而至"与"务本约末"的学习态度、"以名举实"和"察类明故"的教学艺术,以及强调环境影响的"习染"学说,在战国教育思想史上也独具特色,有一定的影响。

法家因变法,主张法制而得名。春秋初,齐桓公任用管仲变法,法家人物从此登上了政治舞台。此后,李悝、吴起、申不害、慎到、商鞅及韩非均是法家的重要代表人物。法家的教育理想是以社会教育取代学校教育的特殊形式——私学,并针对传统的"以礼为教""以儒为师",提出了"以法为教""以吏为师"的主张,所以,实行法制教育乃是法家教育思想的突出特点。法家教育思想的明显失误是过分强化了法制的功能而忽视了教育的作用。韩非亦直言不讳地承认了这一点:"今有不才之子,父母怒之弗为改,乡人谯之弗为动,师长教之弗为变。夫以父母之爱,乡人之行,师长之智,三美加焉而终不动,其胫毛不改;州部之吏,操官兵、推公法而求索奸人,然后恐惧,变其节,易其行矣。"⑤一切的教化在刑罚面前都黯然失色了。这种思想的极致就是文化专制主义,秦王朝的"焚书坑儒"是这一思想的行为外化。自然,法家的教育思想也并非一无是处,如注重事功人才的选拔与培养,注重职业技术教育,注重读书学习的"参验"等,其强调法制与儒家强调教化的传统也起到

---

①② 《孟子·滕文公上》

③ 《荀子·劝学》说:"是故权利不能倾也,群众不能移也,天下不能荡也。生乎由是,死乎由是,夫是之谓德操。德操然后能定,能定然后能应,能定能应,夫是之谓成人。天见其明,地见其光(广),君子贵其全也。"

④ 《墨子·尚贤中》

⑤ 《韩非子·五蠹》

了互补作用,成为维系社会稳定的重要因素。

道家的创始人是春秋战国之际的老聃,其后有战国时期的庄周和以齐国田骈等为代表的稷下黄老学派。基于“小国寡民”的社会政治理想,道家提出了“绝圣弃智”“无知”“无欲”“无为”,摆脱一切束缚人的个性自由发展的自然主义教育。道家的创始人老聃说:“人法地,地法天,天法道,道法自然。”①教育的作用就在于促进人的自然本性的充分展开,使人摆脱社会的种种困扰与烦恼,回归于自然无为的状态。

此外,尚有阴阳家、名家、纵横家、杂家、农家、兵家、小说家等,对教育问题也多少论及,他们与上述儒家、墨家、法家、道家的教育思想相互辉映,构成了先秦时期五光十色、丰富多样的教育思潮。先秦时期的教育思想是中华教育思想得以形成与发展的重要渊源。

2. 汉魏六朝时期的教育思想

汉魏六朝时期包括秦、汉、三国、两晋和南北朝等许多王朝,从公元前221年秦王朝建立,至公元589年南朝陈灭亡为止,绵延800余年。它大致可分为两个阶段:即中国统一而强大的君主专制中央集权封建制度建立、形成和逐渐巩固的秦汉时期,和中国历史上第二次大分裂、大混乱的六朝时期。在魏晋南北朝时期,出现了中国学术史上的第二次“百家争鸣”高潮。

秦始皇统一中国后,创建了中国历史上第一个封建专制的王朝,在政治上实行吏师制度,在文化教育上实施书同文、行同伦、一法度、定一尊等政策,对后世产生了重大影响。汉代初年,黄老学派在从秦代的法治教育向汉代“独尊儒术”的德治教育的转变中起了中介作用,而汉武帝提出“罢黜百家,独尊儒术”的文教政策后,则正式促成了古代教育的政治伦理化。经过董仲舒的阐发,以“三纲”(父为子纲、夫为妇纲、君为臣纲)“五常”(仁、义、礼、智、信)为核心的儒家伦理道德教育更加系统化、理论化,更加富有了专制主义精神,并罩上了神秘的外衣。

汉代的教育事业有新的开拓与发展。首先是官学制度的建立与完善,如太学、宫邸学、鸿部门学、郡国学校的体系,宦学事师的教学形式,经学教育的教学内容等。其次是私学教育的兴盛与繁荣,如既有以书馆为主要形式的蒙学教育,又有以乡塾为主要形式的一般经书学习,还有以精庐或精舍为主要形式的专经教育,后者在唐宋后衍变为书院教育。再次是察举取士制度的产生与实施,形成了兴官学以养士,重选举以取士,养士皆学儒经,取

①《老子·二十五章》

士皆选儒生的格局,这也对科举制度产生了直接的影响。教育事业的发展也孕育出一群卓越的教育思想家,其中最为突出的就是董仲舒与王充。

被称为"汉代孔子"的董仲舒,继承了儒家的德治传统,强调教育的社会政治功能,他的三大文教政策(罢黜百家,独尊儒术;置明师,兴大学;重选举,广取士)被统治者所采纳,成为汉代的文教国策。从"性三品"的学说出发,董仲舒认为"圣人之性,不可以名性;斗筲之性,又不可以名性",只有"中人之性"才可以"待渐于教训而后能为善"。①在道德教育方面,他首倡的三纲五常的内容及正谊明道,不计功利,躬自厚而薄责于人,积小致巨,以微致显的德育原则与方法也具有相当的影响。

东汉王充在批驳当时流行的谶纬迷信和崇古宗圣的学风中,提出了独树一帜的教育理论。他肯定环境和教育在人的培养中的作用,提出了"学校勉其前,法禁防其后"②的主张;他反对"生而知之"的先验论,提出了"知物由学,学之乃知,不问不识"③的命题;他还认为"人有知学,则有力矣"④。这可能是"知识就是力量"的最初始的表达,而这一表达比英国的弗兰西斯·培根(公元1561~1626年)要早1500余年。他反对呆读死记,重视学习与实际练习相结合的方法;他反对"信师好古"地盲目学习,而倡导"问难穷究","核道实意"⑤的探索学风。

秦汉时期还有一些重要的典籍,如《吕氏春秋》《淮南子》《法言》《史记》《新语》《新书》《白虎通·德论》《汉书》《说苑》《申鉴》《太平经》等,也都程度不同地涉及教育问题,丰富了这一时期的教育思想。

魏晋南北朝时期,国家离乱动荡,政权频繁更迭,豪族巧取强夺,社会玄学风行,官学时兴时废,私学昌盛发达,又一次出现了百家争鸣的局面。在教育思想方面,以人才教育、玄学教育和家庭教育三方面的内容最引人注目。"乱世出英雄"。这一时期不仅社会上需要人才,实践上重视人才培养,在理论上也形成了一套比较成熟的人才教育思想。如诸葛亮在《训子书》中指出:"才须学也,非学无以广才,非志无以成学。"提出了成才以学习为本,而学习以立志为先的人才教育观。刘劭的《人物志》则系统地论述了人才的

①《春秋繁露·实性》
②《论衡·率性》
③《论衡·实知》
④《论衡·效力》
⑤《论衡·问孔》

类型和人才的培养、人才的任用、人才的鉴别等问题,堪称人才教育学的专著。①

魏晋玄学是指魏晋时期以老庄思想为骨架的一种特定的哲学思潮。玄学家大多是当时的"名士",如何晏、王弼、嵇康、阮籍、向秀、裴颜、郭象、张湛等。玄学家虽然对于一般的教育原则及教育内部规律无甚兴趣,但在反对传统的儒家教育思想方面却别开生面,富有批判精神。如嵇康在《难自然好学论》中这样辛辣地鞭挞儒家的名教与经学教育:"今若以明堂为丙舍,以讽诵为鬼语,以六经为芜秽,以仁义为臭腐,睹文籍则目瞧,修揖让则变伛,袭章服则转筋,谭礼典则齿龋,与万物为更始,则吾子虽好学不倦,犹将阙焉;则向之不学,未必为长夜,六经未必为太阳也。""越名教"是破,"任自然"则是立。玄学家认为儒家名教的最大失误是压抑个性,破坏了人的自然发展。所以,教育的关键是让受教育者的个性自然地发展。玄学教育的最高理想就是培养"文明在中,见素表璞。内不愧心,外不负俗。交不为利,仕不谋禄。鉴乎古今,涤情荡欲"②的"至人"。

这个时期家庭教育的思想也是不容忽视的。成就最高的当是颜子推的《颜氏家训》。这本书分二十篇,从立身、治家、处事、为学诸方面,全面阐述了教育的意义与家庭教育的普遍问题。颜子推强调家庭教育要及早进行,认为"人生小幼,精神专利,长成已后,思虑散逸,固须早教,勿失机也"。③他既批评"无教而有爱"的教育方式,也反对"苛虐骨肉"的棍棒体罚,而主张"威严而有慈"④,把严与爱结合起来。他还就家庭教育的具体内容(如强调语言、道德与立志)和指导孩子学习的方法(如"跟学""勤学""惜时""切磋"等)进行了颇具特色的阐发。他的家庭教育理论对后世影响极大,后代封建士大夫的家庭教育深受此书的影响,称其为"家教规范",并成为以后历代家庭教育用书的范本。难怪乎有人认为"古今家训,以此为祖"⑤,"六朝颜子推家法最正,相传最远"⑥。

此外,魏晋南北朝时期的佛学教育、道家教育及民族教育也别开生面,

---

① 1937美国学者斯莱奥克(J.K.Shryock)曾把《人物志》编译成一本书,题为《人类能力之研究》,由美国东方学社出版。

② 《嵇康集·卜疑》

③ 《颜氏家训·勉学》

④ 《颜氏家训·教子》

⑤ 王三聘.《古今事物考》(二)

⑥ 袁衷等.《庭帏杂录》(下)

具有一定的规模。

3. 唐宋时期的教育思想

唐宋时期指隋、唐、五代、两宋四个阶段,从公元 581 年隋王朝建立,到公元 1279 年南宋灭亡,绵延约 700 年。唐宋时期是中国古代由长期分裂又重新走上大统一的时期,文化教育也出现了空前的繁荣与昌盛,学术上也出现了第三次"百家争鸣"的高潮。

唐宋时期的教育事业又有进一步的发展,并具有若干新的特点。隋朝继汉代鸿都门学(艺术专科)之后,又设立了书学、算学、律学。唐朝在司天台、太仆寺、太乐署等进行职业性训练,从而使中国古代的专科教育与职业教育走向正规化。隋唐始建并逐步完备的科举制度与唐宋发端并日趋完善的书院制度,都对古代的教育产生了前所未有的深刻影响。

唐宋时期的教育思想也相当活跃,呈现出学派林立、丰富多彩的局面。韩愈亮出维护儒家道统的旗号,提出了"明先王之教"的教育宗旨。他的《师说》从教师的作用、任务、择师标准和师生关系诸方面全面地论述了教师问题,留下了"古之学者必有师""师者,所以传道、授业、解惑也",以及"弟子不必不如师,师不必贤于弟子""闻道有先后,术业有专攻"等千古名言,是中国古代第一篇集中论述教师问题的名著。他的《进学解》则是一篇文字优美、寓意深刻的教育散文,以对话形式集中论述了学习问题,其中"业精于勤,荒于嬉;行成于思,毁于随"等也是脍炙人口的大手笔。他的《子产不毁乡校颂》对于提倡地方办学,也有一定积极意义。他的"性三品"学说,阐述了教育在人的发展中的作用,对后世亦有较大影响。

两宋时期是中国古代教育思想发展的高峰期。以范仲淹、王安石为代表的教育改革家,提倡经世致用的教育,积极主张改革教育制度、教育内容和教育方法,试图变培养人才与选任人才的恶性循环为良性循环。尽管他们的兴学改革运动最终失败,但某些成果仍以不同形式保存下来,对宋代教育产生了不可低估的影响。至于范仲淹"先天下之忧而忧,后天下之乐而乐"的做人格言,和王安石《伤仲永》的警世小文,都已成为历代教育的重要教材,流传于世。胡瑗在实践范、王的改革理想方面进行了可贵的尝试,更确切地说,是胡瑗的教育改革实践与理论启迪了范、王的宏观教育改革设想。他的"分斋教学"、主副科制度,早于西方国家 400 多年。他的自学辅导、直观教学、游戏教学、考察游历等教学方法,也不守成法,别具风格。

宋代理学有濂(周敦颐)、洛(二程)、关(张载)、闽(朱熹)四大学派,其中以程颐、程颢、朱熹为代表的"程朱理学",在教育上影响最大,形成了理学教育的思想体系。在教育的宗旨上，程朱理学明确提出了"圣贤千言万语，只是教人明天理、灭人欲"的纲领，并肯定了教育在育人才、一道德、变气质、正人心、美风俗方面的重要作用。在教育的内容上，程朱理学开创了"四书"《《大学》《中庸》《论语》《孟子》）与"五经"并列的局面，对中国古代封建社会后期教育内容的格局产生了决定性的影响。在道德教育方面，程朱理学主张培养能够"正心诚意修身齐家治国平天下"的"圣人"，并通过立志、主敬、存诚、养心、寡欲、养正于蒙、禁于未发等修养方法，使人达到"与天地同德，无物欲之累，大公而无私，极高明而不同污合俗，不偏不易而无适不中"①的道德境界。在教学理论方面，程朱理学进一步深化了因材施教、启发诱导、循序渐进、温故知新、博约结合等教学原则。朱熹的读书法也对古代的教学理论有重要贡献。程朱理学的教育思想无论在当时还是对后世都有很大的影响，在朱熹逝世后不久，就逐步定型为中国封建社会后期占支配地位的官方教育思想。

与程朱理学相抗衡的，是以陆九渊为代表的心学教育思想。陆九渊从"宇宙便是吾心，吾心即是宇宙"②以及"心即理"③的基本心学命题出发，认为教育的目的是"发明本心"；"古人教人，不过存心、养心、求放心。……保养灌溉，此乃为学之门，进德之地"④。在此基础上培养具有优良德操的"完人"和具有独立精神的"超人"。在道德教育方面，陆九渊的心学全面论述了德育的过程："履，德之基也；谦，德之柄也；复，德之本也；恒，德之固也；损，德之修也；益，德之欲也；困，德之辨也；井，德之地也；巽，德之制也。……九卦之列，君子修身之要，其序如此，缺一不可也。"⑤在教学方面，他不同程朱理学"泛观博览，而后归之约"的观点，而主张"先发明人之本心，而后使人博览"⑥，并提出了自立精神、切摩辩明、涵泳功夫等具体原则与方法。有人曾概括陆九渊教育思想的主要特色：是整体明了，不是逐一理解；是"尊德性"，不是"道问学"；是反省内求，不是外求外铄；是提倡独立思考，不是盲目迷信书本和圣贤；是注重躬行实践，不是言行相违。⑦ 应该说前三点大致把握了

---

① 毛礼锐，沈灌群主编.《中国教育通史》（三）. 山东教育出版社，1987. 151 页。

② 《陆九渊集·杂说》

③ 《陆九渊集·与李宰》

④ 《陆九渊集·与舒西美》

⑤ 《陆九渊集·语录上》

⑥ 《陆九渊集·语录上》

⑦ 郭齐家.《中国教育思想史》. 教育科学出版社，1987. 290～293 页。

心学教育与理学教育相异的主要特点。

以陈亮、叶适为代表的事功学派,既反对程朱理学,又反对陆九渊的心学,在批判理学家与心学家空谈性命道德的同时,建立了求实用、讲功利、论真才的教育理论。他们倡导的学以致用、开物成务的教育宗旨,经史与艺能并重而以实理实事为中心的教育内容,以及大胆批判勇于创发、严谨治学师友讲论的教育原则和方法,成为明末清初早期启蒙思想家教育思想的理论来源,也成为清代汉学大师们的学术养料,为中国古代文化教育的发展增添了光彩。

4. 明清时期的教育思想

明清时期包括元、明、清三个朝代。作为古代历史分期,它从公元1279年元灭南宋统一全国起,讫于1840鸦片战争,绵延560多年。这个时期社会处于大变革状态,各种学术思想也比较活跃,形成了中国古代学术思想史上的第四次百家争鸣。

明清时期的教育体制基本承袭汉唐,但也呈现了一些新的特点,其中社会教育的兴起最具特点。虽然中国古代教育家早就提出了社会教化的思想,但真正付诸实施则是从元代开始的。元代的社学与庙学是典型的社会教育机构。元世祖至元二十五年(公元1286年),元朝正式发布政令:"诸县所属村庄,五十家为一社,择高年晓农事者立为社长。……每社立学校一,择通晓经书者为学师,农隙子弟入学。如学问有成者,申复官司照检。"[1]庙学则是以孔庙为中心展开的以宣传普及儒家道德为主要内容的社会教育形式。明清时期教育的另一特点是政府进一步强化了对于学校教育与科举考试的控制,文化教育实施了封建专制主义。

在教育思想上,明清时期的反理学倾向比较突出,弘扬个性,倡导实学的教育思潮有所发展。王守仁继承与发展了陆九渊的心学教育观,提出了"致良知"的教学理论和"知行合一"的道德教育论。在儿童教育方面,他反对"督以句读,责其检束","鞭挞绳缚,若待拘囚"的扼杀儿童天性的施教方法;主张用诱导、启发、讽劝等顺应儿童"乐嬉游而惮拘检"的特点和方法,使他们如时雨春风沾被卉木一样,"莫不萌动发越"[2]。在课程设置方面,他认为必须把读书与歌诗、习礼等结合起来,也是符合儿童身心发展规律的。在王守仁去世前一年诞生的李贽,也是反理学的急先锋,他公开反对盲目崇拜

---

① 《新元史·食货志》

　② 《王文成公全书·训蒙大意示教读刘伯颂等》

孔子,明确提出学习申、韩之书。在教育思想上,他的主要贡献是提出了"师之即友"①的师生关系说和倡导女子教育,并且亲身躬行。他与学生的师生关系就是"学同术,业同方,忧乐同事",如同"真骨血一般"。他在麻城讲学时亦公开招收女生,向世俗和封建礼教提出了挑战。

明清之际的黄宗羲是中国古代第一位比较系统完整地提出具有近代色彩的民主主义教育思想的学者。他从民主政治的高度出发,对以八股取士的科举制度进行了猛烈抨击;为了反对封建教育的专制与特权,他设计了一套普及教育的学制体系,即从蒙学(小学)、郡县学(中学)到太学(大学)和书院(研究生院)的学校体系,具有近代学制的萌芽。另一位明清之际的著名教育思想家是著作丰富、学问渊博的王夫之,他把教育作为强国的"财、兵、智"三纲领之一,认为明朝灭亡的原因是"教化日衰""失其育才"②;他从"性日成日生"的人性理论出发,强调人性的"未成可成""已成可革",从而揭示了教育对人的发展的作用。他提出的学思相资、因材而授、因机设教、教必著行、乐勉结合、恒教其事等教育原则与方法,集中国古代教育精华之大成,并多有创新之见解。

明清时期还有一个值得一提的教育流派,即以颜元、李塨为代表的实学教育学派。他们反对宋明理学倡导的读死书和死读书。倡导"实学""实用"的教育,开辟了中国古代教育向实践接近的新方向。在教育目标上,实学教育主张培养"经世致用",能"利济苍生""为生民办事"的人才;在教育内容上,实学教育提出以"实文""实行""实体"和"实用"为原则,重视艺术教育、体育、自然科学教育和劳动教育;在教育方法上,反对静坐空谈,提倡"习行""讲辩",认为"为学为教,用力讲读者一二,加功于习行者八九"。这是现代教学论"精讲多练"的雏形。实学教育突破了儒家传统的教育内容与方法,冲破了几千年的封建教育桎梏,在某种程度上预示着近代科学教育与劳动教育的必然产生。换言之,实学教育反映了中国古代资本主义萌芽时期市民阶层的心声,是近代教育内容改革的理论基础之一。

第二节　外国教育思想的产生与演变

大约在公元前 3000 年,人类社会开始进入奴隶社会。最早进入奴隶社

① 《焚书·为黄安二上人三首》
② 《读通鉴论》卷五。

会的国家是中国、埃及、巴比伦及印度等亚洲和非洲的几个文明古国。随着奴隶社会生产力的进一步发展,在古希腊、古罗马以及封建社会的中世纪,已出现了许多专门从事教育活动和教育研究的教育家,如古希腊的德谟克利特、苏格拉底、柏拉图、亚里士多德,古罗马的西塞罗、昆体良以及中世纪的奥古斯丁、阿奎拉等教育活动家和思想家,他们的教育思想为外国教育思想的形成和进一步发展奠定了基础,可谓是外国教育思想发展的源头。

一、古代印度和埃及的教育实践与教育观念

1. 古代印度的教育实践与观念

古代印度是世界文明的发源地之一,它位于南亚次大陆印度河、恒河流域,早在公元前 3000 年已显示出与尼罗河、幼发拉底河—底格斯河流域同等的文明。古代印度社会的一个非常突出的特点是种姓等级制度和宗教信仰。同样,古印度的教育也与种姓制度和宗教信仰密切联系在一起。

婆罗门在种姓等级的地位中最高,他们所受的教育也是当时最完备的、最高级的教育。吠陀时期,婆罗门贵族的儿童主要在家庭中接受教育,由父亲指导他们诵习《吠陀》经。同时养成各种规矩和日常生活习惯,另外,儿童还要从母亲那里受到早期的训练。随着社会的不断发展,在印度出现了专门从事教育活动的人,这种人在印度史籍中被称之为"古儒",他们一般把学习地点设在自己的家中,教育对象主要是贵族子弟,学习年限不一。学习的内容除了宗教经典《吠陀》经外,还有语音学、韵律学、文法学、辞源学、天文学和祭礼,合称"六科",并且把"六科"的学习看作是《吠陀》经的基础。此外,还要学习体育、军事、医学和政治等学科。从当时的教育宗旨看,教育过程包括传授知识和磨练性格两大方面,通过知识的学习,引导学生对人生进行思考,给学生以启迪,通过发展人格以养成性格。在当时教育方法方面,除记诵外,还有演示、复述、讨论、争论和实习等,并规定教师使用"甜美而仁慈的语言",不要给儿童带来"任何不愉快的感觉",这在当时来讲,是非常具有进步意义的。不过,在当时实际的教学中,体罚的现象仍然很严重。

到公元前 5 世纪末,古印度开始出现了专门的学校,又称高等学识中心。这种高等学识中心有两种。一种是单个教师办的,把学生招到教师家中,这些教师一般都是以学问高超、信仰虔诚而闻名遐迩。因此,许多学生争相前往。还有一种是帕利沙德,它是婆罗门学者们的集会,由国王邀请全国各个思想学派的有代表性的思想家参与,对婆罗门宗教和学术有关的一切要点作出决定。成员大多数是教师,当然也有许多学生到此向教师学习。

当时大的高等学识中心有好多个部门,据《摩诃婆罗多》中列举的有以下几种:祷告和礼拜大会堂、吠陀学校(神学校)、军事学校、植物学部门、经济学部门、运输部门等,这些可谓是最古老的高等学府形式。在古印度,佛教教育非常盛行。佛教教育主要是在寺院中进行。教育对象不受种姓限制,凡愿为僧者,不论男女均可由家长向寺院提出申请,经许可后,入僧院或尼庵修行,其学习的主要内容除佛教经典和宗教仪式外,还学习哲学、文学、文法及艺术等。在教育手段和方法上,佛教强调用方言进行教学,而不用梵文,这样大大促进了教育的推广。此外,佛教徒还采用了维持纪律的新方法,就是让犯错误的学生,在集会时进行公开忏悔,其目的是让学生认识到自己的错误,并自觉改正错误,这种方法比婆罗门教的体罚教育方式大有进步。

当时,在印度一些学术水平较高、规模较大的寺院中,除负责培养僧人外,还要从事各种学术研究,经常举办一些学术讨论和讲演,当时较为著名的寺院为那兰陀,它创建于公元425年左右,建筑壮丽,藏书丰富,僧徒众多,学术气氛活跃,实际上是古代印度的最高学府和国际学术文化中心。古印度佛教教育的这种思想和做法,对后来学校集教学、研究和文化交流于一体的功能的形成具有很大的影响作用。

2. 古埃及的教育实践与观念

埃及是世界文明的另一发源地。大约从公元前3500年起,埃及就逐步进入了奴隶社会,开始了文明发展的历程。其教育实践和思想的产生和发展在整个人类社会的发展中,也有着非常重要的地位。

埃及的教育较其他国家教育的一个明显特点,就是埃及在古王国时期就出现了学校系统,主要包括宫廷学校、职官学校和寺庙学校以及文士学校四大类。宫廷学校创建于古王国时期,它设在宫廷里面,专门教育帝王和官吏的子弟,由官吏充当教师,教学内容与日常政务工作密切联系,主要是为一些政府机关培养所需官吏。寺庙学校一般设在大城市的寺庙中。寺庙学校既是从事宗教活动的场所,又是研究学术和传播文化科学知识的地方。在寺庙学校里学习的有僧侣、军人以及建筑家和医生等,他们致力于天文学、数学、医学、建筑学等学科的研究与传授。文士学校是当时设置较多的学校,它除招收特权阶级的儿童外,也接纳部分手工业者的子弟,其目的是为国家培养文士及计算人员,学生的程度不一,学习年限也不等。

从埃及的教学实践和观念角度看,在早期王国以前,埃及人就发明了文字。最初的文字是图形文字,后来逐渐发展为一种字符,图形及词组组成的符号文字,是人类最早的文字之一,文字的产生对教学活动产生了深刻的影响,它使教学成为专人所干的事,也使教学成为特有的人所接受的事。同时,文字的出现也使教学正规起来。另外,当时的埃及人已会计算三角形、四边形、圆形等面积,并知道圆周率等于3.16。他们还能计算若干种物体如正棱锥和截头棱锥的体积,这些都大大地丰富了学校的教学内容。从教学观念上看,埃及人认为,教学具有非常重要的作用。他们认为,只有通过专门的教学,人类的经验和知识才能被完整迅速地传下来,并用于生活与劳动。但是他们又认为,教学不是所有人能胜任和所有人能接受的,只有奴隶主贵族、教士、巫师才有权做教师,也只有他们的子女才有权接受教育。在教学方法中,他们不注意引导学生思考,只强调机械、反复的练习。学校的纪律非常严格,体罚被看作是正常合理的手段。在古埃及的典籍就有"您打在我背后,您的教导就透入我耳内"以及"男孩的耳朵长在背上,打他他才听"等记载。

此外,古代埃及的学校还特别重视道德教育,其主要内容包括教导学生忠君、孝亲、敬神以及服从神在人间的代表——法老等方面。

由于受社会发展水平以及人的思维发展水平等条件的限制,在古印度和古埃及并没有形成系统的教育思想,我们只能通过这一时期人们的教育实践来了解当时的教育观念和思想。但是,古印度和古埃及的教育实践及观念对后来教育实践及其教育思想的形成和发展具有非常重要的影响。

古埃及、古印度在教育内容和教育方法等许多方面都达到了当时世界最高的水平,这对于进一步推动人类文明发展无疑具有积极意义,特别是后来许多伟大的希腊教育学者,如泰勒斯、毕达哥拉斯、德谟克利特和柏拉图等都曾到埃及或印度等地学习过,然后,通过希腊又将东方文化传播到其他各地。这些伟大的学者教育思想的形成也在很大程度上受到了当时古埃及和古印度教育实践及其观念的影响,如重视道德教育等。可以说,古埃及和古印度教育的发展是后世教育思想形成发展的重要基础,是整个人类文明发展的摇篮。

二、古希腊教育思想的发展与特点

在西方的教育思想发展历史中,古希腊的教育思想内容十分丰富,对西方教育的发展甚至整个人类的教育发展都作出了不可磨灭的贡献。古希腊不仅是人类文明的发源地,也是西方教育思想的发源地,为整个西方教育思想的发展奠定了深厚的历史基础。古希腊教育思想以其强大的生命力和永恒的价值在西方乃至整个世界的教育思想史中,占据着十分重要的地位,它拉开了西方教育思想发展史的序幕。

1. 古希腊的教育状况

古希腊是巴尔干半岛南部、爱琴海诸岛以及小亚细亚西岸一群奴隶制城邦的总称，其中最强大而且具有代表性的是斯巴达和雅典。

斯巴达居民由三部分人组成，即斯巴达人，他们是公民，居于统治地位，是农业贵族；希洛人，他们是农业奴隶；皮里阿西人，他们是平民，可以从事工商业劳动，但不能享受公民的政治权利。斯巴达是一个少数奴隶主贵族专制的国家。在公元前8世纪时，斯巴达人对奴隶和平民残酷的剥削和压迫，经常激起奴隶和平民的反抗和暴动。因此，斯巴达人经常处于军事戒备状态。这种社会政治状况和以农业为主的经济状况，决定了斯巴达教育的性质：单纯的军事体育教育，忽视文化教育。其教育目的就是把青年一代培养成为国家强壮的军人，斯巴达的全部教育组织、内容和方法都是围绕着这种教育目的、任务而实施的。斯巴达人把教育看成是国家的事情，全部教育都由奴隶主国家组织和管理。而且，斯巴达人十分重视女子教育，女孩也要进行健身体操和军事训练。除此以外，斯巴达人还很重视儿童和青少年的道德教育，在国家教育场所，经常向青少年讲述斯巴达人的风俗、习惯、传统、宗教仪式等内容。

斯巴达教育既包含着积极的因素，同时也具有很大的片面性和野蛮性。其教育实践对柏拉图的教育思想产生了一定的影响。

雅典是当时希腊另一个著名的奴隶制国家，它的政治、经济、文化生活与斯巴达大有不同。雅典有优良的港湾和丰富的矿藏，宜于商业的发展，所以它的手工业和商业很发达。雅典由于与周围国家有着频繁的贸易来往，成为当时国际商业中心。同时，接受了古代东方文化的影响。因此，它的文化、科学和艺术等方面比较发达。由于雅典发达的工商业，出现了工商业奴隶主。工商业奴隶主不满农业奴隶主的专制，展开了与农业奴隶主争夺政权的斗争，逐渐形成了雅典的民主共和体。

雅典的这些政治、经济、文化生活的特点，使它的教育无论在教育目的、组织形式、内容和方式上，都比斯巴达的教育更广泛、更灵活、更丰富，更具有多样性。

雅典的教育也是为奴隶主贵族服务的，其教育目的是为了培养德、智、体、美几方面和谐发展的、服从奴隶主阶级利益的上层人物。其教育内容也比斯巴达丰富，儿童在7岁前由父母在家教养。7岁后，雅典的男孩进入私立文法学校和音乐学校，学习读、写、算的初步知识，还学习唱歌、练琴等。

到 12 至 13 岁,进入体操学校,练习跳、跑、角力、投标枪等竞技。15 至 17 岁后,少数家庭的子弟再进入国家体育馆接受身心和谐发展的教育。到 18 岁,可进入"埃弗比"接受二年的军事训练,最后取得公民资格,参与国家政事。而女童在 7 岁以后则继续留在家中,学习读书写字、演奏乐器,练习家事、缝纫,一生不能接受正规的教育。雅典教育中强调人的全面和谐发展,对古希腊哲学家亚里士多德的教育思想产生了很深的影响,而且还影响到后世欧洲的全面教育发展的教育思想。

2. 古希腊教育思想的发展与特点

古希腊时期不同国家和城邦教育的不断发展,也促成了许多教育思想家的出现,其中影响较大的有雅典的德谟克利特、智者派、苏格拉底、柏拉图,以及马其顿王国的亚里士多德等人。

德谟克利特是古代希腊奴隶主民主制繁荣时期的唯物主义哲学家、古代原子论的创始人。他在教育上也提出了一些卓有见解的观点。德谟克利特非常重视教育在人发展中的重要作用,他说:"天性和教育在某些方面是相似的;后者可以改变人,……创造第二天性。"[1]德谟克利特还十分强调劳动在教育中的重要意义。他在两千多年前就指出:"学习只有在劳动的基础上才能作出极好的东西。"[2]在学习方法上,德谟克利特把练习提到很重要的地位,并强调实践在学习中的重要性。他认为,学习得好,要真正获得知识,就要多动脑筋,勤于思考,"应该尽力想得更多,而不是知道得更多"[3]。另外,德谟克利特很重视道德和道德教育,并在道德教育的方法上提出了独特的见解。他认为,道德观念起源于人的本性和人追求利益和快乐的愿望,判断道德行为的标准不是宗教信仰和抽象的哲学原理,而是人们的行为对个人和社会带来的后果,他反对空谈道德,强调言行一致、表里如一。他说,很好地思想、很好地说话和很好地行动是每一个人所应具备的三种品德,应该热心地致力于道德行事,而不要空谈。"……一切都靠一张嘴来做而丝毫不实干的人,是虚伪和假仁假义的。"[4]在道德教育方法上,德谟克利特反对斯巴达教育中那种残酷压制和强制训练的办法,主张通过说服鼓励的办法进行道德教育,他说:"用鼓励和说服的语言来造成一个人的道德,显然比用法律和约束更能成功。……说服而被引上尽义务道路的人,似乎不论私人或

---

①　北京大学哲学系外国哲学史教研室编译.《古希腊罗马哲学》. 三联书店,1957. 107 页。

②　徐汝玲主编.《外国教育史教程》. 教育科学出版社,1994.28 页。

③　北京大学哲学系外国哲学史教研室编译.《古希腊罗马哲学》. 三联书店,1957. 109 页。

④　同上. 110 页。

公开都不会做什么坏事。"①总之，德谟克利特的教育观点在当时是具有积极意义的，如重视教育的作用，提出唯物主义道德观，主张用说服和鼓励的方法进行道德教育等。当然，由于历史条件的限制和自然科学还不发达等原因，德谟克利特的教育思想还存在着朴素性和机械性的缺陷。

智者派系指公元前5世纪开始出现的一批希腊职业教师。智者派的主要代表人物是普罗泰戈拉。智者派的教育目的就是教人学会从事政治活动的本领。普罗泰戈拉在谈到他的教育目的时说，到他那里求学的人，可以学到处理"私人事务以及公共事务中的智慧。他们学到把自己的家庭处理得井井有条，能够在国家事务方面作最好的发言与活动"②。在教育内容上，智者派向学生传授的主要是辩证法、修辞学和文法，以及自然科学知识和道德教育、音乐教育等内容。普罗泰戈拉还就教授雄辩术提出了著名的"五步骤"教授方法。普罗泰戈拉和他的学生普罗底柯斯在文法和修辞教育方面也作出了非常显著的贡献，他们研讨并制定了各种文法的规则，讨论了各种词类以及他们的性质、功能，并主张应严格地将词性分为三种。智者的兴起使雅典教育发生了三个重大变化：一是使智力的探求得以推广，而使体力活动降到次要地位；二是将雄辩术提高到重要地位；三是在青年中大大推广了正式教育。早期以普罗泰戈拉为代表的智者们，的确是一批真正的学者和教师，他们深信教育在国家中的重要地位，为希腊的哲学、文化及教育的发展作出了卓越的贡献。

苏格拉底是古希腊的哲学家和教育家。他在教育思想上的两个特色就是提出"知识即道德"观点以及"产婆术"教学方法。苏格拉底认为，教育的任务就是培养美德，探求知识，教人怎样做人以及增进健康。苏格拉底认为"美德是一种善""美德就是知识""美德是灵魂的一种属性"。苏格拉底把知识和道德完全等同起来，认为智慧的人必然是有美德的人，要培养人的美德，则必须发展人的智慧，人的美德是教育的结果。苏格拉底把知识和道德完全等同起来是不对的，但认为美德不能没有知识，这是有一定道理的。同时，他重视发展人的智慧和道德品质的修养，这一点也是值得肯定的。苏格拉底对教育的另一贡献是倡导问答法，又称苏格拉底法或"产婆术"，这是他的精神助产术在教学中的具体运用。苏格拉底并不直接向学生传授各种具体的知识，而是通过回答、交谈或争辩的方法来宣传自己的观点。他先向学

① 北京大学哲学系外国哲学史教研室编译.《古希腊罗马哲学》. 三联书店，1957.114页。
② 同上. 132页。

生提出问题,学生回答错了,也不直接指出错在什么地方和为什么,而只是提出暗示性的补充问题,使学生不得不承认答案的荒谬和处于自相矛盾的地方,这样交相争辩,最后,迫使对方承认无知,并从苏格拉底的引导和暗示中,得出苏格拉底认为是正确的答案。这就是著名的苏格拉底法或苏格拉底的"产婆术"。

柏拉图在看待教育作用的问题上,给予了充分的肯定。他认为,教育一方面是改造人性的手段,通过适当的教育,可使人"成为有理性的人"。柏拉图着重指出,教育重在使人回忆理念世界,把结合肉体以后的灵魂,提高到原有的状态,使其恢复理性,接近"善"的理念,达到改造人性的目的。教育另一方面也是建立理想的社会关系的重要工具。基于对教育重要性的充分认识,柏拉图主张教育应由国家管理。柏拉图认为,教育的目的在于把奴隶主的子弟培养成为哲学家和军人。他把人分为三类,提出"要迫使那些禀赋好的人去得到我们认为最伟大的知识,使其能够看到'善',帮助他不断前进,使他们登峰造极"[①]。在教育过程中,对那些优异分子要把他们一步步提高,最高层为哲学家,其次是军人。对于广大劳动人民,他是十分藐视的,柏拉图只希望他们努力生产,"各尽本分,而不去管闲事"。柏拉图在教育史上首先提出了学前教育问题,对儿童学前教育的内容和方法提出了许多的见解。而且,柏拉图还把一个人整个学习阶段作了详细的划分,并为各个不同的学习阶段规定了不同的学习对象、学习内容和方法,对后世产生了很大的影响。在女子教育方面,柏拉图主张女子应受到与男子同等的教育。他强调说:"在治理邦国时,女子之为女子,或男子之为男子,没有特殊的职能,本性里的天资是一样分散于两性间的,所以男子的事业也是女子的。""护国者和他们的妻子应有同样的事业"。[②]基于这样的认识,柏拉图主张不分男女,都应教之音乐和体育,因为只有男女接受同样的教育,才能担负同样的责任。

亚里士多德教育思想中的一个重要特色就是提出了"教育适应人的天性发展"思想。亚里士多德认为,人的灵魂共有三个部分:一是表现在营养和繁殖上的植物灵魂;二是超越各种植物的特性而表现在感觉和愿望上的动物灵魂;三是超越各种动植物的特性而表现在思维或认识上的理性灵魂。

① 《柏拉图论教育》。郑晓沧译. 人民教育出版社,1958. 28 页。
② 华东师大教育系,杭州大学教育系.《西方古代教育论著选》. 人民教育出版社,1985. 46、47 页。

为顺应灵魂的三个部分,必须实施三种教育,即为了身体和生理的体育,为了控制非理性灵魂的德育,以及为了发展人的理性的智育。亚里士多德认为,就像每一种物质都潜藏着发展的可能性一样,人具有自然所赋予的发展能力的胚芽,要把这种可能性得以实现,全赖于教育。由于自然已将三种灵魂密切联系,我们在教育上便应遵循自然,把体育、德育、智育结合起来,使人得到多方面的和谐发展,依照自然程序,躯体发展在先,灵魂发展在后,因而,体育应先于智育。亚里士多德在教育史上第一次提出了教育适应于人的天性发展的思想。这种思想后来在 17、18 世纪得到了进一步的发展,在当时说来是十分进步的。另外,亚里士多德还根据人的自然发展顺序,在对青少年身心自然发展特点的观察研究基础上,首次提出了按年龄来划分受教育的阶段,以及各年龄阶段教育的要求、组织、内容和方法等具体措施。亚里士多德在教育思想中的另一个比较突出的思想就是道德教育思想。亚里士多德认为教育目的在于发展人的灵魂的高级部分——理性和意志。道德教育方法上,亚里士多德特别注重道德习惯和道德活动的培养。他指出,习惯和理性是人们具有"善德"的根基,人们是由于具有自然的天赋而能接纳社会美德,同时又由于人的生活以及行为举止的习惯而使美德日趋完善。他强调说:"从小就养成这样或那样的习惯并不是件小事情,恰恰相反,它非常重要,比一切都重要",为了培养儿童具有良好的习惯,他主张运用道德练习的方法。因为"我们做公正的事情,才能成为公正的人;进行节制,才能成为节制的人;有勇敢的表现,才能成为勇敢的人"①。应该说,亚里士多德的教育思想对于当时教育的发展以及西方以后教育思想的形成与发展产生了深远的影响。亚里士多德可以说是世界上最早从理论上论证了教育适应人的天性发展的教育(或和谐发展教育思想)的可能性和必要性的思想家。而且,对道德教育的内容方法等都提出了自己独特的见解,这些都应给予正确的评价。

综观古希腊时期几个著名教育思想家的教育思想,我们不难看出,在古希腊的教育思想中,涉及了教育中一系列带有普遍性和根本性的问题,形成了古希腊教育思想的特点。主要表现在以下几个方面:

第一,古希腊教育思想是与斯巴达及雅典的教育实践紧紧相连的。古希腊的几个教育家和哲学家他们本身就是从事教育实践工作的,通过对实践的总结和提炼,逐步形成了各自的教育思想。如柏拉图和亚里士多德系

---

① 单中惠主编.《西方教育思想史》.山西人民出版社,1996. 29 页。

统论述了对儿童施行德智体美全面和谐发展的教育思想就是对雅典教育经验的概括,由国家控制教育的思想则是由斯巴达教育经验总结概括而来的。柏拉图同时强调,男女儿童应该接受大体相同的教育,对女孩子也要进行必要的军事训练,使其具备保卫城邦的能力。在这里,他又吸取了斯巴达的女子教育经验。总之,古希腊的教育思想都是建立在教育实践基础上的理论总结。

第二,古希腊教育思想强调国家控制教育,注重通过教育来培养当权执政的人才。在古希腊的几位教育思想家当中,如苏格拉底和柏拉图等人,都很重视国家在教育中的作用。柏拉图吸取了斯巴达教育由国家办理的经验,他指出:"教育应当由国家负责办理,并进行严格的控制,教育的内容应根据国家的利益来规定。"所以在其《理想国》一书中所构想的教育体系的根本目的就在于培养"哲学王",即集聪明才智和政治权利于一身的国家最高统治者。亚里士多德在这方面的教育观点基本上承袭柏拉图,认为教育应该由国家负责,受国家控制,明确指出教育对于巩固奴隶主的政治统治具有巨大的作用。他强调指出:"国家的统治必须首先注意青少年的教育,把教育作为国家政权建设的一个重要方面,国家要把抓好教育工作来作为维护国家政体的实力。"

第三,古希腊教育思想与哲学有着密切的关系。古希腊的教育家大多是通过哲学观点和理论来阐明其教育观点和理论的。无论是智者派,还是苏格拉底、柏拉图等人,他们都是用哲学的观点来说明其教育目的、教育制度等问题的。以柏拉图为例,他是一个客观唯心主义者,他把世界分为"现象世界"和"理念世界",认为"理念世界"是真实存在、永恒不变的,而"现象世界"只是"理念世界"微弱的淡薄的影子。从此出发,柏拉图提出一种"理念论"和"回忆说"的认识论,把知识等同于理念世界,学习知识就是一个回忆理念世界的过程。亚里士多德则动摇于唯心主义与唯物主义之间,最终还是走上唯心主义。亚里士多德把人的灵魂分为三种,即植物灵魂、动物灵魂以及理性灵魂,为顺应灵魂的三个部分,亚里士多德提出必须实施三种教育,即为了身体和生理的体育、为了控制非理性灵魂教育的德育以及为发展人的理性的智育。

第四,古希腊教育思想重视体育和音乐教育。无论是斯巴达还是雅典,出于保卫国家的目的,都十分重视体育,在古希腊的教育家的教育思想中,都把体育作为最基本的教育内容。同时,为了陶冶人的心灵,还把音乐作为教育的主要内容。柏拉图认为,男孩和女孩从 7 岁到 8 岁应分别接受普通教育,其主要内容是音乐和体育,"以体操锻炼身体,以音乐陶冶心灵"。亚里士多德则根据人的自然发展顺序,强调在教育的第二阶段,应把儿童送到国家办的学校学习,学习的内容主要是体育、音乐、绘画、读写算等,以体育形成儿童健美的体格,并通过音乐等形式进行美感教育,"净化"儿童的心灵。

第五,古希腊教育思想中非常重视道德教育。在道德教育这个问题上,古希腊哲学家们既有共同点,同时又存在着很大的分歧。首先在施行道德教育的必要性和重要性问题上,他们都持较一致的态度。例如苏格拉底到处劝人为善,并认为应该培养人们具有"智慧""正义""勇敢""节制"四种道德品质。柏拉图主张从幼儿开始就要培养他们的美德。但是,就道德与知识的关系问题,古希腊哲学家们存在着很大的分歧。苏格拉底提出了"美德就是知识"的命题,他认为,教育目的就是发展人的智慧,使人的道德完善,苏格拉底的"知德统一"理论是柏拉图的政治伦理思想的重要出发点,柏拉图不仅全面接受了苏格拉底的"知识即美德"的观点,而且还把知识与道德的关系推进到了一个"一一对应"的极端,即德行的等级完全是由受教育者的教育程度决定的。但是,亚里士多德却提出了不同的观点,他认为,知识本身并非道德,只是人的道德行为的指导。他强调,人的道德"存乎于心""成于习惯""见于行动"。

3. 古希腊教育思想的影响与评价

以智者派、苏格拉底、柏拉图以及亚里士多德为代表的古希腊教育思想,对后世欧洲的教育以及教育思想的形成产生了十分重要的影响。在西方教育思想史上,古希腊教育思想占据着十分重要的地位,可以说是人类教育思想的源头和基础之一。希腊教育思想的产生,标志着西方教育思想发展进程的开端,并由此开始了西方教育思想的演化历程。

作为西方教育思想的基础和起点,古希腊教育思想中的一系列见解、主张和理论,对后世教育思想的发展发生了深刻的影响,如柏拉图在《理想国》中阐述的重视教育的社会功能,主张国家控制教育,实施和谐发展的教育,重视学前教育,提倡男女平等教育的教育理论和观点,甚至直到今天,仍然在人们的研究和探讨之中。如果说柏拉图创造并奠基了西欧教育思想的基础,那么,亚里士多德则继承并发展了这一理论基础,从而使古希腊教育理论发展到了一个更高的水平,可谓是古希腊教育思想的集大成者。他既继承前辈的教育思想,但又不拘泥于先行者的成就。他曾说"吾爱吾师,但吾更爱真理",正是具备了这种精神,才使他创立了不同于其师的教育学说,如亚里士多德首次提出教育要与人的自然发展相适应的教育观点,开辟了西方教育思想史上"教育遵循自然"的理论先河。他根据学生发展的不同阶段,提出不同的关于年龄分期的思想,在当代许多国家的学制中还可看到亚里士多德思想的痕迹。而且,亚里士多德也是最早从理论上论述和谐发展教育的可能性和必要性的思想家。在教育实践中,亚里士多德创办的"吕克昂"学园充分重视自然科学的教学与研究,并以其丰硕的成果促进了古代希腊自然科学的发展。正是基于亚里士多德如此丰富的教育思想,马克思在《资本论》中称他是"古代最伟大的教育家"。

古希腊教育思想的基本精神在很大程度上决定了西方教育思想的特性。古希腊教育思想家在论述希腊教育问题时,提出了一系列带有普遍性,乃至永恒性的重大课题。尽管西方教育思想史有 1000 多年的历史,但真正决定西方教育思想主要特性的力量,主要还是来自于古希腊教育思想。西方教育思想的历史传统都是在古希腊教育先哲的基础上,在不同时期,经过不同程度的发展,而逐渐形成的。

古希腊教育思想对西方教育思想发展的历史贡献是毋庸置疑的。如果要深入了解近现代欧美教育思想,分析和掌握古希腊教育思想是非常必要的。

也不可否认,古希腊教育思想也有其自身的局限性,古希腊教育家大多都是维护奴隶制的,他们的教育思想基本上都是针对奴隶主阶级的教育的。同时,在一些具体的问题上,如教育的组织、教学过程等问题上重视不够,缺少专门的研究和探讨。另外,虽然古希腊时期形成了许多重要的教育思想,但是在这一时期还没有一本严格意义上的教育著作,其教育思想和观点大多数都是包含在他们的哲学、政治学以及伦理学等著作中的。

三、古罗马教育思想的发展与特点

与古希腊一样,古代罗马也是西方教育思想发展进程中的一个重要阶段。古罗马教育思想家在吸收和消化古希腊教育思想的基础上,提出了富有自己特色的教育思想,对后来的西方教育思想同样也产生了很深的影响。

1. 古罗马教育状况

古罗马的历史大致可分为三个时期。公元前 8 世纪到公元前 6 世纪末,史称为"王政时期";公元前 6 世纪末至公元前 1 世纪后期为"共和时期";公元前 30 年至公元 476 年则属于"帝国时期"。"王政时期"实际是原始社会向奴隶社会过渡的"军事民主制"阶段,从"共和时期"开始,罗马才完全进入奴隶制社会。

第一，王政时期的教育

公元前8世纪到前6世纪，罗马社会中已经出现了阶级，但是还处于父系氏族公社后期阶段。当时罗马人主要的生产活动是农业耕作，同时，还需要参加征战。这就决定了这个时期的教育性质是农民和军人的家庭教育。在这个时期，父亲对子女操有生杀大权，父亲根据出生婴儿的状况决定其取舍。对那些父亲授予生存生活权利的孩子，由父母给予生活和生产方面的知识，男孩主要随父亲学习耕作技术，女孩则随母亲学习家务。另外，王政时期的道德教育占了首要地位。同时，为预防敌人的攻击，还学习使用各种武器，并学习游泳、骑马、角力等，家庭中有时还学习读书、写字和计算等。

第二，共和时期的教育

公元前6世纪末，经过贵族反对国王专政及平民争取公民权力的斗争，古罗马建立了共和政治。在这一时期，由于越来越多的自由民移居城市从事手工业，商业也发达起来，军事、外交上的对外接触也越来越频繁，所有这一切都促进了学校教育的发展。从公元前3世纪起，罗马逐渐形成如下学校制度：

7到12岁的男女儿童都可到初级学校学习，而且这种学校较为普遍，但都是私立的，学费较高。这种学校相当简陋，无固定的教学场所，其教育内容主要是读、写、算，无体育和音乐课程，而且读、写、算的内容也十分简单，都是一些初步的知识。在教学方法上，主要是教师讲述，学生背诵，而且体罚盛行。在当时，教师的地位很低，大多数由奴隶担当。

文法学校是供12至16岁少年上学的学校。它比初级学校高一级，相当于中等教育的学校，也是私立的。上文法学校的一般是贵族奴隶主的子弟。文法学校以学习希腊文学为主，后来又逐渐增加拉丁文、拉丁文学等课程。文法学校的教师起初由希腊人担任，后来相继增加许多罗马教师。总的来看，文法学校基本上是希腊文与拉丁文并用。文法学校主要学习文法、作文、文学和罗马神学，有些学校还增加音乐、几何、天文等方面的内容。但罗马的拉丁文学校对体育却持完全排斥和否定态度，这是罗马教育与希腊教育的明显区别。

随着共和制的繁荣和发展，文法学校已不能满足古罗马的政治需要，于是又仿照希腊学校制度开办了一种比文法学校更高一级的学校——修辞学校，其目的是把贵族子弟训练成为演说家、辩论家。修辞学校的学习科目主

43

要有修辞学、哲学、法律、希腊语、数学、天文以及音乐等。

从上述三种不同的学校可以看出,古罗马教育的最高目的在于培养演说家或雄辩家,这是受古罗马的共和政治制度制约的。

第三,帝国时期的教育

公元前 30 年,共和政体结束,罗马进入帝国时期,并发展为称雄西方世界的军事大帝国。在教育方面,要求教育为罗马帝国的政治服务,这首先表现在教育目的上,罗马帝国把培养效忠于帝国的顺民和官吏作为教育目的,因为独裁政府不再需要演说家而需要忠顺的人民和官吏。另外,罗马帝国对初等学校实行国家监督,把私立文法学校和修辞学校改为国立,以便于国家对教育的严格控制。但是,罗马帝国在对教师的问题上,却提高了教师的地位和待遇,改教师的私人选聘为国家委派。所有这一切,都是为了使学校的一切都置于国家管理监督之下,使教育成为为统治阶级政治服务的专门工具。

在罗马帝国时期,教育的另一个重要特点就是基督教对教育产生了很大的影响,他们任命基督教神职人员管理学校,充当教师,使学校充满着强烈的宗教色彩,这就是后来中世纪基督教会垄断学校的根源。

2. 古罗马教育思想的发展与特点

古罗马经历了共和时期、王政时期以及帝国时期三个不同的发展阶段,在不同的历史发展阶段,分别出现了不同的教育活动家和思想家,其中影响较大的是西塞罗和昆体良。

西塞罗是共和后期的一位政治家、雄辩家,他在教育上的贡献主要是他的雄辩家教育思想。西塞罗认为,教育的最高目标在于培养演说家,而当时演说家这一概念,含义很广泛,包括政治家、军事家、法律家等在内,意指演说家是一个具有广泛教养的人,既具有文学、法律、军事、政治等方面的知识,同时又擅长雄辩术。西塞罗强调指出:"有资格享受这种神圣称号的雄辩家是这样的人,不论在讲话中突出什么论题,他都能就这个论题以渊博的知识、巧妙的方法、诱人的魅力和很强的记忆力以及落落大方的文雅举止发表演说。"[①]"能够以更庄严、更华丽的风格对他所选择的主题作详尽的、绚丽的论述,能熟记有关雄辩术的一切事项的一切资料的人。"[②]这就是西塞罗对雄辩家的定义与要求。西塞罗把理智、学问、道德、情绪、态度作为演说的五

① 《昆体良教育论著选》.任钟印译.人民教育出版社,1989.207 页。
② 同上.215 页。

大要素。为了培养出这样的演说家,他为培养演说家的教育规定了广泛的内容。他规定的课程有文学、修辞学、历史、哲学和法学等。所有这些学科必须服从培养演说家这个总目的。应该说,西塞罗所要培养的雄辩家,不仅是政治家,同时也是一个接受全面教育的人。

西塞罗认为,要想成为一个名副其实的雄辩家,就必须具备很高的素质。首先,西塞罗认为,要成为一个真正的雄辩家,必须具有良好的自然天赋,并接受良好的教育和训练。雄辩家还应具有智力上的快速反应、敏捷的口才、清脆的声调、匀称的体态等,这些与生俱来的天赋再通过经验和训练,就会变得更好。在他看来,缺乏天赋才能是难以成为真正的雄辩家的。其次,雄辩家应具有广博的知识,这是由雄辩术这一门学问本身的特点所决定的。"雄辩术集众多科学和学问,其内容远比人们想象的要广泛得多"[1]。因而作为一个雄辩家,"掌握广博的知识是必不可少的,不具备这个条件,要做到言辞流畅不仅不可能,而且荒谬可笑"[2]。西塞罗认为,雄辩术是依靠各门学科的知识而达到优美和丰满的,否则雄辩术只不过是空洞的、愚蠢可笑的、夸夸其谈的胡言乱语。他认为,要成为雄辩家必须要通晓文法、修辞、算术、几何、天文、音乐以及法律、哲学等学科,只有这样,才能在演说时,做到随机应变,使演说具有魅力,富有智慧。另外,西塞罗对雄辩家的语言修养也提出了很具体的要求,同时认为优美的举止和文雅的风度也是雄辩家应有的品质。他说,演说是由身体、手姿、眼神以及声音的调节变化加以控制的,它们对于演说本身所产生的作用是巨大的。雄辩家应该认真向演员学习,在声调、手势、呼吸和语调等方面像演员一样,"他所做的一切都是尽善尽美、完全令人陶醉、举止得体,以便能打动人心,令每个人着迷"[3]。总之,雄辩家必须"具有逻辑学家的精密,哲学家的思维,近乎诗人的诗藻,法学家的记忆力,悲剧演员的嗓子,以及近乎十全十美的演员的姿态"[4]。这可以说是西塞罗对雄辩家条件的完整写照,由此可见其要求非常高。

在雄辩家教育的教学方法上,西塞罗认为,为了掌握辩论和演讲,应以练习为主,用法庭的案件作为练习的题材,再加之作文练习。西塞罗认为,应该让学生在实践中学习雄辩艺术,他强调说:"在每个人通过自己的努力

---

[1][2]　戴本博主编.《外国教育史》(上). 人民教育出版社,1989. 170 页.

[3]　《昆体良教育论著选》. 任钟印译. 人民教育出版社,1989. 225 页.

[4]　同上.224 页.

所获得的学识之上,又加上了大量的实践经验,这些经验比一些大师们的箴言都更有用。"①所以要让学生用尽可能接近真实的方式进行辩论,使参加"实际训练"的人对法庭上所做的事情进行练习。西塞罗认为,雄辩家最主要的练习是写作,通过写作来磨练演说。他认为,写作可以锻炼人的思维能力和表达能力。同时,经过长期的写作锻炼,还可以培养学生敏锐的判断力和机智的表达能力,这些能力可以迁移到演说当中去。另外,演说辞所要求的结构合理、布局匀称得体,并富有韵律,也可以通过写作的方式达到。

西塞罗以培养"雄辩家"为中心的教育思想不仅影响了当时罗马的教育,而且影响到文艺复兴以后的西欧教育,他的思想在他死后的一个多世纪,由昆体良继承并发展。

昆体良是古代罗马杰出的教育家和演说家。昆体良十分强调教育的作用,认为只有人的天赋和教育相结合,才能培养出理想的雄辩家。在教育目的上,昆体良和西塞罗一样,都把培养演说家作为教育的目的。昆体良在教育上的一个重要贡献是对教育阶段的划分。昆体良根据培养雄辩家这一教育目的,把一个人一生所受到的教育划分为4个阶段,即学前教育、初等教育、中等教育和高等教育,从纵向方面探索了教育的规律。

昆体良步柏拉图的后尘,较为重视学前教育。昆体良对儿童接受知识抱有很大的信心,他指出:"愚钝和低能,像一切反常的现象一样,是比较稀少的。"因此,他认为,教育是伴随婴儿的出生开始的,提出"婴儿时期的所得也就是青年时期的收获,凡是每个儿童都要学习的东西,就应该早点开始学"。昆体良非常强调环境对儿童教育的重要影响,他曾说,"如同新器皿一经染上气味,其味经久不变;纯白的羊毛一经染上颜色,其色久不能改"②。昆体良主张在这一阶段,要让儿童学习希腊语,在此基础上,让他们学习拉丁语。父母和教师一定要考虑幼儿的兴趣,使学习成为一种娱乐,不要使幼儿负担过重,"不要让儿童在还不能热爱学习的时候就厌恶学习,以致在儿童时代过去以后,还对初次尝试过的苦艾心有余悸"③。在初等教育阶段,昆体良反对罗马贵族阶层聘请家庭教师教育子女的做法,主张把学龄儿童送到公立的学校学习。昆体良指出,儿童在家庭里离群索居地学,不如在学校中跟同学在一起学好。在家里,儿童只学到教给他自己的东西,但学校教育

---

① 《昆体良教育论著选》.任钟印译.人民教育出版社,1989.192页.
② 同上.11页.
③ 同上.11页.

可使儿童进行友谊的联系,便于共同学习,互相帮助和相互鼓励。同时,可广泛地进行游戏、竞赛,有利于培养儿童合群的品格,同时学校群体教育也可激发教师的激情和教学积极性。昆体良认为,儿童在初等学校的学习应从感官的练习开始,形成清楚的观念,并训练儿童的记忆力以及读、写能力。同时,要根据儿童的不同年龄,安排适当的游戏和活动。另外,这个阶段还要注意开始培养学生的道德品质,主要放在儿童无私和自律品质的培养方面。在中等教育阶段,昆体良为学生规定了很多的课程,如文法、作文与论文写作、音乐、数学、体育等等。昆体良认为,在中学阶段,必须通过学科的全面系统的学习,才能为雄辩家的培养打下扎实的基础。在高等教育阶段,昆体良认为,这一阶段是培养演说家的关键阶段。在这一阶段,学生要学习一些与雄辩术有关的、更深的课程,如辩证法、逻辑学、伦理学、物理学以及其他自然科学等,这是作为雄辩家必须学习的课程。但是,昆体良又强调,雄辩家必须首先学习道德原理。昆体良在雄辩术的练习上,采取了与西塞罗相近的做法,为使雄辩术练习取得好的效果,一是必须下工夫写好演讲稿,另一方面是要加强练习,注重理论与实践的结合。

昆体良还在教师的素质和要求上作了很多较为详尽的论述,认为教学质量的关键在于教师的质量,他要求教师必须德才兼备。首先,教师应该是一个“公认的有学问的人”,作为一个教师,决不能以“本身的愚蠢去教人”。其次,教师还要有德行,认为,教师任何失检的行为都会给学生带来深远的影响;教师应该热爱学生,教师对学生的教育,要有耐心,对学生要多勉励,少斥责。在对学生实行奖惩时,要注意分寸,既不能“吝惜褒奖”,也不能“滥用褒奖”,同时,还要注意因材施教等问题。但昆体良指出,仅仅依靠教师本身做出严格的德行榜样是不够的,还必须以严肃的纪律去约束教育者的行为。应该说,昆体良在古罗马时期就能对教师提出如此多的见解确实是难能可贵的,其中许多论述在今天仍有重要的借鉴意义和价值。

昆体良在总结自己长期的教学工作经验基础上,对教学组织形式、原则与方法等问题也提出了精辟的见解。昆体良是第一个极详尽地研究教学法的教育理论家。他首先在教育史上最早提出了集体教学的思想。他提出了理论指导、模仿和练习的教学三步骤。在这三者之中,他特别重视练习的作用。他还是分班教学的倡导者,认为这样更有利于体现他所强调的因材施教原则。此外,激发学生学习的兴趣和意愿也是昆体良教学法思想中极有价值的遗产。他认为,要激发学生的学习兴趣和意愿,首先要求“教师要以父母般的感情对待学生”。学习和休息的相间和课业的变换也是激发学生学习兴趣和意愿的一种有效的方法。这些教学思想在其著作中都有深刻的论述。

昆体良是罗马教育经验的集大成者,他在着重阐述演说家的培养问题时,对教育、教学方法提出了许多具有一定价值的见解,为文艺复兴以来西方教育理论的发展打下了基础。昆体良的许多理论为文艺复兴时期的教育家所接受,进一步被17世纪的捷克教育家夸美纽斯所继承,尤其是中高等教育的主张对欧洲产生了很大的影响。昆体良是古代西方世界第一个专门论述教育问题的思想家,他所提出的许多教育思想、理论及观点是值得我们重视和研究的。

古罗马教育思想与古希腊教育思想相比,也有自身明显的特点,这是由古罗马社会政治和教育的变迁以及古罗马民族的文化心理特点所决定的。

第一,古罗马教育思想是在吸收和消化古希腊教育思想的基础上发展起来的,但古罗马教育思想又有自身的独立性。在古罗马教育希腊化的过程中,有人坚决反对古希腊文化教育及思想,也有人主张全盘搬用。西塞罗则主张采取折中的态度,他认为,对外来文化及思想不应一概排斥,而是应采取在保持民族文化优点的基础之上,批判吸收有益因素的态度。因此,古代罗马人比较注意吸取古代希腊教育思想的财富,在罗马文化"希腊化"的过程中使古代希腊教育思想与古代罗马教育思想相互融合起来,在这种融合过程中形成了具有自身特色的古代罗马教育思想体系,从而有力地推动了古代罗马民族文化和教育的发展。

第二,在古罗马教育思想中,十分注重对道德教育的论述。在古罗马发展的三个不同时期,无论是王政时期、共和时期还是帝国时期,都十分重视道德教育。当然,不同时期的道德教育的目的和内容均有所不同。在王政时期的道德教育主要是对儿童进行畏神、服从双亲和长上以及谦逊和勇敢等品格的培养。在共和时期,则把道德作为培养雄辩家的最基本条件。而在古罗马帝国时期,强调的道德教育,则主要是为了培养罗马人的"忠君爱国"的思想,这样有助于对罗马帝国各"行省"的人民进行精神奴役,以维护罗马帝国的独裁专制统治,并在道德教育的方法途径及原则等方面提出了许多新的见解。

第三,古代罗马教育思想注重教育实践,更为关注相对具体的问题。古罗马教育思想家的教育思想一般都是建立在他们自己教育经验的基础之上的,他们的教育思想在很大程度上是对教育实际状况的反思,或是对自身或他人教育实践经验的理论抽象,并在实际的教育实践中,对教育中许多具体问题提出了他们的观点和思想,诸如教学程序、教学方法、教师工作等。这一特点是与罗马民族注重实际和注重实效的文化心理直接相关的,如古罗马昆体良在《雄辩术原理》一书中,最早论述了集体教学的思想,论证了学生的个性差异,并提倡因材施教,重视培养学生的独立工作能力和创造力,详细说明了希腊文和拉丁文的文法教学的程序和方法等。这些思想观点对解决教育中一些具体的问题确实具有实际的作用。但是,古罗马教育家们在一些较为抽象的问题上,则明显落后于古希腊教育家,对于抽象的教育理论问题,他们或是继承古希腊思想,或是将这些教育理论具体化和通俗化。因此,"罗马的教育思想难以真正上升为一种教育理论、教育哲学"。①

　　第四,从古罗马时代起,基督教开始对教育产生重大影响。公元 1 世纪,基督教在古罗马帝国的属地巴勒斯坦兴起。那时的基督教宣传"救世主"将降临人间,为人民解救苦难,耶稣正是这样的救世主。这种宣传曲折地反映了阶级斗争的尖锐性,表达了劳苦人民群众要求解脱苦难的愿望。因此,基督教产生后很快就传遍罗马帝国全境。但是后来,基督教却为统治阶级所利用,并且把基督教影响渗透到教育中来,他们任命基督教神职人员管理学校,充当教师,使学校充满强烈的宗教色彩。而且,教会开始自办学校,在西罗马境内,世俗学校逐渐趋向消亡,教会学校取而代之,从这时开始直到封建社会结束长达 1000 多年的历史时期内,西欧的世俗学校已不复存在,教会学校构成了唯一的学校组织形式。所有这一切对这一时期教育家的教育思想的形成,产生了重大的影响,特别是对罗马帝国后期和中世纪的教育家的教育思想,起了决定性的影响,并严重地渗透着宗教神学思想。

　　3. 古代罗马教育思想的影响与评价

　　同古希腊一样,以西塞罗、昆体良为代表的古罗马教育思想对以后,特别是文艺复兴时期的教育发展及教育思想的形成产生了十分重要的影响。以西塞罗为例,西塞罗的教育思想连同他的教育散文作品对维多利诺、伊拉斯谟等人的教育主张产生了很重要的启迪作用,甚至在 15、16 世纪,西塞罗的散文作品被神圣化,成为当时文法学校教学的主要教材,并在一段时期里形成所谓的"西塞罗主义"。昆体良的教育思想对后世的影响则更为深远,昆体良的教育学说在文艺复兴时期成为人文主义教育的重要思想来源,几乎对当时每一位人文主义教育家都产生了深刻的影响。

　　在古罗马的教育思想史中,除了西塞罗、昆体良两位教育思想家外,还

---

① 张斌贤,褚洪启主编.《西方教育思想史》.四川教育出版社,1994. 164 页。

有其他许多教育思想家,他们都对当时罗马教育的发展起到了十分重要的作用,也使当时的教育思想内容十分丰富庞大,与希腊教育思想一起共同构成了西方教育思想的历史基础。从中世纪开始,一直到 19 世纪末,西方不同的教育思想流派和思潮都在不同程度、不同方面受到古罗马教育思想的影响。

四、中世纪教育思想的发展与特点

1. 中世纪的教育状况

恩格斯在论述早期中世纪的文化特征时说:"中世纪是由粗野的原始状态发展而来的。它把文明、古代哲学、政治和法律一扫而光,以便一切都从头做起。它从没落了的古代世界承受下来的惟一事物就是基督教和一些残破不全而且失掉文明的城市。其结果正如一切原始发展阶段的情形一样,僧侣们获得了知识教育的垄断地位,因而教育本身也渗透了神学的性质。"[1]从恩格斯的这段精辟的分析中,我们可以看出,在西欧中世纪,基督教对教育产生了全面的和决定性的影响,整个中世纪的教育发展就是在基督教教会的垄断控制下发展的。

在西欧中世纪的教育发展过程中,6 世纪到 11 世纪教会学校占据着统治地位。11、12 世纪时,又出现了世俗封建主的骑士教育。到了 12、13 世纪,随着生产力的发展和自由城市的兴起,产生了大学和城市学校。

中世纪早期的教会学校中大体又可分为 3 类,即修道院学校、座堂学校和堂区学校。教会办学的目的就是培养僧侣以及为教会服务的人才,同时也是为了向群众宣传宗教,使之服从教会和封建统治阶级,教会学校中的教师由僧侣和修道士担任。

修道院学校设立于修道院中,有内学和外学之分,内学招收由父母送到修道院来准备充当神职人员的儿童。他们自幼宣誓入院,接受修道训练。不准备充当神职人员的孩子入外学。当时,在修道院还设有图书馆,保存一些经书,供修道者阅读。在课程内容上,没有统一规定。一般的修道院学校只教读、写、音乐、简单的计算、宗教礼仪和神职人员的行为准则。有些学校还教授"三艺"(文法、修辞、辩证法)。只有少数修道院学校能开设完整的"七艺"课程,也就是除"三艺",还增设算术、几何、天文学和音乐理论。在所有课程的教学中,都贯穿着宗教教育的目的和神学说教是为进一步学习神

---

　① 《马克思恩格斯全集》(七). 人民出版社,1959. 400 页。

学做准备的。

座堂学校设立在主教所在地,其组织形式及水平与修道院相似,设备比较好。但是,在堂区学校中,条件和规模则较次,一般是设在神甫家或教会的房屋中,学生都系农民子弟,教学内容主要有读书、习字、初步宗教知识以及唱赞美诗之类,学校多数缺乏组织,也无制度。

骑士教育是世俗封建主所提出的教育形式,分为 3 个阶段,主要学习内容有"七技"(骑马、游泳、击剑、投枪、狩猎、弈棋和吟诗)。综观骑士教育的整个过程,都在于灌输服从与效忠封建主统治阶级的思想,训练勇猛善战的本领,因而在骑士教育中,非常轻视文化知识的学习。

12 世纪时,意大利最早出现了大学,接着,法国、英国等地也相继设立大学。到了 13 世纪,欧洲大学增至 23 所。大学是伴随着 11、12 世纪欧洲经济的发展、城市的兴起以及东方拜占庭和阿拉伯文化的影响而产生的。当时,大学最初是师生倡议创办的,与教会及市政当局无关,在初期,保持着很大的自主权。后来,其发展直接威胁着教会独占学校的教育权,所以渐渐被教会控制。当时大部分大学都分为四个院,即神学院、医学院、法学院和文学院,其中,神学院地位最高。

随着中世纪工商业的发展和城市的成长,各种行业大多都组成行会,用以保卫自身的利益。由于传统的教会学校严重脱离现实生活需要,不能满足新兴市民的要求,手工业者和商人就开始了反对教会垄断教育的斗争,纷纷设立学校。在这些由手工业者行会设立的行会学校中,主要教授本行业的技能以及读、写知识和计算技能,同时也接受宗教教育。这些行会学校一般属于初级学校性质。城市学校的出现进一步打破了教会对教育的垄断,因此,遭到了教会的激烈反对,但由于城市学校反映了社会发展的客观要求,在后期还是获得了很大的发展。

2. 中世纪教育思想的发展与特点

中世纪的发展经过了早期、中期和晚期三个不同的阶段,由于神学在中世纪教育中占据着统治地位,教育思想基本上都被束缚在经院神学的范围里面,其中最具有代表性的两位教育思想家是奥古斯丁和阿奎拉。通过对这两位具有代表性的教育思想家教育思想的分析,有助于我们把握中世纪教育思想的特质和了解欧洲中世纪教育的历史渊源。

奥古斯丁是一位处于古代世界和中世纪交接点上的基督教思想家和教育家的主要代表人物。他的教育思想是中世纪基督教教育的理论基础,他的经院主义教育思想对中世纪教育和思想的发展产生了决定性的影响。在教育目的和任务问题上,奥古斯丁认为,上帝是世界的造物主,是世界的"万物之因",是至善、至真、至美的真理,它是人们认识的主要对象和惟一来源,人们只有依靠上帝和《圣经》的启迪,才能获得知识。他从认识对象、认识目的以及知识来源几个方面论述了教育应该为教会和神学服务的主张。他在《忏悔录》一书中用自己向上帝祷告的形式,很明确地提出了教育的目的。他说:"主,你是我的君王,我童年所学到的一切有用的知识都将为你服务,是啊,不管我说、写、读或是数的是什么,都让它们为你服务。"①在教会教育中,奥古斯丁强调以伦理道德教育为主。奥古斯丁提出了"原罪论"和"禁欲论"以及"赎罪论""灵魂不死论"等观点,把这些观点归结起来,也就是"性恶论"思想。从这个思想出发,他主张对人们进行道德教育,使受教育者服从教会、遵守教规、归顺上帝。由此出发,奥古斯丁主张把《圣经》列为教育的主要教材,但不排斥古典的学科,诸如文法、雄辩术、几何、天文以及音乐等,这些学科可以作为学生理解《圣经》的工具。

奥古斯丁经院主义教育思想还特别针对儿童教育和青年教育,提出了许多观点和见解。在儿童教育问题上,奥古斯丁充分肯定了家庭对儿童教育的作用,并提出许多对家庭教育有价值的方法。例如教儿童说话时,奥古斯丁主张大人在说出任何一个事物的名称时,身体要对着这个事物,并用面部表情、目光、声音及动作来表达和揭示诸如要求、欣赏、拒绝、逃避等内心的情感,还要把词语放到各种句子里的适当位置上。奥古斯丁还根据人性本恶的观点,论证了对儿童体罚是教育儿童不可缺少的手段。在儿童学习内容上,他反对儿童阅读无助于信仰的闲书,并主张少年儿童应当从"逆耳""凌辱"之言中接受教训,以革除被沾染的恶习。他曾提出一个很有启发性和警世性的名言:"朋友们投其所好,往往足以害人,而敌人的凌侮常能发人猛省。"②这些论述有许多值得我们思考和借鉴的地方。在青年教育问题上,奥古斯丁强调以精神至上为目标。在《忏悔录》一书中,他明确提出,青年应该爱戴耶稣基督,不可荒淫醉酒、好色邪荡和竞争嫉妒,并要防止贪玩、说谎、偷窃以及言辞粗野等恶习。他主张对已有语言文字基础的青年,要加强雄辩的教育和训练。这种教育和训练内容包括雄辩的口才、掌握语法修辞规则、评论文学和哲学以及伦理道德的能力等。他认为青年只有具备这些

---

① 华东师大教育系,杭州大学教育系合编.《西方古代教育论著选》.人民教育出版社,1985.169页。

② 奥古斯丁.《忏悔录》.周士良译.商务印书馆,1981.174页。

能力,才能更好地赞美、歌颂上帝,批判异教或世俗文化,忠心耿耿地为教会服务。

奥古斯丁还从神学的角度以及自己担任雄辩术教师的实际经验阐述了对教学问题的见解。在教学内容上,奥古斯丁反对不加限制地学习一切世俗知识,尤其反对那些他认为有悖于基督教教义和道德,不利于信仰的知识内容,这其中他又首先反对学习自然学科。他认为,这些学科会使人养成骄傲、浮夸等不良品质,这些品质与基督教所主张的谦卑品质是背道而驰的,甚至会导致对上帝的不敬。他还反对学习史诗和戏剧作品。为了更好地以基督教原理选择和编制学校教育内容,奥古斯丁积极主张重新编写各科教科书,并身体力行,亲自编写了逻辑学、修辞学、音乐、几何、算术和哲学等科的入门教材。

综观奥古斯丁的教育思想,西欧中世纪的修道院学校、大教堂学校以及某些大学,无不从他的教育思想和教育哲学中寻找到理论依据。其思想既具有消极的一面,也具有积极的方面。他所主张的以皈依上帝为教育目的,以禁欲主义为道德核心,以圣经为中心教材,以神化了的"七艺"为课程,以服从、体罚为教育教学方法的思想,成为后来许多学校的指导思想,影响欧洲各国的教育达 1000 多年。从奥古斯丁教育思想的另一个方面看,奥古斯丁关于世俗知识可以为基督教信仰所用的见解,对中世纪早期教会致力于保存古典作品,以及主张修道院学校安排的教育活动,具有一定的积极意义。

托马斯·阿奎拉是中世纪基督教的神学家、经院哲学家和教育家的著名代表人物。在阿奎拉经院主义教育思想中,他也是从教育目的、道德教育、知识教育几个方面阐发了自己的教育思想。

在教育目的问题上,阿奎拉认为,教育的最高目的就是发展人性,实现神性。从这个目的出发,他认为应当对人们进行两方面的教育,一是道德教育,二是知识教育。

在道德教育问题上,阿奎拉认为,智慧固然重要,但并非教育的主要方面,教育应该关心人类精神的存在。阿奎拉强调,虽然人身上存在着一种倾向为善的自然习性,但这种习性并不"自然"地使人做善事、成善人。这种为善的倾向只有当受到后天的训练教育后,才能真正成为现实的善良。因此,只有通过系统的道德教育,个人才能真正成为具有良好品行和善良的人。在所有的道德品质中,阿奎拉认为,服从上帝、尊敬父母、为国家利益放弃个人利益等都是十分重要的。道德教育内容应是努力发展这些品质,使人成为上帝虔诚的信徒和国家良好的公民。

在知识教育方面,阿奎拉主张通过学习相关的科目,以发展学生的理解能力。因此,他十分重视学校的教材和教科书的编写工作。在多年的教学实践中,他先后编写了大量的大学教科书。阿奎拉还根据自身长期的教育实践经验,系统地提出教育与教学方法的见解。他认为,教学工作最重要的基础是学生的学习能力,每个学生都具有潜在学习能力,而要把潜在的学习能力变为现实的学习能力,就必须依靠教学。他还就教师提出许多具体的要求,如教师在教学过程中要充分考虑学生的心智活动状况和学生的个人经验以及接受知识的能力,努力调动学生的积极性,激发学生的激情,必须实施因材施教,采用合理的教学方法,避免单纯的说教和灌输等。在学生的学习问题方面,他把学生的学习分为"发现学习"和"教导学习"。阿奎拉认为,前者是学习者的自然理性通过自身努力所获得的理解,后者是学习者在别人的帮助下,其理性所获得的理解。他认为,这两种学习方法都是重要的,并且应当交替使用,但是在后一种学习方法中,学生不应当被动地接受教材和学习的知识,而应当主动地学习,积极思考,只有这样,才能真正理解所学知识,从而促进智力的发展。

从中世纪不同阶段的两个教育家的教育思想分析中,我们可以明显看出中世纪教育所具有的一些共性和特点。

第一,中世纪教育思想具有浓厚的宗教神学色彩。这个特征是由基督教会对文化教育的完全控制以及基督教教义成为中世纪西欧社会的意识形态这种现实所决定的。经院主义教育思想认为,中世纪一切教育的根本目的是与基督教关于人生目的的教义直接相连的,爱上帝是所有经院主义教育思想所主张的人生根本目的,教育就是要培养人们对上帝的这种感情。尽管中世纪的教育有多种类型,教育思想也不尽相同,但是,基本上都同意教育的最高目的就是培养对上帝的情感与信仰。中世纪教育内容也受到基督教的很大影响,不论是教会教育还是世俗教育,都以基督教的教义作为最基本的教育、教学内容,几乎所有的教育思想家,都主张把《圣经》作为各类学校的必修科目,同时还要求把教父著作、经院哲学家的著作、各种祈祷书、赞美诗以及圣诗等作为不同类型学校的基本教材,其中,神学是最重要的教学科目,并成为一切学科的王冠,而"哲学是神学的婢女""科学是宗教的仆人"。中世纪教育思想的宗教神学化还表现在基督教思想家们对教育问题的思考方式和思考观念的神学化方面。在中世纪,教育思想家往往又同时是神学家,他们在探讨神学和宗教问题所运用的思想方式,也被自然地运用到对教育问题的论述中。

第二,中世纪的教育思想十分重视道德教育。在中世纪,教育思想家之所以十分重视道德教育,是因为他们认为进行道德教育是实现神性的重要途径。他们认为,通过道德教育,可以使人养成一种为善的倾向,趋善避恶,才能使人真正成为具有良好品行的人和善良的人,即虔诚的基督教徒。这一时期,基督教教育思想家还提出了一系列关于道德教育的方法、途径和内容的具体主张,比古希腊和古罗马更为丰富。虽然在道德教育上也有着强烈的宗教色彩,但是,他们强调的道德自律和自省以及道德的内在化等方面,见解却是极为卓越的。

第三,中世纪的教育思想在很大程度上表现出保守性。在西方教育思想史上,中世纪是一个非常特殊的时期,这种特殊性一方面表现为神学化,另一方面则表现在,无论与此前的古希腊罗马时期相比,还是与此后的文艺复兴及宗教改革时期相比,中世纪都是一个教育思想相对贫乏和衰微的时期,在教育理论和教育原理及规律的研究探索中,在原有的基础上没有较大进展。除奥古斯丁和阿奎拉提出了一些不同的具体教育观点外,没有出现新的教育理念和流派,这充分体现了中世纪教育思想的保守性和发展缓慢的特点。这与当时中世纪的社会环境有很大关系。由于基督教为多数人的信仰,"在一个人人向往天堂、向往来世的时代中,人间事务(包括人本身)必然受到忽视。中世纪教育思想的荒芜与基督教的这种倾向是直接相关的"。[①] 此外,在教育内容和方法上还表现出形式主义,脱离生活实际,繁琐荒谬的特点。在中世纪教育中,通常是引经据典,大量摘引《圣经》以及神学和教会改造过的亚里士多德经典中的字句作为真理标准,对某些命题清楚地列出反对意见,然后进行千篇一律的概念分析,通过逻辑辨析和精密的驳议求得证明。他们运用这种方法,其目的不在于追求结论的效度,表现出很明显的形式主义特点。由于学习经院哲学的僧侣和信徒终年圈在专门的学院里读经学道,运用极其繁琐的从概念到概念的诡辩手法来为神学的教条论证,导致这些人总是争论一些无聊的问题,如"针尖上能站多少天使?""万能的上帝能不能造出一块他自己也不能搬动的石头?""天堂里的玫瑰花有没有刺?"等问题。因此,这一时期的教育内容,又称繁琐哲学。

3. 中世纪教育思想的影响与评析

在西方教育思想史上,中世纪是一个教育思想相对荒芜、发展缓慢的时

期,它与之前的古希腊、古罗马以及以后的文艺复兴时期的丰富多样的教育思想是不可相比的,形成了古希腊、古罗马到文艺复兴时期之间文化教育思想的断裂和空白,这其中与基督教在整个社会占据控制地位有着直接的影响。这时期在教育文化方面的信仰和流派基本上也都被神学化,如当时盛行的信仰主义、超自然主义、神秘主义等,大大阻碍了对教育自身规律和原理的探究,使教育思想的发展失去了必要的前提条件。此外,中世纪文化教育中还盛行禁欲主义、蒙昧主义以及经院主义,对教育实践和理论的发展都产生了非常消极的影响。

尽管中世纪的教育思想相对落后和缓慢,但它也有一些值得重视的方面。如中世纪已逐步形成了一个广泛的学校系统,其中包括修道院学校、主教学校、教区学校以及中世纪的大学等教育机构,学校数量之多,分布之广,是以前所不可比拟的,尤其是中世纪大学的兴起,为近代大学的建立奠定了直接的基础。此外,在教育教学制度以及道德教育方面也对原有教育思想有了进一步的补充。德国哲学家费尔巴哈在对中世纪经院哲学进行评价时说:"经院哲学是为教会服务的,因为它承认、论证和捍卫教会的原则;尽管如此,它却从科学的兴趣出发,鼓励和赞许自由的研究精神。它把信仰的对象变为思维的对象,把人从绝对信仰的领域引到怀疑、研究和认识的领域,……给世界引入了一种与旧教会的原则不同的原则——独立思考的精神原则,理性的自我意识原则,或者说是为这一原则作了准备。甚至经院哲学的丑陋形态和阴暗面,甚至一部分经院哲学家所提出的那些为数众多的荒谬问题,……他们令人发笑的精雕细琢,都应当从理性的原则中推引出来,从对光明的渴望和研究精神中推引出来。在当时旧教会精神的令人窒息的统治下,研究精神只能以这样的方式表现出来。"①这段论述也同样适用于对中世纪经院主义教育思想的分析。

┌─────────┐
│ **思考题** │
└─────────┘

1. 简述孔子的教育思想,并论述从孔子的教育思想中得到的启发。

2. 简述《学记》所涉及的教育教学原则。

3. 简述古希腊教育思想和古罗马教育思想的联系与区别。

4. 评析中世纪教育思想的历史地位。

① 《费尔巴哈哲学史著作选》(一). 商务印书馆,1978. 12 页。

推荐阅读书目

1. 张传燧著.《解读中国古代教育思想》. 广州：广东教育出版社,2009

2. 全国教育史研究会编写组.《孔子教育思想研究》. 北京：人民教育出版社,1985

3. 高时良著.《学记研究》. 北京：人民教育出版社,2006

4. 张法琨选编.《古希腊教育论著选》. 北京：人民教育出版社,2007

第三章　中外教育思想的特征比较

教育思想的灵魂是教育价值观。中外教育思想的特征从本质上来说就是教育思想家乃至整个民族的教育价值取向的反映。这里我们拟通过价值观的透视,来窥探中外教育思想的主要特质,并分析其贡献与局限。

第一节　重世俗与重神性

中国教育思想强调教育的世俗功能,而西方的教育思想则充满了神性。因此,重世俗与重神性是"东西方教育思想从起源处即表现出来的思维方法上的第一个重大差异"[①]。

古希腊三哲之一的苏格拉底就坚信神是世界的创造者和主宰者,认为神不但创造了人,而且"在人之中安排了灵魂",使人较其他动物更优越。他相信人死后会下地狱,他非常真诚、认真地向人们描绘灵魂在地狱里的情形。古罗马的昆体良在《雄辩术原理》中也指出:"如果世界是由天命统治着,那么国家就应当一定是由善良人的监督来治理。如果我们的灵魂来源于上天,我们就应当尽人力于美德,而不要使自己成为现世躯体的奴隶。"[②]因此,他把自己所辛勤培养的演说家,视为"是上帝派遣下来为世界争光的人"。[③]

到中世纪,西方教育思想中的神性色彩愈加浓厚,宗教教育明确要人做执行上帝意志的工具,时时惦念着所谓末日审判、教派分裂、宗教战争、迫害异教徒等,把教育中的神性发挥得淋漓尽致,就是到了近现代,世俗教育逐步成为现实,张扬神性的宗教教育仍然是西方教育不可或缺的组成部分。

比较而言,尽管殷周时期的周公利用人们的原始宗教意识,提出"神灵天罚""致天之罚"。其实周公本人也未必就对神灵深信不疑,只不过是借此

---

① 毛祖桓.《从方法论看教育学的发展》. 重庆出版社,1990. 20 页。
② 昆体良.《雄辩术原理》. 任钟印选译. 华中师范大学教育系印,60 页。

③ 同上.54 页。

来加强刑罚的威胁力量而已。而从孔子开始,中国古代的教育就走上了世俗化的道路,强调教育的世俗功能。孔子曾明确宣布自己"不语怪、力、乱、神"①,为儒家教育树立了理性态度的风范。对于祭祀鬼神的宗教活动,孔子虽然没有提出明确的反对意见,但"祭如在,祭神如神在"②,以及"未能事人,焉能事鬼"③"未知生,焉知死"④的表述,已显示了他对于鬼神的怀疑态度。在孟子那里,"天"虽然有时是有意志、有人格的主宰,但这其实也是虚玄一格,并非神圣不可犯的绝对的"天"。如他说"天作孽,犹可违;自作孽,不可活"⑤"天时不如地利,地利不如人和"⑥"祸福无不自己求之者"⑦。所以,在社会政治观上,他强调民心向背而不是把"天"作为关键因素:"桀纣之失天下也,失其民也。失其民者,失其心也。得天下有道:得其民,斯得天下矣;得其民有道:得其心,斯得民矣。"⑧在教育观上,他强调"反求诸己",强调"苦其心志,劳其筋骨",而不是寄托于神秘的天赋知识。由儒家开创的这种注重现实生活的传统,已成为中国人生活方式中不可忽视的特色。在中国教育史上,佛教虽然有一定影响,但它始终没有同化儒家教育,它的超尘脱俗的修炼之道,也并未为大多数人所接受。

　　总之,中国古代教育思想具有重世俗而轻神性的特质,它注重在现世的社会生活中培养人,又主张通过培养具有人伦精神的人为社会的政治、经济生活服务,而不以超然世外的目的为教育之宗旨,表现出一种积极入世的精神。⑨ 这种积极入世的精神,使人们在生活中能够忍辱负重,顽强生存,形成了中华民族特有的强烈的生存意识与生活能力,但在一定程度上也制约了为理想而执着追求的精神的养成。

---

① 《论语·述而》
② 《论语·八佾》
③ 《论语·先进》
④ 《论语·先进》
⑤ 《孟子·公孙丑上》
⑥ 《孟子·公孙丑上》
⑦ 《孟子·公孙丑下》
⑧ 《孟子·离娄上》
⑨ 高瑞泉.《民族思维定势与传统教育模式》.载丁刚主编.《文化的传统与嬗变》.上海教育出版社,1990.11 页。

第二节　重道德与重功利

中国古代的教育思想强调教育的道德原则,而西方的教育思想则重视功利原则。所以,重道德与重功利构成了区别中外教育思想的第二个重要特质。

西方的功利主义为边沁所首倡,但其基本精神却滥觞于苏格拉底。苏格拉底承认猪的生活是不苦于忧虑的,但人不应当像猪一样自我满足,所以边沁才说"宁肯做不满足的苏格拉底而不做满足的猪"。他虽然也承认"大多数人的最大幸福",承认社会利益,但又认为"社会是一种虚构的团体,由被认作其成员的个人所组成"。所以,只有"个人利益是惟一现实的利益"①。其实,功利主义的思想在古希腊思想的集大成者亚里士多德身上就可找到影子。他把人的生命、人的感觉欲望与人根据理性原则而生活都作为人的功能,强调"道德是一种在行为中造成正确选择的习惯,并且,这种选择乃是一种合理的欲望"②。所以他认为,一个事物的善在于它那特有性质的实现,而每一种生物的目的或目标是要实现它那区别于其他生物的特殊本质或使之明显起来。人的至善是全面地和习惯地行使那种使人成为人的职能,即在实现个人利益的过程中获得个人的幸福。后来的西方思想家与教育家,如爱尔维修、洛克、卢梭等都继承和发展了这一思想,使西方文化展现出功利主义的风貌。

与此相反,中国古代教育思想一开始就是反功利而倡道德的。老庄的"无为"教育思想就公开标榜其反功利的性质:"是以圣人之治也,虚其心,实其腹;弱其志,强其骨。恒使民无知无欲也。使夫知不敢为而已,则无不治矣。"③认为去除知识与欲望是国之政治、人之道德的基本前提。儒家的教育思想虽然重视人的现实生活而主张积极入世,但在反功利这一点上,与道家可谓殊途同归。如孔子说,"君子喻于义,小人喻于利"④,认为有道德的人追求的是道义,无道德的人追求的是功利。虽然他不是百分之百地反对功利,但始终把功利置于道德的制约之下,反对"见利忘义"。在孔子的整个学说中,"仁"是核心范畴,《论语》中出现的"仁"字,有 104 次之多。这是以血缘

---

① 《马克思恩格斯全集》(二).人民出版社,1972.170 页。
② 周辅成.《西方伦理学名著选辑》(上).商务印书馆,1964.311 页。
③ 许杭生.《帛书老子注译与研究》.浙江人民出版社,1982.68~69 页。
　　④ 《论语·里仁》

关系为基础,以父慈子孝为核心,并扩展到整个人际关系,构成了对外讲人道精神,对内求理想人格的伦理道德教育体系。此后,从孟子的"舍生取义"和"父子有亲,君臣有义,朋友有信,夫妇有别,长幼有序"的"五伦之教",到宋明理学的"存天理,灭人欲"和"先王之学以明人伦为本"①的命题,无不是把伦理道德教育作为最高的任务。所以,从总体特征上来看,以儒家为主体的中国古代教育思想具有浓厚的教育伦理化色彩。

至于中国古代教育思想中并不占主流的强调或注意功利的学说,也并不忽视道德的功能,而且大多是在道德的基石上构建自己的教育学说的。以墨子为例,他虽然提出"兼相爱,交相利"的主张,但第一,他的"爱"与"利"是不与个人攸关的,而是"天下之利",是"交"而后的"利",本质上成为对主体的束缚而否定了个人的功利;第二,他的"爱"与"利"是以等级和忠孝为前提的,如他说,"义可厚,厚之;义可薄,薄之。谓伦列。德行,君上,老长,亲戚,此皆所厚也。为长厚,不为幼薄,亲厚厚,亲薄薄,亲至,薄不至。"②"万事莫贵于义。"③这样,"爱"与"利"的施及已经按伦理原则来进行了,先是有德行的人,君主,次为年老者,最后是亲戚。这与儒家学说重德,唯上、畏先辈不是有异曲同工之效吗?

中国古代教育思想所表现出来的重道德而轻功利的价值观,表现在教育实践上,就是崇尚教育的伦理价值而贬低教育的实用价值。重视道德的追求与人格的陶冶,是中华民族的优良传统,也曾哺育过一代又一代的志士仁人。无论是范仲淹的"先天下之忧而忧,后天下之乐而乐",还是文天祥的"人生自古谁无死,留取丹青照汗青",无不打上了重道德教育的烙印。但是,在中国古代伦理教育与实用教育从来就是本与末的关系,舍本而逐末,就只能遭到攻击与排斥。这也是中国长期以来比较忽视教然后富的教育经济思想的原因所在。这在很大程度上制约了教育对社会经济发展的能动作用。在这个意思上讲,西方教育思想重功利的价值观,也有值得我们借鉴之处。需要指出的是,这种重道德、轻功利的教育思想,在操作过程中经常被无限制放大,道德的形式化趋势也愈益明显,在现实生活中经常走到其反面,即重功利而轻道德的行为日趋严重。所以,呼唤道德良知已成为现代教育工作的重要任务之一。

---

①　《近思录》(十二)

②　《墨子·大取》

③　《墨子·贵义》

第三节　重政务与重自然

　　中国古代具有"政教合一"的传统,教育思想则非常强调教育的政治功能,而西方的教育思想则重视教育的自然适应。所以,重政务与重自然构成了区别中外教育思想的第三个重要特质。

　　西方思想中注重探究自然的科学精神具有悠久的传统。英国哲学家罗素指出:"发源于希腊的西方文明,是以距今 2500 年前开始于米利都的哲学和科学为基础的。这样,它就有别于世界上其他伟大的文明。贯穿希腊哲学的主导概念是"逻各斯"这个名词,除别的含义外,是指'言语'和'量度',这样说使哲学的讨论同科学的探求紧密的结合起来。"①所以,古希腊哲学与自然科学相互渗透甚至浑然一体,哲学家大多本身就是博学的自然学者。在柏拉图开设的"阿加德米"学院大门上,甚至镌刻着"进入这个学院的人,没有一个是不懂几何学的"②这样的箴言。亚里士多德更是一位百科全书式的人物,他在物理学、动物学、植物学、天文学、生物学、心理学等领域均有著述和成就,被认为是近代科学之父。他之所以能在西方教育思想史上提出教育必须遵循自然的观点,并在儿童的身心发展方面提出许多适合科学的见解,与他重视探究自然科学精神是分不开的。近现代西方科学哲学的勃兴和教育思想中科学教育思潮的产生,无不从古希腊的这种科学精神中汲取了养料。

　　相对而言,中国古代教育思想则显示出强烈的政治性。金岳霖先生在评价中国古代哲学时写道:"儒家讲内圣外王,认为内在的圣智可以外化成为开明的治国安邦之术,所以每一位哲学家都认为自己是潜在的政治家。一个人的哲学思想,是在经国济世中得到充分实现的。"③我们把其中的"哲学家"换成"教育思想家"(其实这两种人在中国古代本身是合二为一的),把"哲学思想"改为"教育思想",也是完全说得通的。在中国古代,教育的最一般目标就是"学而优则仕"④。教育的根本出路就是培养具有封建伦理道德的统治阶级所需要的人才,为学不离从政,从事学术是为了自觉掌握伦理规范与治民之术,并以此跻身于仕宦阶层。换言之,在内圣外王的理想人格导

---

① [英]伯特兰·罗素.《西方的智慧》. 马家驹、贺霖译. 世界知识出版社,1992. 10～11 页.
② [美]勃克斯.《计算机与教育》.《哲学译丛》.1984(3)。
③ 金岳霖.《中国哲学》.《哲学研究》. 1985(9)。
④ 《论语·子张》

引下,一个人内在的德性与仁义要外化为理想社会,最主要最简捷的途径或中介就是"仕途通达"。只有如此,才有可能"兼济天下"①。这样,我们就能体会孔子告诫弟子的良苦用心了,无论是"不患无位,患所以立",还是"学也,禄在其中矣"②,都反映了孔子重政务的倾向。

如果我们考察一下中国古代教育的内容与方法,大致可以发现一条"心理→伦理→政治"的轨迹。最典型的表述见于《大学》,它写道:"古之欲明明德于天下者,先治其国;欲治其国者,先齐其家;欲齐其家者,先修其身;欲修其身者,先正其心;欲正其心者,先诚其意;欲诚其意者,先致其知;致知在格物。格物而后知至,知至而后意诚,意诚而后心正,心正而后身修,身修而后家齐,家齐而后国治,国治而后天下平。"这就是说,"格物""致知""诚意""正心"的心理功夫,是为了达到"修身""齐家"的伦理境界;而"修身""齐家"的伦理境界,又是为了实现"治国""平天下"的政治理想。这个"心理→伦理→政治"的道德教育程序,经过朱熹的阐发与肯定,成为后世封建教育的基本模式。而科举考试制度,则从行政与法律的角度,把这个程序或模式强有力地固定下来,使教育完全成了统治者实行"德治"、维护封建社会"稳定"秩序的一种工具。

中国古代教育思想中这种重政务而轻自然的特质具有明显的两重性格。从积极方面讲,它鼓励人们介入社会的政治生活,使中国的知识分子具有很强烈的社会责任感与政治使命感,在国家的生死存亡的关头能不畏缩退避,慷慨赴义。从消极方面讲,由于过分强调了教育所具有的治国安邦、教化人民的政治功能,虽然在形式上抬高了教育的地位,但实际上却导致了教育功能的"窄化",从而限制了古代自然科学的发展,限制了生产技艺的进步,也限制了自然科学与生产技艺的教育。如荀子就认为,凡是与政治无关的学问,都是"无用之辩,不急之察,弃而不治。若夫君臣之义、父子之亲、夫妇之别,则日切磋而不舍也"。③《礼记·王制》更是把"执技以事上"视为"不与士齿"的活动,并明令"作淫声、异服、奇技、奇器以疑众,杀"。后世把科学技术视为"奇技淫巧""形器之末",根源即于此。另外,由于中国古代教育思想提倡重视政务,教育培养出的学人均以"仕途通达"为惟一出路,使他们难以形成独立的人格,而容易形成屈于权威、为富贵利禄谋的消极心理品质。

---

① 高瑞泉.《民族思维定势与传统教育模式》.载丁刚主编《文化的传统与嬗变》.上海教育出版社,1990.35页。

② 《论语·卫灵公》

③ 《荀子·天论》

第四节　重和谐与重竞争

　　和谐是中国文化所追求的最高境界。中国古代教育思想也贯穿着和谐的精神，而西方的教育思想则重视竞争的原则。所以，重和谐与重竞争构成了区别中外教育思想的第四个重要特质。

　　西方教育思想中虽然也屡有提倡和谐的学说，如毕达哥拉斯就提出过"美德乃是一种和谐"[①]的命题，亚里士多德也提出过道德教育中的"中道"原则[②]，但重视竞争的思想更是古已有之，而且逐步成为占主导地位的教育思潮。古希腊早期思想家赫拉克利特就说过："互相排斥的东西结合在一起，不同的音调造成最美的和谐；一切都是斗争所产生的。"又认为，"竞争（战争）是万物之父，也是万物之王。它使一些人成为神，使一些人成为人，使一些人成为奴隶，使一些人成为自由人。"[③]这就明确把竞争作为人生存与发展的前提。此后，从霍布斯、马尔萨斯，直到达尔文、赫胥黎、高尔顿等，无不重视生存竞争的原则，所以，竞争与差异一直是西方教育家着意培养的品质。

　　相对而言，中国文化的和谐境界追求真（自然之和谐）、善（人际之和谐）、美（天人之和谐）相统一的总体目标，尤以人际和谐为主旨。孔子较早提出了"和为贵"[④]的命题，把"和"与"安"作为处事治国的原则。他说："丘也闻有国有家者，不患寡而患不均，不患贫而患不安。盖均无贫，和无寡，安无倾。夫如是，故远人不服，则修文德以来之。既来之，则安之。"[⑤]这是就人际关系而言的，《中庸》则就个人的修养而言之："喜怒哀乐之未发，谓之中；发而皆中节，谓之和。中也者，天下之大本也；和也者，天下之达道也。致中和，天地位焉，万物育焉。"对己对人都须以和谐中庸的原则来指导。

　　在和谐原则的前提下，中国古代教育思想也非常注重塑造和谐的品质，如孔子就要求学生言行合乎中庸，不要出现"狂"或"狷"的两极现象。他说："不得中行而与之，必也狂狷乎！狂者进取，狷者有所不为也。"[⑥]在评价学生

---

①　章海山.《西方伦理思想史》. 辽宁人民出版社，1984. 35 页。
②　周辅成.《西方伦理学名著选辑》(上). 商务印书馆，1964. 297 页。
③　北京大学哲学系外国哲学史教研室编译.《古希腊罗马哲学》. 23 页。
④　《论语·学而》
⑤　《论语·季氏》

　⑥　《论语·子路》

的行为时,他也运用和谐中庸的标准,既反对"过"又反对"不及"。① 这个标准也成为古代教育中"因材施教"的出发点,如孔子"求也退,故进之,由也兼人,故退之"②的实践,正是履行了和谐的原则。因此,中国古代教育家提倡虚心谦逊、刚柔相济、不走极端,鼓励不为人先、知足常乐、和平共处。和谐中庸最大的弊端是压抑了竞争、进取精神,社会上广泛流传的"木秀于林,风必摧之;堆出于岸,流必湍之;行高于人,众必非之""事修而谤兴,德高而毁来"以及"枪打出头鸟"等俗语,都在某种程度上揭示了重和谐而轻竞争所带来的消极影响。

重和谐而轻竞争的价值取向,也对中国古代的教育方式方法产生了一定影响,形成了注重自我教育和道德反省的传统。如孔子就把能否自觉反省求诸自己作为区别"君子"与"小人"的标志,培养出了像颜渊能"退而省其私"③和曾参"吾日三省吾身"④这种克己内省的典范。孟子则把自我教育与道德反省称为"求放心"⑤,认为做学问的要旨就是不要舍弃"义"的必由之路,放失"仁"的固有善心,反求诸自身,恢复本然之善德。这种自我教育和道德反省的方法,被宋明理学家发展为体系化、程序化的教条,如"主敬""存养","省察""慎独"等,形成了中国古代教育思想的内向化特点。

第五节　重整体与重个体

中华民族重人伦道德、重和谐中庸、重世俗政务的价值取向,也决定了其教育思想的整体倾向,而西方教育思想则具有悠久的个人主义传统,所以,重整体与重个体构成了区别中外教育思想的第五个特质。

早在古希腊的伯利克里黄金时代,普罗塔戈拉就提出了"人是万物的尺度"的命题,表明了个人不再把城邦的利益或法律当作外在必然性来服从,希望以自身的欲望和利益来决定人的行为。普罗塔戈拉这个命题在伦理学上的意义,意味着个人在社会生活和道德生活中,应当以个人的欲望和利益作为道德的来源,作为道德行为的标准。⑥ 这一思想对西方文化的发展产生

---

① 《论语·先进》
② 《论语·先进》
③ 《论语·为政》
④ 《论语·学而》
⑤ 《孟子·告子上》
⑥ 章海山.《西方伦理思想史》.辽宁人民出版社,1984. 57 页。

了深远影响。17世纪初,荷兰国际法专家格劳秀斯明确把自由和财产规定为个人的权利,并把这一人权上升到自然法的高度。这种思想逐渐成为西方的社会公理:一个人首先关心自身的利益是自然的、合理的,谋求增进个人的利益是增进社会整体利益的最佳途径。这一公理不仅适用于个人之间的财产关系,且推及到人与人、人与家庭、人与国家的其他伦理关系和法律关系上。这些个人至上的原则被写进了西方的教科书中,如人有权自行其事,除非违法,否则不受干预;父母不得干涉成年子女的利益;人对自己的行为负责,人有抉择权;隐私权是不可剥夺的个人权利;人身不可侵犯;只有在国家危急时,为国牺牲才是合理的;政府无权干涉个人的自由和隐私;人人都有选举权和被选举权;等等。① 乃至于西方教育思想家大多把具有个性和独创性的人视为培养人才的基本规格。如穆勒宣称:"一个人,其欲望和冲动不是他自己的,就没有性格,正如一架蒸汽机之没有性格。"②实用主义教育的代表人物杜威更直截了当地说:"在学校里,儿童的生活成为决定一切的目的,凡促进儿童成长的必要措施都集中在这个方面。"③这种以儿童个人为中心的学说,已被西方大多数教育工作者所认同,成为西方教育的理论基石之一与基本的出发点。

相对而言,中国古代教育把维护群体的和谐、社会安定作为最高的伦理政治原则,认为群体的整体利益是个人利益的出发点和归宿,它包括或代表了个体利益。个体对于整体来说,义务重于权利,奉献大于索取。个体的价值只有在整体社会中才能得以实现,个体的完善归根结底也不是为了自身,而是隶属于群体协调、治国安邦这一至上目标。《大学》教育思想所倡导的最高境界,就是"明明德""亲民""止于至善"。具体要求就是,"为人君,止于仁;为人臣,止于敬;为人子,止于孝;为人父,止于慈;与国人交,止于信"。完全是家庭本位、社会本位的表述。这种注重整体的特征反映在思维方式上,就是倡导"天人合一""知行合一""官师合一""政教一体""家国一体""物我两忘",强调对自然界、人类社会的整体把握,而缺乏对这一整体的各个细节的认识能力,缺乏微观的分析性思维和具体的观察与实验。在教育活动中,也就注重"大体"的认识与觉悟,而忽视"支离破碎"的解剖与分析。

重整体而轻个体的价值取向,对于教育人民讲求国家与民族的整体利

---

① 高瑞泉,袁振国.《人格论》.上海文化出版社,1989.48页。
② 许步曾.《西方思想家论教育》.人民教育出版社,1985.41页。
③ 杜威.《学校与社会》.赵祥麟,王承绪编译.《杜威教育论著选》.华东师范大学出版社,1981.

32页。

益,强化民族的凝聚力,以及培养学生的整体系统思维能力,具有一定积极意义,但也在某种程度上诱发了家长主义、王权主义,乃至专制主义,压抑、约束了人的个性与能动性。这种价值取向既能塑造出虚怀若谷、尊敬师长、热爱集体的高尚品质,也可能会培养出谨小慎微、阳奉阴违、自卑自抑的消极人格特征。孔子所提出的"毋意、毋必、毋固、毋我"[①],不就是要人们不要主观推测,少发表个人的见解;不要认为事情的发展必然会怎样,不要断然肯定自己的看法,不要固守自己的看法,不要坚持自己的意见,不要自以为是吗? 总之,毋意是自我丧失的出发点,毋必是自我剥夺的磨练,毋固是自我放弃的核心,最终做到毋我。个人的进取意识得不到社会的保护与提倡,只好人云亦云、委曲求全。所以,整体与个体的协调、个人利益与群体利益的统一,仍是目前教育思想建构的任务之一。

综上所述,中外教育思想具有重世俗与重神性,重道德与重功利,重政务与重自然,重和谐与重竞争,以及重整体与重个体等基本特征的区别。当然,这些特征并不一定能全面准确地反映中外教育思想的全部内涵,所谓"重"和"轻"也只是相对而言,并且是就其整体特征而言,并不意味着绝对地指向一方或忽视一方。认识中外教育思想的基本特点、贡献与局限及其对于坝实教育的正负面影响,对于中国教育改革具有重要的理论和现实意义。

思考题

1. 简析中国古代教育思想的贡献与局限。
2. 中国教育思想的主要特征是什么?
3. 西方教育思想的主要特征是什么?
4. 西方教育思想中哪些是值得我们借鉴的?
5. 阐述中西方教育思想的差异及其形成的原因。

推荐阅读书目

1. 冯友兰著.《中国哲学简史》. 北京:北京大学出版社,2013
2. 张岱年著.《中国伦理思想研究》. 北京:北京大学出版社,2009

[①] 《论语·子罕》

3. 赵敦华著.《西方哲学简史》. 北京：北京大学出版社,2012

4. [英] 罗素著,何兆武等译.《西方哲学史》. 北京：商务印书馆,2013

5. 宋希仁主编.《西方伦理思想史(第2版)》. 北京：中国人民大学出版社,2010

6. 朱永新著.《中国教育思想史》.上海：上海交通大学出版社,2011

第四章　中外教育思想的理论基础

任何一种教育思想的产生与发展,总是以一定的理论为依据的。作为一个教育家或一个教育流派,总要以不同方式表达其对教育的基本看法,这个基本看法就是教育家或教育流派的理论基础,从而也就构成了教育思想的性质与特色。

中外教育思想的理论基础,主要涉及三个主要领域,即人性理论(讨论教育与人的发展的辩证关系)、治乱学说(讨论教育与社会的政治、经济的关系)和人才观念(讨论教育的目的与价值)。

第一节　人性理论

人性理论是教育思想的重要理论基础,任何教育观点的提出都与教育家对于人性的假说和看法有关。美国教育心理学家桑代克就曾经说过,教育研究者的一项重要职责,就是提供改造人类个体的科学知识,即揭示人类个体在未受教育之前的"本性"如何,通过教育,"本性"怎样变化,人的个别差异如何形成,等等。

一、关于人性善恶的观点

在中国古代,最早提出人性问题的是孔子。他提出的"性相近也,习相远也"[①]的命题,揭开了古代人性论的序幕,也为形成各种各样的人性学说提供了可能。所谓"性相近也",是说人的天赋素质或人的自然本性并无太大的差异;所谓"习相远也",是说人的后天素质或人的社会本性,在后天学习的作用下相距渐远,形成了较大的差异。由于孔子对人性问题语焉不详,后世教育思想家便根据自己的理解,并从他关于"生而知之"与"学而知之"的论述中,引申出孟子的"性善论"与荀子的"性恶论"。孟子的"性善论"认为,人生来即有恻隐、羞恶、辞让、是非四个"善端",如果扩而充之,就会产生仁、

---

① 《论语·阳货》.《诸子集成》(一). 岳麓书社,1996.

义、礼、智等四种品质,但后天的教育与个人的主观努力,在把"善端"发展成仁义礼智的过程中起了关键作用,因为"善端"只是提出了一种发展善性的可能性,教育与个体努力才使之变为现实性与必然性。荀子则针锋相对地提出了"人之性恶,其善者伪也"的命题,认为"本始材朴"的人性是恶的,不可能有恻隐、羞恶、辞让、是非的"善端",相反,有的是好利、争夺、疾恶、残贼、淫乱等本能,只有"化性起伪",通过后天环境影响与教育作用来改变人性,使之变恶为善。

汉代董仲舒综合先秦的性善论和性恶论,提出了人性有善有恶论。他将人性界定为:"性者,生之质也。"①认为人的天生之质一分为二:属于阳的仁义之性(善端)和属于阴的贪利之情(人欲)。正因为人有善质和善端,所以教化而致善是人性的继续和发展。但因为人性之中有情欲,而情欲正是造成各种社会罪恶的渊薮,所以董仲舒得出"性非教化不成"②的结论。

杨雄对人性的看法,既不同于孟子的"性善",也不同于荀子的"性恶",他提出了"人之性也,善恶混"③的命题。认为人的基本素质,人的基本机能有好的因素"善",也有不好的因素"恶"。对于人,它们都不是决定因素,也不是固定的一成不变的东西。人是"可铸的"④的,决定其变化的根本因素则是教育。

在西方教育思想史上,对人性善恶问题的观点概括起来大致也有三种。一种观点认为,人性本善,人的天性是完美无缺的。因此,应当极力创造各种条件,使人的善良天性不受任何限制地得到完全、充分的发展。卢梭是这种观点最为重要的代言人。卢梭认为由自由、理性和良心所构成的善良的天性人人皆同,人的罪恶乃是后天影响所致。因此教育的作用就在于注意防范社会不良因素对儿童的不良影响。为此他提出"消极教育"的观点,让儿童"不做任何事情",以保护儿童先天的善性,使儿童在无干扰的情况下按其本性健康地成长。当儿童身体强壮,有能力抵御邪恶时,才让他们接触社会。与卢梭性善论根本对立的另一种观点认为,人性本恶,人心中充满着各种与生俱来的私欲、狂妄、邪恶,因此,应当努力运用各种手段,有效地抑制人的各种自然倾向,只有这样,人才能逐渐向善、为善。这种观点最有影响的代表是正统的天主教哲学。中世纪基督教教育家奥古斯丁就认为,神具

---

①② 《汉书·董仲舒传》.[唐]颜师古注. 中华书局,1962.

③　《法言·修身》.《诸子集成》(九). 岳麓书社,1996.

④　《法言·学行》.《诸子集成》(七). 岳麓书社,1996.

有无上的能力、无限的智慧和至善至美的品德。神从无中创造了世界,而作为上帝造物的人则是罪恶深重的。他认为,上帝创造人类的祖先亚当时,人是正直的,具有自由意志。但亚当滥用了他的自由意志,从而丧失了向善的能力。亚当的罪传给后代,因此,人生下来都是有罪的人。人只有不断赎罪修行,才能得到上帝的宽恕。还有一种观点则认为,人性无所谓善恶,人的自然禀赋中同时存在着向善向恶的倾向。人之所以为善或为恶,主要是由后天环境和教育的影响,再加上人的自由意志的作用而造成的。洛克、爱尔维修、康德、费希特、赫尔巴特等人是这种观点的主要代表。洛克就曾提出著名的"白板说",即人类在没有感觉、经验之前的心理状态就像一张白纸一样,上面没有任何字迹,可以随心所欲地做成什么式样。"我们日常所见的人中,他们之所以或好或坏,或有用或无用,十分之九都是他们的教育所决定的。人类之所以千差万别,便是由教育之故。"①

关于人性究竟是善还是恶,中外教育思想家可谓众说纷纭,仁者见仁,智者见智。不过,这基本上属于伦理学研究的范畴。就教育角度而言,教育在塑造人性,促进人的发展中所起的作用则更具有理论意义。

二、塑造人性的方法

由于对人性善恶理解的不同,在塑造人性的方法上,中外教育家也形成了不同的观点。归纳起来,可分为"内求说"与"外铄说"。内求说认为,知识、智力与品德生来就存在于人的心中,所以塑造人性的方法就是反身向内心去求;外铄说认为,智慧、智力与品德并非内心所固有,只有在外部条件的作用下,才能获得知识、智力与品德,所以塑造人性的方法就是接受外界影响。

在中国教育思想史上,孟子可能是最早区分内求与外铄的教育思想家。他说:"仁义礼智,非由外铄我也,我固有之也。弗思耳矣。"②认为四个善端是孕育在人心中的种子,只要向内反求,通过"扩而充之""求其放心""善养吾浩然之气"和"养心莫善于寡欲"等一系列内求方法,就能加以保持,从而使人得到健康的发展。

北宋邵雍进一步发挥了孟子的"内求说",提出了"观物"的概念。他解释说,虽然人的耳、目、口、鼻等感觉器官具有感知的作用,但"观物"并不需

---

① [英]洛克.《教育漫话》.傅任敢译.人民教育出版社,1963.4 页。

② 《孟子·告子上》.《诸子集成》(二).岳麓书社,1996.

要上述感官,而只要向内"反视",就"莫不全备"①。这种"反视"的方法与禅宗的直觉顿悟颇为接近。邵雍说:"为学养心,患在不由直道。去利欲,由直道,任至诚,则无所不通。天之道直而已,当以直求之;若用智数曲径以求之,是屈天地而循人欲也,不亦难乎?"②很明显,邵雍的观点是:要真正地获得知识,把握自然界的规律,不是靠"外铄"的社会实践活动,不是靠教育,不是靠人的智慧,而是靠无思无为的内求活动。

二程也是"内求说"的张扬者。他们认为,学习和教育的过程从本质上就是向内反求的过程:"学也者,使人求于内也,不求于内而求于外,非圣人之学也;不求于本而求于末,非圣人之学也。"③他们有个学生叫谢良佐,一开始是颇有"外铄"精神的,他"初以记闻为学,自负赅博,对举史书,成篇不遗一字",但二程却给他"玩物丧志"④的评价。因此,他们非常注重主体的存养,认为"学者不必远求,近取诸身,只明天理,敬而已矣"。⑤

明代王守仁更加赤裸裸地提出了"天下无心外之物"的命题,认为"心外无事,心外无理,故心外无学"⑥,所以塑造人性的方法,不是对外界客观知识的探求,而是"从自己心上体认",是一种"致良知"的内求过程。他说:"'致知'云者,非若后儒所谓充广其知识之谓也,致吾心之良知焉耳。良知者,孟子所谓'是非之心,人皆有之'者也。是非之心,不待虑而知,不待学而能,是故谓之良知。是乃天命之性,吾心之本体,自然灵昭明觉者也。凡意念之发,吾心之良知无有不自知者。其善欤,惟吾心之良知自知之;其不善欤,亦吾心之良知自知之。"⑦

如果说孟子是先秦时期"内求说"的肇始者,那么荀子则是"外铄说"的首倡人。荀子认为,"终日而思"的内求式学习不会有什么结果,还不如"须臾之所学",而"善假于物"的外铄式学习,则使人受益无穷。⑧ 只要能够刻苦学习,善于考察客观事物,掌握外在条件,就一定能学有所成,塑造优良的品性。所以他说:"不闻不若闻之,闻之不若见之,见之不若知之,知之不若

---

① 《伊川击壤集·乐物吟》
② 《皇极经世·观物外篇》
③ 《宋元学案》(十五)
④ 《胡氏传家录》
⑤ 《二程集·遗书》(二)
⑥ 《王文成公全书·紫阳书院集序》
⑦ 《王阳明全集》(二十六).《续编一·大学问》
⑧ 《荀子·劝学》.《诸子集成》(三). 岳麓书社,1996.

行之。"①

　　南宋时期事功学派的代表人物陈亮、叶适也对"内求说"提出了挑战。如陈亮认为,作为事物的客观规律的"道",并不可能通过"玩心于无形之表"的内求功夫去把握,因为"道之在天下",不能脱离一个个具体事物,只有通过和客观事物的接触,通过具体的外铄功夫,"因事作则",才能真正把握,否则只能"如枯木死灰而止"②,无益于格物致知之学,也无助于人的发展。叶适则提出了"内外交相成之道",强调了内求与外铄共同推进人的发展的观点。他说:"耳目之官不思而为聪明,自外入以成其内也;思曰睿,自内出以成其外也。故聪入作哲,明入作媒,睿出作圣,貌言亦自内而成于外。古人未有不内外交相成而至于至贤,故尧舜皆备诸德,而以聪明为首。"③认为内求与外铄都是获得知识和道德修养不可缺少的两个方面,都是塑造人性的有效方法,但如果仅仅像理学家那样,"专以心性为宗主",而不下外铄的"实力"功夫,自然不可能达到"知道""入德"的境地,不可能使人得到充分而完善的发展。

　　明代教育家王廷相也力主"外铄论",并批评了程朱理学与陆王心学在这方面的失足。他说:"近世学者之弊有二:一则徒为泛然讲说,一则务为虚静以守其心,皆不于实践处用功,人事上体验。往往遇事之来,徒讲说者,多失时措之宜,盖事变无穷,讲论不能尽故也;徒守心者,茫无作用之妙,盖虚寂寡实,事机不能熟故也。"④认为无论是程朱理学的"泛然讲说",还是陆王心学的"虚静以守其心",都犯了没有从"实践处用功,人事上体验"的错误,缺乏以人的实践活动为基础的"外铄"功夫,所以效果甚微,于事无补,也不能真正使个性得到发展。他进而指出,人类获得知识虽然要依靠先天赋予人的生理本能和感知能力("天性之知"),但如果没有人凭借这些对外界的接触,没有人的社会活动("人道之知"),就不可能产生人的认识活动。因此,人必须通过学习("因习")、思考("因悟"),通过自己的错误("因过")和解去疑窦("因疑")来获得真知⑤,得到发展。

　　在人性塑造的问题上,内求说与外铄说并非井水不犯河水。事实上,"内求说"并不是百分之百地否认"外铄",否认人与客观事物的接触,而不过

---

① 《荀子·儒效》
② 《陈亮集·与应仲实》
③ 《习学记言》(十四)
④ 《与薛君采》
⑤ 《雅述》(上)

是把有限的"外铄"作为达到内求的手段而已;"外铄说"也不是百分之百地否认"内求",只是更强调通过人的实践活动来获得经验和知识,形成品德,发展个性。教育思想的这种差异,表现在教育实践中,往往就存在着教育风格与教育方法的差异,如在道德教育中,"内求说"一般更重视"存心养性""禁于未发""自省自讼",而"外铄说"则往往更强调"环境熏陶""朋友观摩""教师指导"的原则与方法。

在西方教育思想史上,性善论者的教育思想表现为"内求说"。他们认为,教育的最高目的和职能是充分发挥人固有的善性,充分发展人的天性。教育过程的本质在于它是一个人性自然展开的过程,教育和教育者的作用在于,为人性的展开提供适应的环境,创造必要的条件。苏格拉底就是"内求说"的重要代表。苏格拉底认为,人都有追求善的倾向,绝没有人愿意追求恶。因为善就是有益就是福,恶就是无益就是祸。然而有的人追求善就能得善,而有的人追求善反而得恶,考其原因就是在于知识不足,自以为善,其实是恶。因此教人为善的关键在于教育人,使人有知识。但苏格拉底反对凭靠感官来认识事物,他肯定人只能认识自己,研究自己的心灵,在自我认识中,探索、寻找永恒真理,寻找最高的善——智慧。他说:"如果我们眼睛看着事物或试想靠感官的帮助来了解它们,我的灵魂会完全变瞎了。我想我还是求援于心灵的世界,并且到那里去寻求存在的真理好些。"①

柏拉图继承了苏格拉底的思想,并从其客观唯心主义哲学观出发,提出了"学习即回忆"的命题。柏拉图认为,"心灵原有学习真理的能力以及所用以见到真理的机能"②,即心灵原有思维能力和认识理念的能力。学习就是回忆,回忆心灵中原有的知识。但心灵必须通过理性,运用思维,以思维为工具,才能在认识过程中获得真知。教育就是要让心灵转向善,转向真理,去认识理念世界,回忆起心灵在理念世界中所见到的一切。感觉不是知识,只凭感觉得不到知识,教育就是要使心灵排除现实世界纷纭莫测的干扰,使心灵纯化,使心灵从感性事物中解脱出来。

持性恶论的奥古斯丁、杰罗姆、托马斯·阿奎那等天主教神学家认为,由于人性本恶,因此,教育的基本职能和最高目的在于,通过各种手段、途径、方式,节制乃至消除人的各种欲望,使人从恶性中解脱,上升到神性的境界。由于这个原因,他们通常把教育活动和教育过程当作一种进行精神训

---

① 北京大学哲学系外国哲学史教研室编译.《古希腊罗马哲学》.三联书店,1957. 175 页。

② 张焕庭主编.《西方资产阶级教育论著选》.人民教育出版社,1979. 535 页。

练的活动过程。古代基督教圣经学家、拉丁教父杰罗姆认为,灵魂是神的圣殿,灵魂的核心是对神的敬畏。为了得到上帝的拯救,人必须得到充分的教育。教育与训练的作用在于对人内在的精神发展施加影响,使人与生俱来的善性和"神性"得到充分的发展。作为基督教神学家,杰罗姆明确指出,全部教育所要达到的最终目的,就在于使上帝所赋予人的神性得到发展,使人的善性得到发扬,从而净化人的灵魂,使灵魂得到拯救。奥古斯丁从其生而有罪的"原罪说"出发,指出人要去除罪恶就必须要信仰上帝,只有信仰上帝人才能从恶性中解脱出来,最后上升到神的理想境界。而人要信仰上帝,获得上帝的拯救首先必须过禁欲的生活。人们倾心于身外的美丽的事物,但人们只应通过它们去认识上帝的至善至美,因而赞扬上帝,不应陷溺于对这些事物的爱恋。沉湎于暂时的可变的有形的事物,把快乐寄托在这些事物上,就容易堕落,并且距上帝越来越远,终将走向毁灭。因此,奥古斯丁认为教育的根本目的就在于养成一种为善的倾向,使人趋善避恶,培养对上帝的信仰。

认为人性无所谓善恶的教育家,他们的教育思想可归为"外铄说"。这种教育思想或者认为,人的心灵是一块白板,不存在天赋的观念,既然如此,人性也就无所谓善恶。洛克在《人类理解论》中响亮地提出"人心中没有天赋的原则",认为人心如同一块白板,人们所具有的善恶观念,不是人生来就固有的,而是儿童从小接受教育与感化的结果。人的发展方向完全是由后天因素决定的,这便赋予教育以巨大的作用。教育的基本职能和根本目的在于通过传授知识、发展智慧、培养德性,使人成为有道德的、善良的人。教育过程的核心是传授知识、灌输道德。在这个过程中,教师发挥着重要的作用。或者认为,人性中既有为善的倾向,又有为恶的因素。人之或好或坏,或高尚或卑下,全视天性发展的方向。教育的职能和宗旨就在于发扬人性中善良的倾向,抑制为恶的冲动,发展人的最高属性。根据这种教育思想,教育过程中既需抑制恶性,又要顺应善性的自然发展。这种意义上的"外铄说"兼容了"内求说"的许多思想因素。

第二节 治乱学说

国家治乱安危、兴衰盛废的根本原因是什么? 教育在其中扮演了什么角色? 从教育理论的角度看,这就是所谓治乱学说。

在中国古代教育思想形成的萌芽时期,就已经把教育的社会政治功能放在十分重要的位置,周公提出对百姓的"训告""保惠""教诲"的出发点,就是试图使他们安分守己、诚实虔敬。他主张的"明德慎罚",先教后刑,对古代德治传统产生了直接的影响。春秋时期的孔子进一步发展了周公的学说,阐述了刑罚与教化在稳定民心中的不同功能:"道之以政,齐之以刑,民免而无耻;道之以德,齐之以礼,有耻且格。"①认为用政治与刑罚来治理人民,只能使他们暂时免于犯罪,而没有廉耻之心。相反,用教化与礼仪熏陶人民,就能使他们不但有廉耻之心,而且人心归服。据此,孔子提出了"为政"必先"教民"的主张,从他所说的"善人教民七年,亦可以即戎"②,"以不教民战,是谓弃之"③,"不教而杀谓之虐"④等言论,都可以看出孔子重视教化人民的思想。孔子还通过冉有之问,提出了庶—富—教的施政大纲。《论语·子路》载:

> 子适卫,冉有仆。子曰:"庶矣哉!"冉有曰:"既庶矣,又何加焉?"曰:"富之。"曰:"既富矣,又何加焉?"曰:"教之。"

这是中国古代最早的关于教育与经济关系的表述。孔子认为,要治理好一个国家,首先要有较为充裕的劳动力(庶),其次要发展生产,使人民丰衣足食(富),在庶与富的基础上对人民进行教化,发展教育事业。从上述言论可以看出,经济应先于教育,而教育又与经济相互发生影响。

孟子作为儒家的"真传""亚圣",继承和发挥了孔子的治乱学说,认为国家"城郭不完,兵甲不多"和"田野不辟,货财不聚"并不是真正的灾害;而"上无礼,下无学",缺乏教育,就会"贼民兴,丧无日"⑤,使国家陷于动乱之中。所以他指出:"善政,不如善教之得民也。善政民畏之,善教民爱之。善政得民财,善教得民心。"⑥在教育内容上,孟子也是以治国安邦为中心,即所谓"父子有亲,君臣有义,夫妇有别,长幼有序,朋友有信"的"人伦",只有小民相亲相爱相信于下,才不会滋生"犯上作乱"的心理与行为。荀子更明确地把教育同国家的命运联系起来,他说:"国将兴,必贵师而重傅;贵师而重傅,

---

① 《论语·为政》
② 《论语·子路》
③ 《论语·子路》
④ 《论语·尧曰》
⑤ 《孟子·离娄上》
⑥ 《孟子·尽心上》

则法度存。国家衰，必贱师而轻傅；贱师而轻傅，则人有快；人有快，则法度坏。"①认为如果不尊重教师，不发展教育，就会使人们放纵非为，破坏法制，从而使国家衰乱无度。

在儒家的早期作品中，对于教育与社会发展关系阐述最详且提纲挈领者，当推《礼记》中的《大学》与《学记》两篇。《大学》写道：

> 古之欲明明德于天下者，先治其国；欲治其国者，先齐其家；欲齐其家者，先修其身；欲修其身者，先正其心；欲正其心者，先诚其意；欲诚其意者，先致其知。致知在格物。格物而后知致，知致而后意诚，意诚而后心正，心正而后身修，身修而后家齐，家齐而后国治，国治而后天下平。

《大学》是儒家论大学教育的专著，这里主要揭示了大学教育的八个条目，即格物、致知、诚意、正心、修身、齐家、治国、平天下八个步骤，教育无疑是其中的纽带，从而也是"国治"和"天下平"的前提。《学记》开门见山地论述了这个问题：

> 发虑宪，求善良，足以谀闻，不足以动众。就贤体远，足以动众，不足以化民。君子如欲化民成俗，其必由学乎。
>
> 玉不琢，不成器；人不学，不知道，是故古之王者，建国君民，教学为先。《兑命》曰："念终始典于学"，其此之谓乎！

上述第一段大意是说，执政者仅仅能深谋远虑、网罗人才、礼贤下士，还是远远不够的。要想真正地教化人民，形成良好的社会风气，只能通过学校教育才能奏效。第二段的大意是，像玉石必须经过雕琢才能成器一样，人只有通过学习方可知事明理。而为政者要建立国家，统治人民，必须先从学校教育入手。所以，《学记》要人们念念不忘《尚书·兑命》的名言：念念不忘教育。

墨家也比较重视教育与社会发展的关系，如墨翟说："垂其股肱之力而不相劳来也，腐臭余财而不相分资也，隐匿良道而不相教诲也。若此则饥者不得食，寒者不得衣，乱者不得治。"①认为如果不注重教育，政治将不稳定，经济将不发展。所以他又说："天下匹夫徒步之士，少知义，而教天下以义者功亦多。"②他倡导的"兼相爱""交相利"学说，就是要人们做到有力者疾以助人，有财者勉以分人，有道者劝以教人。墨家也注意到教育对于促进社会生产力发展的作用。《鲁问》记载了这样一件事：有位农家（亦有人认为是自食其力的隐士）叫吴虑，他向墨翟请教："义耳义耳，焉用言之哉！"墨子反问道："籍设而天下不知耕，教人耕与不教人耕而独耕者，其功孰多？"吴虑承认说："教人耕者其功多。"这其实正是墨子的结论。

法家虽然主张以法治国，并排斥儒家所倡导的私学，但实际上在另一个层面强调了社会教育尤其是法制教育对于国泰民安的意义。法家提出的"以法为教，以吏为师"的口号，本身就是针对社会的治乱问题而言的。如《管子》写道："厚爱利，足以亲之；明智礼，足以教之。上身服以先之，审度量以闲之，乡置师以说道之。然后申之以宪令，劝之以庆赏，振之以刑罚。故百姓皆说为善，则暴乱之行无由至矣。"③这与儒家先教后刑的学说有很大的相似性。

从表面上看，道家也否定作为社会现象的教育所具备的社会功能。其创始人老子就直言不讳地说："大道废，有仁义。智慧出，有大伪。六亲不和，有孝慈。国家昏乱，有忠臣。"④认为大道社会废弃了才有提倡仁义的需要；聪明智巧的现象出现了，伪诈才盛行一时；家庭出现了纠纷，才能显示出孝和慈；国家陷于混乱，才能见出忠臣。但否定教育的道家，无论是老子、庄子，抑或是黄老学派，本身就从事教育活动，对于前来求学的弟子，是来者不拒，愿意教诲。而且，他们提倡无为、知足、不争等言行主张，本身就是积极的教育活动。正是这些教育活动孕育了他们的教育思想。

汉代董仲舒继承了先秦儒家"任德教而不任刑"的传统，提出"教，政之本也；狱，政之末也"⑤的主张，把教育视为治国安民的根本。他认为，要有效地防范老百姓犯上作乱，就必须筑起社会教化的"堤防"。他说：

　　　　夫万民之从利也，如水之走下，不以教化堤防之，不能止也。

---

① 《墨子·尚贤下》.《诸子集成》(五). 岳麓书社，1996.
② 《墨子·鲁问》.《诸子集成》(五). 岳麓书社，1996.
③ 《管子·权修》.《诸子集成》(六). 岳麓书社，1996.
④ 《老子·十八章》.《诸子集成》(三). 岳麓书社，1996.
⑤ 《汉书·董仲舒传》

是故教化立而奸邪皆止者，其堤防完也；教化废而奸邪并出，刑罚不能胜者，其堤防坏也。①

教化之所以能对社会的治乱发生作用，无疑是通过心理的内化机制来实现的。即在教化的影响下，人们具有知耻之心，达到"天下和洽，万民皆安仁乐义，各得其宜，动作应礼，从容中道"②的境界。

王充虽然激烈抨击以董仲舒为代表的正统儒学，但在强调教化的社会功能方面却多与其有暗合之处。他指出，经过礼义教化的人"志洁行显，不徇爵禄"③，无论在任何情况下都能"性廉寡欲"，不会萌生邪念。所以，他反对"乱世以刑为先""治世以礼为主"的主张，认为无论何时都必须重视礼义教化，重视学校教育的特殊作用。他说："是故王法不废学校之官，不除狱理之吏，欲令凡众见礼义之教。学校勉其前，法禁防其后，使丹朱之志，亦将可勉。"④可见，学校教育的作用是"勉其前"，防患于未然；而刑法约束则是"防其后"，是惩治于已然。发挥两者的综合功能，就能使社会健康发展。

魏晋时期的傅玄从国家的稳定与兴盛的不同层次阐述了教育的社会功能。他重视教育的社会经济基础，认为"民富则安乡重家，敬上而从教，贫则危乡轻家，相聚而犯上"。在人民富裕丰足、普遍接受教化的情况下，就会"尊儒贵学，则民笃于义"⑤，为治国平天下奠定思想基础。另一方面，国家的兴盛强大也离不开教育。兴办学校，造就人才是振兴国家的基本渠道，所以傅玄又说"兴国家者，莫贵乎人"，"宣德教者，莫明乎学"。⑥

唐代韩愈在发挥孟子"得天下之英才而教育之"的命题时说："孟子曰：'君子有三乐，天下不与存焉。'其一曰：'乐得天下之英才而教育之。'此皆圣人贤士之所极言至论，古今之所宜法者也。然则孰能长育天下之人才，将非吾君与君相乎？孰能教育天下之英才，将非吾君与吾相乎？幸今天下无事，小大之官各守其职，钱谷甲兵之间不至于庙堂。论道经邦之暇，余此宜无大者焉。"⑦他认为，为政者的重要职责就是培育英才，尤其是在太平之世、安定

---

① 《汉书·董仲舒传》
② 《汉书·董仲舒传》
③ 《论衡·非韩》.《诸子集成》(九). 岳麓书社，1996.
④ 《论衡·率性》.《诸子集成》(九). 岳麓书社，1996.
⑤ ［晋］傅玄.《傅子·通志》
⑥ ［晋］傅玄.《傅子·阙题》
⑦ 韩愈.《上宰相书》.《韩昌黎集》(十六).

之时,更要以教育天下之英才为当务之急,这是经邦治国的法宝。

北宋时期的教育改革家王安石,突破了前代学者在社会教化意义上讨论教育的社会功能的格局,着重强调了学校教育的功能,提出了"天下不可一日而无政教,故学不可一日而亡于天下"①的教育改革宣言。他认为,学校应该成为教育事业的主干或核心。他在《乞改科条制》中说:"古之取士,皆本于学校,故道德一于上,而习俗成于下,其人材皆足以有为于世。自先王之泽竭,教养之法无所本,士虽有美材而无学校师友以成就之,议者之所患也。今欲追复古制以革其弊,则患于无所渐。宜先除去声病对偶之文,使学者得以专意经义,以俟朝廷兴学校。"通过以学校教育取代科举考试,就会"道德一于上""习俗成于下",解决科举"大则不足以用天下国家,小则不足以为天下国家之用"②的问题。

和以往大部分儒家尚法不尚刑的倾向不同,宋代理学家认为刑罚与教化在维护封建统治中不可偏废,甚至高度重视峻法严刑的作用。二程说:"初以阴暗居下,下民之蒙也。爻言发之之道。发下民之蒙,当明刑禁以示之,使之知畏,然后从而教导之。"③朱熹也说:"愚谓政者,为治之具。刑者,辅治之法。德礼则所以出治之本,而德又礼之本也。此其相为终始,虽不可以偏废,然政刑能使民远罪而已;德礼之效,则有以使民迁善而不自知。"④他们认为老百姓生性昏蒙,愚昧顽劣,往往容易无所顾忌,无所不为,只有用峻法严刑来限制他们,使其有所畏惧,不敢萌发犯罪的邪念。刑罚的功能是使人产生畏慑心理,不去从事犯罪活动;教化的功能则是使人产生良好的行为,"日迁善而不自知"。在理学家看来,刑罚是教化的基础,只有"刑罚立",才能"教化行"⑤。如二程说:"治蒙之初,威之以刑者,所以说去其昏蒙之桎梏,桎梏谓拘束也。不去其昏蒙之桎梏,则善教无由而入。既以刑禁率之,虽使心未能谕,亦当畏威以从,不敢肆其昏蒙之欲,然后渐能知善道而革其非心,则可以移风易俗矣。"⑥意思是说,在老百姓昏蒙未开时,是很难通过教化以理晓谕的,只有先通过刑罚强迫他们遵纪守法,形成一定的行为习惯,才能为他们接受教化打下基础。因此,理学家所理解的"刑罚",本身就蕴含

---

① 《王文公文集》(三十四).《明州慈溪县学记》
② 《王文公文集》(一).《上皇帝万言书》
③ 《周易程氏传·蒙》
④ 《四书集注·论语集注》
⑤ 《周易程氏传·蒙》

⑥ 《周易程氏传·蒙》

有"教化"的因素。二程曾经明确指出这一观点,他们说:"治蒙之治,立其防限,明其罪罚,正其法也,使之由之,渐至于化也。或疑发蒙之初,遽用刑人,无乃不教而诛乎?不如立法制刑,乃所以教也。盖后之论刑者,不复知教化在其中矣。"①宋代理学家认为,虽然刑罚和教化在维护社会稳定和预防犯罪中都起着不可忽视的作用,虽然在一定程度上刑罚还是教化的必要前提,但就其重要性而言,还是以教化更显得重要。朱熹说:"谓政刑但使之远罪而已;若是格非其心,非德礼不可。"②程颐也说:"刑罚虽严,可警于一时;爵赏虽重,不及于后世。惟美恶之谥一定,则荣辱之名不朽矣。故历代圣君贤相,莫不持此以励世风。"③他们认为,刑罚的作用是禁止人们犯罪,但它毕竟是从外部规范人们的行为,所以算不上万全之计,其作用也是有限的。只有通过教化的作用,才能"格其非心",使人们用美恶之谥、荣辱之名激励自己弃恶从善,才能形成良好的社会风气,从而使人们在根本上断绝犯罪的心理。

明清之际的王夫之在阐释孟子"善政得民财,善教得民心"的观点时论述了自己的治乱学说。他指出:"其畏之也,民莫敢不从也。且君已为之区画其生理而可有余以奉上,得其财矣。乃得其财,而民未向善,则忠爱之情能必其发乎?惟爱之也,民且自勉于教也,在君无所责望,而自因以尽忠孝,得其心矣。得其心而上下一体,则贡赋之常又忍后乎?畏则穷于政之所不及,爱则通于教之所不至。得财,则财有乏,而民不保。得心,则心无穷而必不可离。其得民之广狭久近,不亦远乎!"④也就是说,善政往往使人民敬畏政府,善教则使人民爱护政府;善政往往使人民不得不进贡其财赋,而善教会使人民心甘情愿地贡献其财赋。"政治的效果是有限的、被动的、暂时的;而教育的效果则是广泛的、自动的、长远的。"⑤所以,在治国安邦的价值上,教育具有决定性的、政治所无法替代的作用。清初著名教育家颜元把自己的政治思想概括为富天下、强天下和安天下三个方面。他说:"以七字富天下:垦荒、均田、兴水利;以六字强天下:人皆兵,官皆将;以九字安天下:举人才、正大经、兴礼乐。"⑥他把农业作为发展国家经济的基础,把军事作为国

① 《周易程氏传·蒙》
② [宋]黎靖德编.《朱子语类》(二十三).中华书局,1986.
③ 《二程文集·为家君上宰相书》
④ 《四书训义》(三十七)
⑤ 邱椿.《古代教育思想论丛》(下).北京师范大学出版社,1985.41页。
⑥ 《颜习斋先生年谱》(下)

家强盛的条件,而把教育作为国家长治久安的根本。所以他十分重视培养人的教育活动:"盖学术者,人才之本也;人才者,政事之本也;政事者,民命之本也。无学术则无人才,无人才则无政事,无政事则无治平,无民命,其如儒统何! 其如世道何!"①其潜台词就是说,只有通过教育,才能造就出知礼通达的政治人才,智谋骁勇的军事人才和经世致用的实用人才,通过这些人才作用于社会的政治经济,从而实现国富民强、治平安世的社会理想。

综上所述,中国古代教育家的治乱学说是以儒家思想为主导的,其实质是强调教育的社会功能,重视教育对于兴邦治国、社会发展的作用。中国古代教育思想具有较强的为政治、经济和稳定社会服务的功利意识。

迄至近代,中国教育思想家们也保持着重视教育社会功能的思想。更有如资产阶级改良主义者视教育为救国的利器,提出了教育救国论。

康有为认为,国家的强弱,在于人才的多寡和教育的得失,因而强调教育在改造社会方面的重大作用。他指出:"才智之民多则国强,才智之士少则国弱。"②西方资本主义国家富强的原因,不在炮械军器,而在穷理办学,"以诸学并立,大学岿然,人才不可胜用故也"③。

梁启超也认为国家的强弱以教育为转移,兴学育才是变法的根本。他说:"今日中国之大患,苦于人才之不足,而人才不足由学校不兴也。"认为若变法图强,必先兴学校,开发民智。在梁看来,"权生于智","有一分之智,即有一分之权;有六七分之智,即有六七分之权;有十分之智,即有十分之权"④。所以"昔之欲抑民权,必以塞民智为第一义;今日欲伸民权,必以广民智为第一义"⑤。

严复在论述其教育救国论思想时,以西学中的进化论和天赋人权为理论依据,在近代教育思想史上颇具特色。严复认为,中国当时的最大忧患是愚、贫、弱三字,所以中国最迫切的任务是"愈愚""疗贫""起弱"。三者之中,以愚最为严重,所以"尤以愈愚为最急。"因为"由愚而得贫弱",贫弱是由于愚昧而造成的。基于这个认识,他在《原强》一文中提出了"鼓民力""开民

---

① [清]颜元.《习斋记余》(一)
② 康有为.《公车上书》.陈学恂主编.《中国近代教育文选》.人民教育出版社,1983.97页。
③ 康有为.《请开学校折》.陈学恂主编.《中国近代教育文选》.人民教育出版社,1983.109页。
④ 《上陈宝箴书论湖南应办之事》.《中国近代史资料丛刊·戊戌变法(二)》.上海人民出版社,1957.551页。
⑤ 《上陈宝箴书论湖南应办之事》.《中国近代史资料丛刊·戊戌变法(二)》.上海人民出版社,1957.551页。

智"和"新民德"的主张，而解决这三个方面的问题，又"惟急从教育上着手"。他认为，只要中国的教育能"著意科学，使学者之心虑沈潜浸渍于因果实证之间，庶他日学成，有疗贫起弱之实力，能破旧学之拘挛，而其于图新也牢，则真中国之幸福矣"。①

在西方教育思想史上，教育思想家们也比较重视教育的政治功能。公元前5世纪希腊出现的智者派就明确地认识到，教育与政治具有密切的相互关系，教育在国家生活中具有举足轻重的作用。智者派的代表人物之一普罗泰戈拉指出：一个合理的国家的所有公民，包括坏的公民在内，比起一个既无文化，也无正义，也无法律，更无使公民养成公正习惯的强制力的国家的公民来，都要更好更正直。他们的这种优越性要归于他们国家中的法律、教育、文化。在普罗泰戈拉看来，德行是城邦存在和发展的前提，人人都应当具有德行。而德行是可以通过学习、训练得到的，因而决定了教育在城邦中具有重大的作用。

古希腊著名哲学家、教育家苏格拉底曾指出，在处理政务时，应该听取"有专门知识的人的意见"。因为这些人学识渊博而且具有"善德"，他们懂得怎样进行统治。而这些治国人才必须通过教育进行培养。正因如此，苏格拉底很重视教育，认为教育具有维护与巩固奴隶主政治统治的作用。

古希腊另一位著名哲学家、教育家柏拉图，其教育思想的一个基本特点就是把教育与政治紧密结合起来。在《理想国》等著作中，他精心设计了一个理想国家，并为这个理想国家的发展，提出了完整的教育计划。柏拉图认为，只有通过良好的教育，才能培养奴隶制国家顺从的公民和"明智"的统治者。正因为如此，国家应当高度重视教育，把它当作头等大事，并且审慎地选拔负责教育事务的官员，把它当作国家最高职务中最重要的职务。为此，柏拉图吸取了斯巴达教育由国家办理的经验，主张取消雅典当时盛行的私人办学，由国家管理、监督一切教育机构，对全体公民实施强迫教育，教育的内容则要根据国家的利益来规定。

亚里斯多德作为柏拉图的弟子，在教育理论上也有同其老师相通之处。和柏拉图一样，亚里斯多德也重视教育与政治的关系。他主张由国家管理教育事务，使教育成为公共事业，强调统治者应当高度重视公民教育，认为忽视教育将危害国家。在《政治学》中，亚里斯多德论述到："谁也不会有异

① 严复.《与外交报主人论教育书》. 陈学恂主编.《中国近代教育文选》. 人民教育出版社，1983. 224 页。

议,立法者最应关心的事情是青少年的教育,因为那些没有这样做的城邦的政体都深受其害。应该教育公民适应他生活于其中的政体,因为每一政体一开始就形成了其固有的习惯特征,起着保存该政体自身的作用。""一切能力和技术的个别运用,都需要预先的训练和适应,显然德性的运用也是如此。既然整个城邦有着唯一的目的,那么很明显对所有的公民应实施同一种教育。对教育的关心是全邦共同的责任,而不是私人的事情——今天的情况则是各人关心各自的子女,各人按自己认可的准则施教。然而对于共同的事情应该施以共同的教育。同时不能认为每一位公民属于他自己,而要认为所有公民都属于城邦,每个公民都是城邦的一部分,因而对每一部分的关心应当同对整体的关心符合一致。以此而论,斯巴达人应该受到赞扬,因为他们尽了最大努力来训练儿童,把儿童的教育作为全邦的共同责任。"①

不难看出,在古代希腊教育思想家那里,国家控制教育的思想是一脉相承的。可以说这是他们对斯巴达教育经验的概括。众所周知,斯巴达人一直是把教育看成是国家的事情的。他们认为全部教育都由奴隶主国家负责组织、管理,儿童也属国家所有。因此,在斯巴达城邦,儿童一出生,就要受国家长老的检查和挑选,凡身体孱弱畸形的,就被舍弃。经检验合格的儿童由父母替国家抚养,至7岁为止。7岁以后,男童被送到国家教育场所接受军事体育训练,最终被培养成忠于国家的强悍的军人。斯巴达人的教育完全是为政治服务的,其教育内容和方法均由政治目的所制约。这一特点在古希腊教育思想家那里得到了继承。

古罗马教育思想家普鲁塔克认为教育在国家生活中占有重要地位。这是其基于教育与人的天性关系认识的基础上得出的结论。普鲁塔克认为,人的成长取决于三个方面的因素:人的自然本性、理性和习惯。在这三者中,本性是先天获得的,而理性和习惯则来自后天的学习和实践。人的成长就是在自然本性的基础上,通过后天的学习和实践而实现的。因此,本性、理性和习惯是相互联系,缺一不可的。普鲁塔克进一步认为,教育和实践不仅是在自然本性的基础上进行的,而且具有弥补、改善本性的作用。他指出,一个不具有卓越天赋的人通过长期勤奋学习,是可以取得成就的。教育在形成人的性格和美德中有着巨大的作用。基于上述认识,普鲁塔克高度重视教育对维护国家政权的稳定所起的重要作用。普鲁塔克在评价斯巴达立法者来库古和罗马政治家努马的功绩时,对来库古进行了由衷的赞美。

　　① 苗力田主编.《亚里士多德全集》(Ⅸ),中国人民大学出版社.1994.271页。

他认为来库古把教育斯巴达青年当作国家的首要任务。他指出，正是因为来库古的工作，从而确保了斯巴达的长期稳定。而努马则由于忽视了教育，使他将长时间内才建立起来的政治局面很快丧失了。

文艺复兴时期，教育与政治的关系一直为人文主义者所关注。意大利在文艺复兴前期实行城市共和制，意大利人文主义教育家认为，为维持、保卫、促进自由共和政体，就必须培养富于自由、平等精神的公民。共和政体要求培养公民，反对血统和财富对人的发展的限制。北欧人文主义者崇尚君主制，他们普遍认为一个井然有序的君主政权永远优于任何其他政体。因此，他们把治理国家的希望寄托在君主和朝臣身上。为此，他们写了许多较系统的教育论著，详细论证了对那些将来有希望成为君主、朝臣的人物施以什么样的人文主义教育。他们坚信，完美的教育和完美的政治之间存在着异常密切的关系。尽管意大利人文主义教育家认为良好的政治秩序，必须以具有良好素质的公民为前提条件，而北欧则以培养明主贤臣作为国家治理的基础，但两者表现在教育上，都体现出重治人之学，关注如何改造社会的特点。

17世纪捷克教育家夸美纽斯高度重视教育的社会作用，他把教育看作改良社会的手段。他说："教会与国家的改良在于青年得到合适的教导。"①在《论天赋才能的培养》一文中，他从多方面对比了所谓有教养的民族和没有教养的民族之间的差别，以说明良好的教育所能产生的积极成果。其中特别指出，一个民族如果受到良好的教养，就会善于利用自然力量和地下的宝藏，把土地耕种得"像天堂里"那样好。他还认为，受到良好教养的民族，扫除了愚昧贫困，身体健康，德行优良，富有智慧，爱好艺术，生活得富足、幸福。

从以上论述中可以看出，中西方教育思想家都比较重视教育的政治功能。但相比较而言，中国教育思想更强调教育的政治功能。这与中国历来具有"政教合一"的传统是分不开的。而在西方，虽然他们也重视教育的政治功能，但他们更多的是从个人的发展角度来考察教育的功能，强调教育在培养人过程中的自然适应原则。这一点在罗马教育思想中尤其突出。虽然罗马民族向来注重团队精神，但在相当长的时间内，罗马国家一直把教育当作私人事务，由家庭负责子女的教育。因此，罗马教育家很少像柏拉图和亚里斯多德那样从国家、从政治的角度考察教育问题，他们所谈论的教育主要

① 夸美纽斯.《大教学论》. 傅任敢译. 人民教育出版社，1984. 257页。

是个人的教育。

第三节 人才观念

人才观念是教育目的与价值论的基本出发点。在教育理论中,教育目的是指把受教育者培养成为一定社会所需要的人的质量规格,它规定着人才的素质标准。而教育价值则是评价教育活动能否实现教育目的,培养出一定社会所需要的人才,换言之,它规定着人才的社会价值。教育目的与教育价值是教育活动的出发点与归宿,它们对于教育活动具有宏观调控与引导作用。当然,教育目的并不是教育思想家主观设定的,而是社会政治、经济的反映;教育目的能否顺利实现,也不仅受社会政治、经济的制约,还受教育者与受教育者的客观条件的制约。

在中国教育思想史上,孔子提出的教育目的是培养三种规格的人才。一是"仁人"或"圣人"。这是人才的最高境界,但往往也是理想境界,现实生活中几乎不存在。所以他说:"圣人,吾不得而见之矣,得见君子者,斯可矣。"①"若圣与仁,则吾岂敢?抑为之不厌,诲人不倦,则可谓云尔已矣。"②二是"君子"或"成人"。这是人才的较高境界,是指全面发展、品行高尚的人,一般为生活中较高层次的统治者。孔子对此作了许多界说,如"修己以敬""修己以安人""修己以安百姓"③;"谋道不谋食""忧道不忧贫"④;"食无求饱,居无求安,敏于事而慎于言,就有道而正焉"⑤,等等。三是"士"。这是人才的良好境界,主要指统治者的辅佐人才,可以从事各种层次的政治、外交、军事、文化等具体活动,也可以协助理财和掌握管理各种礼仪。从孔子的教育实践来看,"士"是他最现实的培养目标。为了实现这一目标,他建立了"德行、言语、文学、政事"四科,以诗书礼乐、文行忠信教育弟子。孔子的上述教育目的也基本上得到了实现。司马迁曾记载过孔子去世后弟子们的大致情形:"自孔子卒后,七十子之徒散游诸侯,大者为师傅卿相,小者友教士大夫,或隐而不见。故子路居卫,子张居陈,澹台子羽居楚,子夏居西河,

① 《论语·述而》
② 《论语·述而》
③ 《论语·宪问》
④ 《论语·卫灵公》
⑤ 《论语·学而》

子贡终于齐。如田子方、段干木、吴起、禽滑之属，皆受业于子夏之伦，为王者师。"①除个别过起隐逸生活外，大部分都实践了孔子"学而优则仕"②的教诲。

如果说孔子的教育理想是培养从政的知识分子的话，那么，墨子的教育目的则是培养具有"兼相爱""交相利"的品质的"兼士"。以"农与工肆之人"为主要教育对象的墨家教育，在教育内容上以实用知识与技能为主，以期把学生培养成为在分工合作的原则下"各从事其所能"，并为众人谋福利的"兼士"。"兼士"的对立面是自私自利、友饥不馈以食、友寒不赠以衣的"别士"。这是墨子人才观念中力加排斥的类型，并力图"兼以易别"③，进行把"别士"改造成"兼士"的尝试。当然，这只是墨子的一厢情愿，在当时的社会背景下只能是空想而已。

孟子的教育目的是造就道德型人才的"大丈夫"。"大丈夫"的主要素质是具有坚强的意志，"富贵不能淫，贫贱不能移，威武不能屈"④，具有"舍生取义""杀身成仁"的"浩然之气"。为了培养这种"大丈夫"，孟子注重环境的教育功能，主张用"苦其心志，劳其筋骨，饿其体肤"来磨练意志，并提倡求其放心、深造自得、自我锻炼的方法，从而形成具有高度自觉性与坚强意志力的"大丈夫"精神。

道家的理想人格也是"圣人"（又称真人、神人、至人等），但不是儒家的世俗性的、道德型的"圣人"，而是与世无争、无欲无为、精神自由的自然型"圣人"。正如庄子所说的那样："若夫乘天地之正，而御六气之辩，以游无穷者，彼且恶乎待哉！故曰，至人至己，神人无功，圣人无名。"⑤也就是说，圣人虽身处俗世而精神能超然物外，逍遥自在，达到了绝对自由的"自然""无待"境界。为此，在教育内容上以主张不争、知足、贵柔、无己、无功、无名、无情为核心，在教育方法上则以绝学弃智、涤除玄鉴、顺应自然、心斋坐忘等为特色，并为培养这种自然型的"圣人"创造自然的教育氛围。

从"以法为教，以吏为师"的教育观出发，法家的人才观念是培养能推行"法治"的人才，即培养见识远大，明于事理的"智术之士"，立场坚定、敢于斗争的"能法之士"和为人正直、刚正不阿的"耿介之士"。他们能克制私欲，秉

---

① 《史记·儒林列传》
② 《论语·子张》
③ 《墨子·兼爱下》
④ 《孟子·滕文公下》
⑤ 《庄子·逍遥游》.《诸子集成》（四）. 岳麓书院,1996.

公执法,顾全大局,实事求是,"不以智累心,不以私累己;寄治乱于法术,托是非于赏罚,属轻重于权衡,不逆天理,不伤情性,不吹毛而求小疵,不洗垢而察难知;不引绳之外,不推绳之内;不急法之外,不缓法之内;守成理,因自然,祸福生乎道法,而不出乎爱恶;荣辱之责在乎己,而不在乎人。"①为了实现这一培养目标,法家注意充实法制教育的内容,在为学与修身方面也提出了若干具体的原则与方法。

东汉时期的王充把人才分为四个层次,即儒生、通人、文人和鸿儒。他说:"夫能说一经者为儒生,博览古今者为通人,采掇传书以上奏记者为文人,能精思著文连结篇章者为鸿儒。故儒生过俗人,通人胜儒生,文人逾通人,鸿儒超文人。"②王充对儒生这个层次不甚满意,认为他们只知道"旦夕讲授章句,滑习义理",只能解说五经,但对五经以前的事毫无所知,好比是"盲瞽"之人;对五经之后的事一窍不通,显得非常不合时宜。所以,在王充的培养目标中,儒生并不是理想人才。他对人才的要求与标准是高于儒生的三个层次的通人、文人和鸿儒。通人是"通书千篇以上,万卷以下,弘畅雅闲,审定文牍,而以教授为人师者"③。文人和鸿儒则是"抒其意旨,损益其文句,而以上书奏记,或兴论立说,结连篇章者"。其显著特点不是鹦鹉学舌,而是独立创造;不是拘泥书本,而是学用结合,解决社会政治生活的各种问题。为了培养这三种人才,他在教学过程中倡导好学勤奋、问难穷究、实际练习、批判验证、学为世用的原则与方法;在教育内容上也试图打破汉代五经独占讲坛的局面,冲破"信守一学"的状况,这对于造就"博览古今,众流百家"的鸿儒,具有重要的意义。

魏晋时期的颜之推对当时的培养目标进行了深刻思考,通过揭露士大夫"耻涉农商,羞务工伎,射则不能穿札,笔则才记姓名,饱食醉酒,忽忽无事"④等现象,指出了教育的危机所在。他认为,教育不能培养清谈家,也不能培养章句博士,而应培养"国用之材"。他系统地阐述了自己的人才观与培养目标:

> 士君子之处世,贵能有益于物尔,不徒高谈虚论,左琴右书,以费人君禄位也。国之用材,大较不过六事:一则朝廷之臣,取其鉴

---

① 《韩非子·大体》

② 《论衡·超奇》

③ 《论衡·超奇》

④ 《颜氏家训·勉学》.《诸子集成》(十).岳麓书社,1996.

达治体，经纶博雅；二则文史之臣，取其著述宪章，不忘前古；三则军旅之臣，取其断决有谋，强干习事；四则藩屏之臣，取其明练风俗，清白爱民；五则使命之臣，取其识变从宜，不辱君命；六则兴造之臣，取其程功节费，开悟有术，此则皆勤学守行者所能办也。人性有长短，岂责具美于六途哉？但当皆晓指趣，能守一职，便无愧也。①

颜之推把国之用材分为政治人才、文化与学术人才、军事人才、内政与外交人才、从事建筑与生产的技术管理人才等类型，并认为教育不要奢望培养"具美于六途"的全才，而应造就精通某一领域的专门人才。

唐宋以后，中国古代教育家的人才观念大致沿着两条道路行进：一条是以韩愈、朱熹为代表的，强调仁义道德的人才观；一条是以王安石、颜元等为代表的，强调经世致用的人才观。唐代韩愈在国势衰微、佛老泛滥之际，以卫道为己任，提出了"学所以为道"和"明先王之教"的教育目的。他所说的"先王之教"，是以仁义道德为核心的教育体系："夫所谓先王之教者，何也？博爱之谓仁；行而宜之之谓义；由是而之焉之谓道；足乎己，无待于外之谓德。其文《诗》《书》《易》《春秋》；其法礼、乐、刑、政；其民士、农、工、贾；其位君臣、父子、师友、宾主、昆弟、夫妇；其服丝、麻；其居宫、室；其食粟、米、果蔬、鱼、肉；其为道易明，而其为教易行也。是故以之为己，则顺而祥；以之为人，则爱而公；以之为心，则和而平；以之为天下国家，无处所而不当。"②可见，"先王之教"的内涵十分丰富，既包括儒家的经典、儒家宣扬的伦理道德，也包括封建社会的政治措施、物质文明和生活方式等等。经过这种教育培养出来的人才，往往既能诵习古圣之书，遵守先王之法，又能明乎人伦，本乎人生，有效有序地处理各种事务。

朱熹进一步发挥了韩愈"先王之学以明人伦为本"的思想，在批评科举教育"忘本逐末，怀利去义"和社会上"风俗日敝，人才日衰"的基础上，提出了"格物、致知、诚意、正心、修身，而推之以至于齐家、治国，可以平治天下"的教育宗旨，在《白鹿洞书院揭示》中，他更把"父子有亲，君臣有义，夫妇有别，长幼有序，朋友有信"作为教育的基本内容，以期培养出具有上述品德的人才。朱熹把自己的这一教育观，概括为培养"醇儒"的教育。

---

① 《颜氏家训·涉务》
② 《原道》.《韩昌黎全集》(十一)

王安石是强调经世致用的一位重要旗手。他认为当时学校教育的最大弊端,就是不能培养出国家所需要的经世致用的人才,所以"虽白首于庠序,穷日之力以师上之教,乃使之从政,则茫然不知其方",这与其说是"成人之材",还不如说是"困苦毁坏"人才。① 为此,王安石在改变"取材"标准方面进行改革。他认为"取人之道"是"世之急务",因为"取材"能对"教育成就人材"起导向作用。他说:"所谓文吏者,不徒苟尚文辞而已,必也通古今,习礼法,天文人事,政教更张,然后施之职事,则以详平政体,有大议论使以古今参之是也;所谓诸生者,不独取训习句读而已,必也习典礼,明制度,臣主威仪,时政沿袭,然后施之职事,则以缘饰治道,有大议论则以经术断之是也。"②取材标准的变化必然导致育材标准的变化,而育材标准的变化又会导致教育内容与方法的变化,王安石所一手导演的汉唐以来规模最大的兴学运动,在这方面进行了有益的尝试。

南宋事功学派的代表人物陈亮和叶适,在教育目的问题上围绕着"成人之道"的具体目标,也与朱熹展开过辩论。朱熹曾劝诫陈亮"以醇儒自律",陈亮则不以为然,认为教育目的是教人"做人",而不是教人"作儒"。他指出,理学家的所谓"醇儒",不过是"研究义理之精微,辨析古今之异同,原心于秒忽,较礼于分寸,以积累为功,以涵养为正,面盎背"③的道学先生,虽然能讲义理、谈性命,但不知富国强兵之术,无兴利除弊之计,与世无济,与人无益。而他主张培养的"成人",则是"知"、"勇"、"艺"兼备,德才双全,文武兼资,能开拓古今、建功立业的"一世英雄"。叶适把这种"成人"称为真正的"士",并指出了这种"士"与理学家"士"的区别,认为后者"传写诵习,坐论圣贤。其高者谈天下,语性命,以为尧舜周孔之道,技尽于此,雕琢刻画,侮玩先王之法言"④,而真正的"士"却具有真才实学,秉义明道,德艺并举。在教育方法上,他们反对静坐读书,涵养心性、空言德性,主张学以致用,向外求索,有的放矢,公开树立起鼓励学生匡时救世、兴功立业的旗帜。

清初颜元的人才观,是"以经世为宗",培养"实才实德之士"。他认为,如果不能发挥学校教育为国家输送有用之才的作用,"天下之学校皆无才无德之士,则他日列朝廷者,皆庸碌臣";相反,如果"天下之学校皆实才实德之

---

① 《王文公文集·上皇帝万言书》
② 《王文公文集·取材》
③ 《陈亮集·又甲辰秋书》
④ 《叶适集·进卷·士学》

士,则他日列之朝廷者,皆经济臣"①。这种"实才实德"之士,往往各专其业,各有特长。颜元认为,世上没有无所不知、无所不能之人,即使历史上的圣贤,也不是什么都行。他说:"人于六艺,但能究心一二端,深之以讨论,重之以体验,使可见之施行,则如禹终身司空,弃终身教稼,皋终身专刑,契终身专教,而已皆成其圣矣。如仲之专治赋,冉之专足民,公西之专礼乐,而已各成其贤矣。"②所以,"学须一件做成便有用,便是圣贤一流"③。这样,颜元把颜之推培养各种专业人才的思想发挥得淋漓尽致,彻底否定了儒家传统中培养"全智全能"的"圣贤"教育。这种一技之长、一专之能皆可为圣或为贤,行行出"圣贤"的教育思想,具有划时代的历史意义。为了培养这种人才,在教育内容上他就主张以学用结合的"实用"教育,来替代无益无用的"浮文"教育,并提出了以"习行"为主的教学法。

　　应该指出的是,无论是强调仁义道德的人才观,还是重视经世致用的人才观,都不是百分之百地否定对方,吃掉对方。在他们的教育思想与教育实践中,互相影响、互相渗透时有发生。如理学家朱熹在大谈心性的同时,也主张"实用"的教育。他说:"若论为学,修己治人,有多少事。至如天文、地理、礼乐、制度、军旅、刑法,皆是着实有用之事业,无非自己本分内事。古人六艺之教,所以游其心者,正在于此,其与玩意于空言,以较工拙于篇牍之间者,其损益相去万万矣。"④这里涉及的"实有用之事业",领域之广泛、内容之丰富,与经世致用的人才观所提倡的教育内容,并无太大区别,只不过朱熹倡导的理学教育是以仁义道德为根本罢了。而王安石在主张经世致用的同时,也不排斥仁义道德内容。他写道:"善教者之为教也,致吾义忠,而天下之君臣义且忠矣;致吾孝慈,而天下之父子孝且慈矣;致吾恩于兄弟,而天下之兄弟相为恩矣;致吾礼于夫妇,而天下之夫妇相为礼矣。天下之君君臣臣、父父子子、兄兄弟弟、夫夫妇妇,皆吾教也。"⑤这里所涉及的君臣之义忠、父子之孝慈、兄弟之恩、夫妇之礼,与理学家提倡的仁义道德教育,也并无分轩轾,只不过王安石的教育思想是以经世致用为基调罢了。

　　洋务运动时期,在"中学为体,西学为用"的体用观的指导下,近代教育思想家们提出德才兼备、以德为主的人才观,主张培养和发现中西学兼通的

----

①　《习斋记余》(一)
②　《颜习斋先生言行录》(下)
③　《颜习斋先生言行录》(下)
④　《续近思录》(二)
⑤　《王文公文集(三十二)·原教》

洋务人才。早期的洋务教育家曾国藩在论述其人才观时说:"德与才不可偏重。譬之于水,德在润下,才即其载物溉田之用;……德而无才以辅之,则近于愚人;才而无德以主之,则近于小人。"①这就是说,德与才是相辅相成的关系,两者不可偏废。但如果论轻重,则以德更为重要,因为德可以主才,才只能辅德,有德而无才只是"愚人",而有才而无德则是"小人"。如果在德才不能兼顾时,则"与其无德而近于小人,毋宁无才而近于愚人"。这同把"中学"作为固本而把"西学"作为补阙的体用观,是完全一致的。

张之洞在办洋务的过程中,也深感德才兼备、学贯东西的人才难得,曾发出"中国不贫于财,而贫于人才"的感叹。为此,他向清政府上奏《荐举人才折》《保荐人才折》《保荐经济特科人才折》《胪举人才折》等,以推荐保举经世济用的洋务人才。

然而,甲午战争的风云彻底打碎了洋务教育思想的梦幻。"中学为体,西学为用"的人才模式不能改变中国落后挨打的命运。于是以王韬、马建忠、薛福成、郑观应、陈炽等人为代表的早期改良派提出了他们的人才观。如果说洋务教育在评价人才时仍坚持传统的道德文章的伦理尺度,并表示宁要有德无才的"愚人",也不要有才而无德的"小人"的话,早期改良派则更侧重于通今致用的社会功利尺度。薛福成就明确把技才、将才、译才、外交人才、经济人才和通才纳入了人才的结构,把人才的概念延伸到社会生活的方方面面,从而打破了人才的单一结构。早期改良派已不满足于以抵御为目的的洋务人才观,主张不但要培养外交、翻译和军工技术人才,更要以发展民族资本主义工商业为目的,培养大量精通科技的人才。

维新变法时期,资产阶级改良派的重要代表人物梁启超提出了培养"新民"的人才观。梁启超对"新民"进行了界说:"所谓新民者,必非如心醉西风者流,蔑弃吾数千年之道德学术风俗,以求伍于他人;亦非如墨守故纸者流,谓抱此数千年之道德风俗,遂足以立于大地也。"又指出:"新民云者,非欲吾民尽弃其旧以从人也。新之义有二:一曰淬厉其所本有而新之,二曰采补其所本无而新之,二者缺一,时而无功。先哲之立教也,不外因材而笃与变化气质之两途,斯即吾淬厉所固有,采补所本无之说也。一人如是,众民亦然。"②可见,梁启超所说的"新民",是学贯中西、德性坚定的人,是具有资产阶级政治信仰和道德修养的新一代人。如果说早期改良派的维新主张以变

① 《曾文正公杂著》(一)
② 夏晓红编.《梁启超文选》(上).中国广播电视出版社,1992.107页。

革经济为主,那么此时的改良派已把矛头直接指向封建政治,他们的教育人才观也更具有资产阶级的色彩。

在资产阶级革命派那里,反对封建教育的思想更加强烈。邹容在其《革命军》中猛烈抨击封建教育培养出来的人"名为士人,实则死人之不若"。那些汉学者,不过是寻章摘句,笺注训诂,为六经之奴婢;宋学者,不过是冷猪肉,高谈太极无极性功之理,以求身死名立;那些名士者,则"用其一团和气,二等才情,三斤酒量,四季衣服,五声五律,六品官阶,七言诗句,八面张罗,九流通透,十分应酬之大本领,钻营奔竞,无所不至"。蔡元培明确指出教育就是要培养受教育者的健全人格。而健全人格的教育,应该包括军国民教育、实利主义教育、公民道德教育、世界观教育和美育五部分。应该用这五育来取代清末"忠君、尊孔、尚公、尚武、尚实"的教育。显然,"五育主义"体现了资产阶级个性解放、自由发展的要求。

在西方教育思想中,古希腊的教育思想家们一直关注着如何培养理智的政治家或统治者这一问题。培养政治家或统治者,是希腊教育的重要传统。公元前 5 世纪,希腊国力开始强盛,奴隶主民主政治得到发展,普通公民获得了空前未有的从政、参政的机会。在当时的政治生活中,获取权力和地位的一个关键因素就是辩论讲演。而讲演和辩论又需要一定的知识、智慧和政治常识,智者派的兴起和他们的教育活动,正是适应了这种培养政治家的需要。普罗泰戈拉在谈到自己的教育目的时说,向他求学的人可以学到处理"私人事务以及公共事务中的智慧。他们学到把自己的家庭处理得井井有条,能够在国家事务方面作最好的发言与活动"①。显然,这种教育目的核心是培养有能力正确处理政治活动中各种事务,并且在民主政治生活中能通过演说等活动去争取公众的政治家。在智者派看来,一个从事政治活动的人,应当具有廉耻和公正的政治品德,此外还必须具有多方面的知识修养。智者派所传授的知识通常是较为多样的,主要包括政治知识、科学、音乐,等等。

苏格拉底时期,雅典奴隶主民主政治由兴盛走向衰落。苏格拉底认为,使雅典陷入危机的首要原因是雅典公民道德的堕落,其次就在于统治国家的人并不懂得如何治理国家,甚至缺乏必要的政治知识。因此,雅典奴隶主民主政治的衰落不但没有使思想家们丧失培养政治家的目标,反而进一步深入探索这种必要性。苏格拉底就强调指出,与医术、骑术等一样,政治也

---

① 北京大学哲学系主编,外国哲学史教研室编译.《古希腊罗马哲学》.三联书店,1957.132 页。

是一种专门的技艺,需要专门的知识和能力。苏格拉底认为,一个政治家、统治者首先应具有特殊的知识和才能。统率军队的将领必须具备丰富的军事知识,精通战略战术,懂得行军布阵,同时还应知晓为战争所必需的各种事务。作为一个政治领袖,则应懂得城邦的税收、支出、粮食贮备,了解城邦的军事力量以及敌国军事力量的对比,还应知晓城邦的防御工事和防御兵力的分布,等等。其次,还应具备治理国家的才能,懂得如何治理国家。此外,苏格拉底主张一个政治家还应学习广博和实用的知识,如天文学、算术、量地学等知识。苏格拉底曾这样说:"在所有的事情上,凡受到尊敬和赞扬的人都是那些知识最广博的人,而那些受人谴责和轻视的人都是那些最无知的人。"①

柏拉图进一步发展了苏格拉底的思想,更为系统地论证了政治家培养的必要性。苏格拉底主张使政治知识化、专业化,而柏拉图则进一步主张应由哲学家统治国家。柏拉图认为雅典城邦之所以出现危机是因为缺乏有能力、有德行的统治者,而建立哲学王的统治则是克服危机的惟一途径。因为哲学以最高的善为对象,它是整个世界遵循的最高原则和所要实现的普遍目的。所以,哲学是治理国家的最高学问,只有掌握了哲学的人才应成为统治者。柏拉图所要培养的哲学王除了具有政治知识以外,还具有其他广博的知识。阅读、书写、体育、军事、算术、几何学、天文学、音乐理论、哲学等等都是柏拉图为培养哲学王所列的教学科目。在这些教学科目中,柏拉图最为重视的是哲学(辩证法)。在他看来,辩证法的教育是国家统治者,特别是最高统治必备的教育。只有接受辩证法的训练,才能理解国家的普遍原则,才能成为哲学家。除了具备政治知识和一般知识及思维的能力以外,柏拉图同样强调统治者应具有智慧、节制、正义、勇敢的美德。

亚里士多德一方面继承了苏格拉底,特别是柏拉图的政治知识化和专业化的思想,另一方面又修正了柏拉图的"精英统治"的主张。与柏拉图一样,亚里士多德也认为,统治和治理国家是一项极其艰巨的工作。它需要一种科学的指导,从而运用合理选择的手段达到道德上有价值的目标。因此,治理国家的权力,不能交给只会玩弄小聪明的政客,不能交给花言巧语的煽动家或诡辩家,而应由精通政治、科学和艺术,能理解国家的性质和目的,因而能领导国家沿着最恰当的路线发展的聪明才智之士承担。但与柏拉图不同的是,亚里士多德认为,应当把国家的权力交给中产阶级,而不是少数人。

---

　　① 色诺芬.《回忆苏格拉底》.吴永泉译.商务印书馆,1986.109 页。

他反对将统治者与被统治者、统治者教育与被统治者教育做绝对划分，而主张对作为统治阶级的中产阶级进行统一的教育和训练。

在罗马教育中，培养农民军人曾是其教育的目的，但至迟从共和后期（公元前 3 世纪中叶～公元前 30 年）之初开始，罗马教育的目的发生了明显的转变，以培养农民军人为目的教育逐渐为以培养雄辩家为目的教育所取代。

西塞罗所要培养的雄辩家，不同于希腊时期的演说家，实际上是具有演说家才能的政治家。因此，作为雄辩家，不仅要做到"准确而清晰地表达自己的思想"，而且能够就任何论题进行阐述、发挥，并且影响说服听众。由于这个原因，一个雄辩家应当具有多方面的素质。首先，他应当具有广博的知识。在西塞罗看来，一个雄辩家必须具有"各种重要的知识和全部自由艺术"，否则他就不可能成为一个多才多艺的雄辩家。而"全部自由艺术"就是指文法、修辞、算术、几何、天文、音乐等学科，"各种重要知识"，则是指政治、各国政治制度、法律、军事和哲学等。其次，雄辩家应当具有修辞学方面的特殊训练。因为如果仅仅具有广博的知识，而无表达知识的能力，那么便是无用之物。再次，雄辩家应当具有优雅的举止风度。西塞罗认为身体手势、眼神以及声音的调节及变化，对于演说本身所产生的作用是巨大的。从本质上讲，西塞罗所要培养的雄辩家类似于柏拉图所要培养的"哲学王"。但在另一方面，又不同于哲学王，更接近于伊索克拉底所要培养的演说家。伊索克拉底所要培养的正是在智慧和辩才方面都很杰出的治国之才（即演说家）。

昆体良把教育的目的规定为培养"善良的、精于雄辩的人"，即雄辩家。与西塞罗一样，昆体良也认为，一个雄辩家既要擅长雄辩，又要通晓各种有价值的知识，具有较高的才能。与西塞罗不同的是，昆体良极力强调雄辩家应当具有崇高的思想和高尚的情操，成为一个善良的人。他认为，对于雄辩家来说，才能与德行是相互联系，缺一不可的。在一定意义上，德行比才能更为重要。昆体良所理解的"雄辩家"，既不同于智者所要培养的能言善辩之士，也不同于西塞罗理想中的雄辩家。在昆体良所处的时代，依靠雄辩才能而获得权力与地位的社会基础已不存在，雄辩家活动的天地逐步从公共政治生活转向法庭诉讼。因此，帝国时期的雄辩家就其职能而言，主要是律师。昆体良所理解的"雄辩家"也正是律师。他在论及培养雄辩家的具体内容时曾说："真正的演讲应尽量模仿为训练而设计的法庭辩论。"又说："如果演讲不是法庭上的实际工作的准备，这就不过是演员的激昂慷慨和疯人的胡言乱语。"①

产生于公元1世纪的基督教对西欧中世纪的教育产生了决定性的影响。就教育目的而言,基督教决定了中世纪教育的基本目的。中世纪一切教育的根本目的是与基督教关于人生目的的教义直接相连的。基督教要求人们爱上帝,《圣经》说:"尽心尽性尽意地爱上帝,这是戒命中第一的且是最大的。"在基督教看来,人是上帝创造的,都是上帝的儿女,上帝爱自己的儿女,人类也要爱上帝;人类生而有罪,可是上帝慈悲,只要爱上帝,虔诚信仰和服从上帝,一切罪恶就都可得到赦免。因此,爱上帝就成为人生的根本目的,而教育正是要培养人们对上帝的这种感情。中世纪教育有很多种类型,各有其具体的培养目标,但从根本上讲,一切教育的最高目的就是要培养对上帝的情感、信仰。基督教神学家杰罗姆就明确指出,全部教育所要达到的最终目的,就在于使上帝所赋予人的神性得到发展,使人的善性得到发扬,从而净化人的灵魂,使灵魂得到拯救。奥古斯丁以其神学和哲学为基础,指出教育的目的就在于培养对上帝充满信仰、虔诚的基督教徒;在于培养教会的优秀教士。为了实现这个目的,道德教育应居于首位。通过严格的道德教育,使学生养成《圣经·马太福音》所列的"真福八端",即虚心、哀痛、温柔、饥渴慕义、怜恤、清心、和睦、为义。此外,学生还应当具备宽容、谦虚、热爱真理、正义、爱人、严谨、服从等品质。中世纪基督教神学家,经院哲学最著名的代表人物托马斯·阿奎那也认为,教育的最高目的是发展人性、实现神性。为了实现这个教育目的,他主张进行两方面的教育:知识教育和道德教育。知识教育是为了发展学生的理解能力,而道德教育则是发展人身上存在着的为善的自然习性,使之真正成为具有良好品行和情操的、善良的人。

如果说中世纪教会学校教育的目的主要是为了修来世,为了培养信仰上帝的僧侣,那么文艺复兴时期,人文主义教育使这种宗教教育的目的发生了转向。

文艺复兴前期,意大利人文主义者痛斥暴政,颂扬自由,维护当时已经存在的共和政体。他们要求抛开传统的贵族世袭制,使社会上所有阶层人士皆有机会中选入仕,他们认为真正的高贵的惟一标准必须是具有美德。因此意大利早期人文主义教育家认为教育的目的就在于造就有美德、有共和精神的公民,为共和政体服务。15世纪末16世纪初,意大利政治形势发生了显著变化,共和制被君主制所取代,人们对共和制,对公民权等概念的

---

① 昆体良.《雄辩术原理》.任钟印译.华中师范大学出版社,1982.273 页。

价值日益淡漠。在教育思想上,由注重培养合格的公民转而注重培养理想的君主。北方人文主义教育家则主张培养贤明的君主、侍臣为君主政体服务,他们相信完美的教育和完美的统治之间有着异常密切的联系,认为治国安邦的关键在于统治者躬行美德。可见,不论是早期人文主义教育家所要培养的公民还是后期北方人文主义者所要培养的君主、侍臣,不论早期人文主义者所要培养的学者型人才,还是后期人文主义者要培养的实干型人才,都是为革新现实社会服务,具有强烈的世俗性。

思考题

1. 为什么说人性问题、治乱学说和人才观念是教育思想的基本出发点?
2. 性恶论与性善论的基本论点是什么?
3. 中外教育家提出塑造人性的方法有哪些? 你更认同哪种方法?
4. 根据中国教育思想史上人才观的变化,谈谈你的人才观。

推荐阅读书目

1. 徐复观著.《中国人性论史·先秦篇》,北京:九州出版社,2014
2. 朱永新著.《中华教育思想研究——从远古到 1990 年中国教育科学的成就与贡献》.南京:江苏教育出版社,1993
3. 许步曾编.《西方思想家论教育》.北京:人民教育出版社,1985
4. [美]S.E.佛罗斯特,吴元训译.《西方教育的历史和哲学基础》.北京:华夏出版社,1987
5. 陆有铨著.《躁动的百年——20 世纪的教育历程》.济南:山东教育出版社,1997

第五章　中国古代的教育思想

在中国灿烂的历史文化长河中,中国古代的教育思想可谓是其中一颗璀璨的明珠,闪烁着古代教育家智慧的光芒。本章我们将以专题的形式考察中国古代的教育家丰富的教育思想。

第一节　中国古代的教学论

中国古代的教育家大多数是教学活动的直接参与者。他们在自己长期的教学活动过程中不断总结教学经验,形成了丰富的教学论思想。

一、教学的意义

中国古代教育家历来对教学的重要性与必要性有充分的认识。他们具体论述了教学的意义,归纳起来大致有以下几个方面:

第一,教学可以使学生获得、巩固知识和技能。《荀子·劝学》中明确指出:"不登高山,不知天之高也;不临深溪,不知地之厚也;不闻先王之遗言,不知学问之大也。"认为只有通过对客观事物的体认和观察以及通过对前人知识的学习,教学才能有所收获。王夫之对这个问题论述最详。他认为,教学是获得、巩固知识和技能的重要途径。所谓学,是从未知到已知,从未能到能之的过程;所谓习,是涵泳已获得的知识,练习已掌握的技能,使之得到巩固的过程。同时,知识只有经过涵泳复习才能日进不已,技能只有通过练习方可逐步熟练。为了说明教学在形成人的技能技巧中的作用,王夫之还进一步以射箭为例,他说,射箭一需要力量,二需要技能技巧,这两者都可以通过反复练习而获得,但技能技巧较力量更需要后天的学习与锻炼。

第二,教学可以发展学生的智能,培养学生成才。《孔子家语·子路初见篇》中曾记载,子路认为南山的竹子不柔自直,本身就有"达于犀革"的作用,但孔子回答说,如果给它加工一下,即"括而羽之,镞而砺之",那就会更加锐利。人的能力也是如此,必须通过学习与磨练而加以提高。汉代王充也肯定了教学对于发展学生智能的意义。他说:"夫可知之事者,思虑所能见也;不可知之事,不学不问,不能知也。不学自知,不问自晓,古今行事,未之有也。……故智能之士,不学不术不成,不问不知。"①对于教学能培养学生成才这一点,三国时诸葛亮说过:"才须学也,非学无以广才。"②北宋胡瑗在《松滋县学记》中也写道:"致天下之治者在人才。成天下之才者在教化。教化之所本者在学校。"明确指出了学校教学活动对于培养人才的意义。王夫之对教学在发展智能、培养学生成才方面的作用作了比较全面的论述。他认为,人虽然具有一定的"心固有之知能"③,但如果没有后天的教育、学习和实践活动,没有"得学而适遇之"④的环节,先天因素就不能充分发挥与施展。因此人的智能只有在"学"与"用"的基础上才能发展,人的才华只有在"学"与"用"的基础上得以"日生",人的思维只有在"学"与"用"的基础上方可不枯竭。

第三,教学可以培养品质,有助于人性的发展与完善。中国古代教育家一般都肯定教学对于培养学生的品德的意义,甚至把它视为教学的首要的和惟一的意义。孔子曾说过:

好仁不好学,其蔽也愚;好知不好学,其蔽也荡;好信不好学,其蔽也贼;好直不好学,其蔽也绞;好勇不好学,其蔽也乱;好刚不好学,其蔽也狂。⑤

仁、知、信、直、勇、刚等是古代志士仁人所追求的道德目标,但这些道德品质的形成,无一能离开教学活动。离开"学",人只能变得"愚"(被人愚弄)、"荡"(放荡而无基础)、"贼"(自己受害)、"绞"(说话尖刻)、"乱"(捣乱闯祸)和"狂"(胆大妄为)。孔子的这一思想为后世教育家所承继。如荀子就说:"木受绳则直,金就砺则利,君子博学而日参省乎己,则知明而行无过矣。"⑥中国古代的人性学说可谓百花齐放,较著名的如孔子的性习论、孟子的性善论、荀子的性恶论、告子的性无善无不善说、董仲舒的性三品论、王夫

---

① 《论衡·实知》
② 《诸葛亮集·诫子书》
③ 《读四书大全说》(三)
④ 《读四书大全说》(三)
⑤ 《论语·阳货》
⑥ 《荀子·劝学》

之的性日生日成论等,但无论何种学说,都肯定了教学对于发展和完善人性的作用。如孟子认为,人性中虽然具有先天的"善端",但这些"善端"只是处于萌芽状态,能否得到善良的发展,还有赖于能否受到良好的教育,是否进行认真的学习。荀子则认为,人生来只是一块坏材料,但这块坏材料却可以通过后天的教养与学习,变恶为善,成为圣人。

二、教学的内容

中国古代的原始教育尚未从社会生产和生活中分离出来,所以教育内容基本是与人们的生产和生活有关的经验与技能。在氏族公社末期学校萌芽出现时,教育内容大概以"乐"与"孝"为主。到了夏、商、西周,教育内容已日趋统一和明确,形成了所谓的礼、乐、射、御、书、数"六艺"教育。礼,即礼仪教育,等级名分教育,伦理规范教育;乐,即音乐教育,类通于当今的美育,乐还包括诗歌、舞蹈、戏剧等内容;射,即射箭技术的训练;御,即驾驭战车的技术训练;书,即识字教学;数,即算术、数学,还包括天文、历算等自然科技知识。"六艺"教育文武并重,知能兼求,颇具特点,在中国教育史上绵延不断,产生了深远影响。

在孔子生活的春秋时期,"学在官府"的局面已被打破,"六艺"之教偏重于技艺、军事训练的内容已不能完全适合当时教学的客观需要。于是,孔子改编整理了《诗》《书》《礼》《乐》《易》《春秋》六书,作为其讲授的基本教材。《诗》,即流传到现在的《诗经》,它是中国最古老的诗歌总集;《书》,即流传到现在的《书经》,又称《尚书》,涉及从原始社会末期至夏、商和春秋之前周王朝的历史资料,是中国历史上第一部历史教材;《礼》,即流传到现在的《礼经》,又称《仪礼》或《大礼》,是讲授周代各种典礼节仪的礼仪修养教科书;《乐》,相传是孔子所编的关于音乐的书,早已亡佚;《易》,即流传至今的《易经》,又称《周易》,是一部占卜的筮书,但经过商、周之际文王的整理和注述,再经过孔子的研究和传述,已由卜筮进入"天人之际"的学术领域;《春秋》,又称《春秋经》,是中国现存的第一部编年史,记载了从鲁隐公元年到鲁哀公十四年鲁国的政治、军事、经济、天文、地理、灾异等方面的情况。"六书"不仅是我国第一套比较完整的教科书,也是中国封建社会中最基本的教材。

汉代以后,随着"罢黜百家、独尊儒术"文教政策的推行,儒家的《论语》《孟子》《大学》《中庸》也逐渐成为重要的教材。此外,自汉唐始,各类专门学校也日益完备,这些学校亦各有自己的专业教材。如《新修本草》和《黄帝内经》就是唐代医学校所用的教材。

三、教学的过程

教学过程的理论一般有三项内容,即教学的本质、教学的过程阶段以及教学过程中各种因素的关系。中国古代教育家对这三项内容均有所涉及,而以教学过程阶段的论述最为丰富。在中国古代影响最大的教学(学习)过程阶段论理论当推"五阶段论":博学之,审问之,慎思之,明辨之,笃行之。这个理论最早是由《礼记·中庸》的作者提出,宋代大教育家朱熹在《白鹿洞书院学规》中再次予以重申和明确。

博学:即多闻多见,博学于文。古代教育家比较重视教学过程中的博学阶段,认为它是教学成功的基础。孔子曾言:"吾尝终日不食,终夜不寝,以思,无益,不如学也。"①清代王夫之总结了自己的博学经验,一再主张多闻多识、博览群书,认为如果没有博学的功夫,思维也就会因为缺乏材料而难以深入,教学也就难以取得成效。在博学的同时,古代教育家又提出了专精问题,主张博学必须与专精(约)相结合。王夫之就认为,在教学过程中,博和约并不是互相割裂的,而是互为基础、互相促进的。"约者博之约,博者约之博"。如果没有"约"的功夫,将教学的内容加以提纲挈领、系统整理,就不可能掌握广博的知识。同样,如果没有"博"的功夫,没有广泛阅读,不断实践,也不能达到"约"的境界。

审问:即审问质疑。孔子不但要求学生"不耻下问"②,自己也身体力行"每事问"③。朱熹把有无疑问视为学习有否进步的标志:"读书无疑者,须教有疑。有疑者却要无疑,到这里方是长进。"④当然,审问质疑本身并不是目的,审问是为了获得真知,质疑是为了除去疑窦。教学应是引导学生从不疑到疑再到不疑的过程。

慎思:中国古代教育家认为,教学不能仅仅停留在"博学"和"审问"的水平上,还必须提高到"慎思"的水平,重视思维的作用。如孔子就主张把学与思结合起来,提出"学而不思则罔,思而不学则殆"。⑤王夫之在批评只学不思的"顽固之士"与只思不学的"敏断之士"把学思割裂开来时,指出了学与思之间的辩证关系:学与思是统一的教学过程中不可或缺的环节,学中有

---

① 《论语·卫灵公》
② 《论语·公冶长》
③ 《论语·八佾》
④ 《学规类编》
⑤ 《论语·为政》

思,思中有学,学习的知识面愈广阔,思维就会愈深远;而当思维遇到障碍时,则必须用勤学加以疏通。他说:"学非有碍于思,而学愈博则思愈远;思正有功于学,而思之困则学必勤。"①

明辨:即要学生形成明确的概念,掌握确切的知识。明辨与慎思都属于领会知识的阶段,都是指学生的思维活动。明辨是对思维指出的具体要求,又是慎思的进一步发展和必然结果。朱熹就曾指出,只有通过明辨,掌握了确切的实在的而非疑惑不定的知识,才能有效地把这些知识运用到实际中去,见诸行动之上。因此,明辨是把经过博学、审问、慎思得到的可靠知识加以运用的关键环节。

笃行:笃行可分为两个阶段——时习与笃行。时习是指能对已获得的知识进行及时的、经常不断地复习、练习,使之巩固保持下来。古代教育家不仅强调时习对于巩固保持已有知识的意义,还论述了时习对于获得新知识、新见解的作用。朱熹曾说:"既学而又时时习之,所学者熟,而心中喜悦,其进自不能已矣。"②即通过时习,由于对复习的知识比较熟悉,心理上产生了愉悦感,从而产生了新的学习要求。

经过明辨与时习的知识,归根结底是要加以运用。如果不能加以运用,纵然学富五车、满腹经纶,也没有任何意义。因此,中国古代教育家非常注意"笃行"环节,认为"笃行"是学习的真正落脚点,是教学过程的高潮。

四、教学的原则与方法

中国古代教育家提出的教学原则和方法非常之多,大致可分三个方面:即关于教师"教"的原则和方法;关于学生"学"的原则和方法;关于教与学共用的原则和方法。

1. 关于"教"的原则和方法

(1)愤启悱发

愤启悱发的原则又称为启发式教学原则,它是指在教学过程中要注意调动学生的主动性和积极性,激发学生的思维活动,使他们融会贯通地掌握知识并发展智力。中国古代最早明确提出这个原则的是大教育家孔子。他说:

---

① 《四书训义》(六)
② 《论语集注》(一)

不愤不启,不悱不发,举一隅不以三隅反,则不复也。①

据朱熹的解释,"愤"是"心求通而未得之意";"悱"是"口欲言而未能之貌"。孔子这段话意即:教学过程中,不到学生想求明白而不得的时候,不要去开导他;不到学生想说出来却说不出来的时候,不要去启发他。教给他东方,他若不能由此推知西、南、北三方,便不再教他了。这一原则自孔子提出后历久不衰,并为历代教育家继承和发展,成为中国古代最具影响的教学原则之一。

(2) 因材施教

因材施教是指要根据学生的个别差异和年龄差异,有的放矢地组织和进行教学工作。此原则滥觞于孔子,孔子以后的历代教育家也都比较注重因材施教原则在教学上的应用。他们在教学过程中根据学生的智能水平、知识水平、年龄特点、专长分科、学习特点的不同而采取不同的教学方式。如孔子说:"中人以上,可以语上也;中人以下,不可以语上也。"②即对于不同智力水平的学生,在教学中应有不同的要求,对于中等以上智力水平的学生,可以教给他们高深的学问;而对于中等以下智力水平的学生则不能这样做。

(3) 适时而教

适时而教就是要在教学工作中把握最佳时机。此原则最早由《学记》提出:"当其可之谓之时""时过然后学,则勤苦而难成"。在学生特定的时期授以特定的内容,教早了不行,教晚了也不行。但《学记》说得很有分寸,认为如果错过了时机,也不是绝对的不能成功,只不过是"难成"而已。

2. 关于"学"的原则和方法

(1) 自求自得

中国古代教育家认为,在教学中必须发挥学生的主动性和积极性,只有自求自得,才能学有所获。"君子深造之以道,欲其自得之也。自得之,则居之安。居之安,则资之深。资之深,则取之左右逢其源。故君子欲其自得之也。"③贯彻自求自得原则和方法的关键是经过自己的思考消化,即不要为学习而学习,为读书而读书,而要把所学材料消化吸收、入骨入髓。

---

① 《论语·述而》
② 《论语·雍也》
③ 《孟子·离娄下》

（2）乐勉结合

乐勉结合就是要求教学中要把快乐的情感、稳定的兴趣结合为持久的恒心，乐而有勉，勉而有乐，使学生形成强大的学习动力。孔子就主张："知之者不如好之者，好之者不如乐之者。"①古代教育家在教学实践中不但注意培养学生的稳定兴趣与快乐情感，而且注意培养学生勉力顽强、孜孜追求的精神。孔子教育学生在学习中勇往直前，切勿半途而废："譬如为山，未成一篑，止，吾止也；譬如平地，虽覆一篑，进，吾往也。"②

（3）学以致用

学以致用，就是要求学生把所学的知识应用于实际，付诸实践。中国古代教育家在贯彻和运用这一原则时强调了两点。一是主张学生所掌握的知识须能经世致用，解决实际问题。唐代史学家刘知己就说过，如果不能应用所学的知识，见到了合理的东西不觉其优美，见到不合理的东西不知其错失，这样的人不过是书呆子，是会走的书橱而已。二是主张教学所掌握的知识须能"以身戴行"③，以提高自己的品德修养水平。

3. "教"与"学"共用的原则与方法

（1）教学相长

这一原则可谓儒家教学理论的首创。从孔子开始，中国古代教育家就比较重视教学相长的原则与方法。《学记》则把教学相长的原则定型化，并提出了"学然后知不足，教然后知困。知不足，然后能自反也；知困，然后能自强也。故曰：教学相长"的明确命题。在贯彻和运用此原则时，古代教育家提出：一要强调"师法"，重视发挥教师的指导作用；二要强调"交以为师"，倡导师生间的取长补短，互学互促，共同提高；三要强调"青胜于蓝"，鼓励学生在向老师学习的基础上超过老师。

（2）循序渐进

循序渐进的原则和方法，是指在教学过程中必须按照科学知识的体系和学生的智能发展水平，有系统有步骤地进行教学。为贯彻这一原则和方法，中国古代教育家提出了以下几点意见：一是打好基础。如老子说："合抱之木，生于毫末；九层之台，起于累土；千里之行，始于足下。"④二是由易而难。《学记》早就指出，教学必须由易而难，由浅而深："善问者如攻坚木，先

---

① 《论语·雍也》

② 《论语·子罕》

③ 《墨子·鲁问》

④ 《老子》（六十四）

其易者,后其节目,及其久也,相说以解。"三是加强计划,即对教学过程和内容有所安排,先教什么,后学什么,都要胸中有数。

（3）温故知新

《论语》开宗明义就说:"学而时习之,不亦乐乎?"在《为政》篇中,孔子更明确提出,"温故而知新,可以为师矣。"怎样贯彻和运用温故知新的教学原则和方法呢? 中国古代教育家提出若干颇有价值的见解:一是把"正业"和"居学"结合起来,强调正规课业与课外练习的相得益彰;二是把"温故"和"知新"结合起来,强调温故的目的是知新。朱熹明确教导学生不可拘守旧见,而要破除旧见,创立新意:"学者不可只管守从前所见,须除了,方见新意。如去了浊水,然后清者出焉。"①

中国古代教育家提出的教学原则和方法很多,以上只是择要加以论述。有些原则我们将在"中国古代的读书法"一节中再加讨论。

第二节　中国古代的教师说

教师职业是世界上最古老的职业之一。任何社会都不能没有教师,教师使前人的知识经验得以加速传递给年轻一代,对人类社会的延续和发展起着桥梁作用。中国古代的教育家是如何论述教师问题的呢?

一、师之功能

关于"师之功能",中国古代的教育家认为,教师具有"传道"功能、育才功能和纠偏功能。

"道"是中国古代哲学的一个基本概念,最早出现在春秋时代,子产提出"天道远,人道迩,非所及也"②。这里的"天道"是指天体运行的规律,"人道"则是指做人的准则。后世儒家逐渐把道规定为封建的伦理纲常。因此,"传道"就是指传授政治伦理道德,这是中国古代教育的首要功能,也是教师的首要任务。汉代马融较早明确地提出这一思想。他说:"师者,教人以事而谕诸德也。"③唐代韩愈对教师的作用有一个精辟概括:"师者,所以传道、授业、解惑也。"④韩愈的所谓传道,就是传授封建主义的政治伦理道德;所谓授

① 《朱子语类》（十一）
② 《左传·昭公十八年》
③ 《通典》（五十三）
④ 《韩昌黎全集·师说》（十二）

105

业,就是传授《诗》《书》《易》《春秋》等儒家经典著作;所谓解惑,就是解答学生在学"道"和"业"过程中出现的各种疑难问题。这三者以传道为本,授业、解惑为辅佐,后两者正是为了保证传道的顺利进行。

在西方教育思想史上,较早提出"人是靠教育而成"这一命题的是法国教育家卢梭。中国古代教育虽然没有明确提出这样的命题,但类似的思想却源远流长。先秦时期的荀子就认为教师是决定学生人格形成的重要因素。西汉末期的扬雄也肯定教师的育才功能,他赞叹曰,"师哉! 师哉! 桐之子命也。"①认为教师在一定程度上掌握着学生的命运,影响着学生的未来。汉代班固编纂的《白虎通德论》指出,如果没有教师的教育,人只是生物学意义上的自然人,只有在教师的教育下,掌握了人类的文化遗产和社会道德规范,人才成为名副其实的社会学意义上的社会人:"是以虽有自然之性,必立师傅焉。"②明清之际的黄宗羲在论述教师的功能时也指出:"古今学有大小,未有无师而成者也。"③认为学业的成功,人才的成长,如果离开了教师的培养,终将一事无成。

教师的纠偏功能,是指教师不仅可以通过其教育活动培养学生的完美人格,把自然人转变为社会人,还可以纠正学生的偏颇和不良行为,把不合格的社会人转变为合格的社会人。《吕氏春秋》指出,一个人如果得到了好的老师的指导,自身又具有一定的良好素质,就一定会成长为圣贤之类的人物。同时,他们也特别强调教师在纠正人的不良行为方面的重要作用,指出战国时期的一些著名贤士,原先曾是"刑戮死辱"之人,但后来非但没有受到刑罚的制裁,反而成为"天下名士显人",主要的原因就是教师纠偏教育的结果。

二、为师之道

在中国古代,最简明扼要而又提纲挈领地论述"为师之道"的,就是孔子的八字纲领:"学而不厌""诲人不倦"。一个教师要成为名副其实的教师,首先必须坚持学习,学而不厌。只有不断地、顽强地学习,才能使自己学识渊博,品德高尚;一个懒于学习的教师,自然不足以为人师表。教师学好的目的是为了教好,因此除了"学而不厌"外,教师还必须认真工作,"诲人不倦"。

---

① 《法言·学行》
② 《白虎通德论(四)·辟雍》
③ 《南雷文案》(六)

只有真心诚意地献身于教育事业,才能把教育工作搞好。

中国古代教育家在提出"为师之道"的纲领后,又具体论述了教师的基本素质与主要能力。具体说来,教师的基本素质应体现在以下几个方面:

(1) 一视同仁,公正无私。即主张教师必须公平地对待每个学生,不能以势利的眼光看待学生。《吕氏春秋》的作者认为,在教育学生时,教师不应该计较学生出身的高贵低微、家庭的富豪贫寒。如果教师趋炎附势,对那些"权势及富厚者"的子女"阿而诌之",而压制、刁难、讨厌那些无势无财,但又勤奋学道的学生,就必然造成师生在情感上的对立,从而造成"学业之败,道术之废"的结局。①

(2) 勇于律己,以身作则。孔子对此就指出:"躬自厚而薄责于人,则远怨矣。"②他很重视教师本人的师范作用,认为身教胜于言教,主张行"无言之教"。扬雄则把教师视为"人之模范",认为教师应以自身的楷模去感化学生。

(3) 情绪稳定,态度庄重。即教师必须善于控制自己的情绪,不要急躁冒进、鲁莽从事。如孔子就主张要考虑九种事情:"视思明,听思聪,色思温,貌思恭,言思忠,事思敬,疑思问,忿思难,见得思义。"③他自己也是"温而厉,威而不猛,恭而安",保持良好的情绪状态。

(4) 性格开朗,乐观向上。孔子就是这样一位教育家,"发愤忘食,乐以忘忧,不知老之将至云尔"④。正因为孔子具有这种乐观精神,所以他虽然"饭蔬食,饮水,曲肱而枕之",却也感到"乐亦在其中矣"⑤。

(5) 诚实谦虚,勇于改过。据《荀子·子道篇》载,一次孔子对子路说:"故君子知之曰知之,不知曰不知:言之要也。能之曰能之:行之至也。言要则智,行至则仁,即智且仁,夫恶有不足矣哉?"在知识和能力的问题上,教师必须采取这种老老实实的态度。同时教师必须虚心向别人求教,所以孔子说:"三人行,必有我师焉。"⑥此外,教师还必须勇于改过。"君子之过也,如日月之食焉:过也,人皆见之;更也,人皆仰之。"⑦一个教师有了错误,不要

---

① 《吕氏春秋·孟夏纪·诬徒》
② 《论语·卫灵公》
③ 《论语·季氏》
④ 《论语·述而》
⑤ 《论语·述而》
⑥ 《论语·述而》
⑦ 《论语·子张》

怕"人皆见之",怕影响自己的威信;只要能改正自己的错误,就会"人皆仰之",提高自己的威信。

为搞好教育工作,提高教育质量,教师除具备上述基本素质外,还必须具备一定能力。从古代教育家的言论和实践来看,教师应具有以下几个方面的主要能力:

(1) 善于了解学生的能力。了解学生是教育工作成功的前提。孔子在自己的教育工作中,就非常善于运用种种方法去了解学生,既"听其言",又"观其行";既注意考查学生在正常条件下的言行,又侧重考查他们在特殊情境中的表现;既分析学生的外在行为,又洞察支配他们某种行为的内心世界;既注意了解学生过去的所作所为,又把握他们的现在,甚至预测他们的未来。

(2) 善于启发诱导的能力。如孔子在教学中非常注意"举他物而以明立",用具体的譬喻说明事物的属性,并经常向学生提出"何自""是何故也""何以为""何以知之"等问题,启发学生进行思考。

(3) 善于因材施教的能力。即教师要善于根据学生的不同特点、个性特征、年龄等实施教育。

(4) 善于言语表达的能力。《学记》要求教师的言语必须扼要而又透彻,精微而又妥善,举例不多而又能说明问题。[①] 善于提问也是教师言语能力的组成部分。

三、师生关系

师生关系是教育过程中最基本的人际关系。中国古代教育家对于师生关系问题论述颇多,最集中表现在以下两个方面:

1. 教学相长

如前所述,《学记》最早明确提出了"教学相长"的概念:"虽有嘉肴,弗食不知其旨也;虽有至道,弗学不知其善也。是故,学然后知不足,教然后知困。知不足,然后能自反;知困,然后能自强也。"这第一次揭示了教与学之间相互影响、相互渗透、相互促进的辩证关系,也阐明了教师与学生在教育活动中不可分割的联系。

唐代韩愈在《师说》中从另一角度说明了"教学相长"的道理。他以孔子为例,论述了师生关系的三个基本点:一是"弟子不必不如师",即学生不一

---

　　① 《学记》:"其言也,约而达,微而臧,罕譬而喻。"

定落后于老师,而是有可能超过老师;二是"师不必贤于弟子",即老师不一定在各方面都比学生高明,所以老师要虚心向包括学生在内的所有人学习。三是"闻道有先后,术业有专攻",即教师和学生了解"道"的时间有早有晚,在学术和技能方面各有所长,就没有人始终处于老师的位置上了,而必须以闻道在先、学有专长的人为师。这说明,学生向老师学习固然十分重要,因为只有在老师的指导下才能健康的成长;老师也不能以师自居,不能忽视向学生学习。所以师生关系在教育活动中完全是一对双向关系。

2.尊师爱生

尊师爱生是师生关系的另一项核心内容。学生尊重老师主要表现为服膺老师教导,和老师同甘共苦,维护老师尊严。但尊重老师、敬爱老师不等于唯唯诺诺,唯师是听,唯师是从,而应敢于指出老师的缺点和错误,敢于超过老师,"当仁不让于师"①。老师对学生的爱则表现为亲切关怀学生(如孔子把"仁者爱人"的精神倾注在学生的身上,对学生的品德、学习和生活给予了全面关心),充分信任学生,严格要求学生,鼓励学生成才。教师关怀、相信、严格要求学生其根本目的就是鼓励、希望学生成才。孔子就经常鼓励学生以更大的信心和勇气去争取进步。朱熹也要求学生树立成才的信心,不要担心自己的素质差、底子薄,而要自强不息:"盖人性虽无不善,而气禀有不同者,故闻道有蚤莫(早暮),行道有难易,然能自强不息,则其至一也。"②

<h2 style="text-align:center">第三节　中国古代的读书法</h2>

中国古代教育非常重视对学生的读书指导,尤其是宋代书院兴起后,教育家们更注意引导学生自学书本知识(六经为主),并总结出一套读书的方法。

一、读书法的纲领

读书法的纲领,也可以说是读书的基本原则。宋代朱熹对此论述最详。归纳起来其读书法有六条原则:

1.循序渐进,即读书要按照书本的逻辑体系和学习者的水平,有系统、有步骤地进行。朱熹所说的循序渐进,主要有三层意思:一是指读书时要注

---

① 《论语·卫灵公》
② 《四书集注·中庸章句》

意新旧知识的前后联系,打好基础;二是指读书要量力而行,不要超越自己已有的知识水平与智能发展水平;三是指要加强复习,巩固其所学。朱熹反对那种"只要去看明日未读的,不曾去细绎前日已读的"的读书方法。

2. 熟读精思,即读书时要把记忆与思维结合起来。根据朱熹的解释,熟读就是要"使一书通透烂熟,都无不记起处"①,"使其言皆若出于吾之口"②;精思就是要"看到是了,未可便说道是,更须反复玩味"③,"使其意皆若出于吾之心"④。怎样熟读?朱熹认为,首先要做到读书的心、眼、口"三到"。其次要反复阅读。怎样精思?朱熹认为关键在于善于提出问题和解决问题。

3. 虚心涵泳,即读书要虚怀若谷,静心思虑,仔细认真,反复研磨与体会书中的旨趣。为做到虚心涵泳,朱熹提出了五条意见:第一,读书不要先立说。他认为,如果先有一个看法或框框,那就不可能领会书中的真意。第二,读书不得有自足心。朱熹反对那种夸夸其谈、盛气凌人的读书风气。第三,读书不能穿凿附会。朱熹批评当时的学者,"读书,多是心下先有个意思了,却将圣贤言语来凑他的意思。其有不合,便穿凿之使合"⑤。他认为这种读书方法只能使人误入歧途,毫无进步。第四,读书不可先责效。他认为,在不了解读书内容的情况下,不应主观地确定要求和应达到的效果。如果这样做,"才责效,便有忧愁底意",从而欲速不达,反而没有成效。第五,读书不应心粗性急。朱熹说:"读书,须痛下功夫,须要细看,心精性急,终不济事。"⑥

4. 切己体察,即读书要依靠自己的努力,重视书外的功夫,把读书与自己的生活体验等结合起来。读书怎样进行切己体察?朱熹提出了三点颇有价值的主张:一是自求自得。朱熹认为,读书不能依靠别人,"师友之功,但能示之于始,而正之于终尔。若中间三十分功夫自用吃力去做"⑦。二是着身体认。朱熹指出,读书只有"从容乎句读文义之间,而体察乎操存践履之实,然后心静理明,渐见意味"。否则,即使"广求博取,日诵五车"⑧,也无益于学。三是自信不疑。朱熹认为,读书治学应该反对人云亦云、毫无主见的

---

① 《朱文公文集·答张元德》
② 《朱子语类》(十)
③ 《朱子语类》(十)
④ 《朱子语类》(十)
⑤ 《续近思录》(二)
⑥ 《朱子语类》(十九)
⑦ 《朱子语类》(八)
⑧ 《学规类编》

态度,否则就会成为可怜的应声虫,一无所成。

5. 著紧用力,即读书要有顽强不懈的意志,抖擞精神,下苦功夫,花大力气。朱熹鼓励人们埋头读书,要求人们不要瞻前顾后,怕这畏那,犹豫彷徨。根基浅,起步迟,心理上的性格迟钝,记忆力差,等等,都不能成为学习上的拦路虎。著紧用力,还要求人们以"刚毅果决"的精神读书,反对疲疲沓沓、松松垮垮、心猿意马的读书态度。朱熹说:"读书如战阵厮杀,擂着鼓,只是向前去,有死无二,莫更回头始得。"①

6. 居敬持志,即读书要有专静纯一的心境和坚定久远的志向。朱熹认为,居敬持志与佛教禅宗的"快然兀坐,耳无所闻,目无所见,心无所思"②不同,它是身心收敛,念念在此。居敬持志,关键是立志要大,要"高出事物之表"③,要"办得坚固心,一味向前"④;居敬要诚,要"常存于事物之中"⑤。在朱熹看来,居敬是持志的前提条件。关于居敬的具体做法,朱熹认为是要做好充分的物质与心理准备,收拾散乱之心,使之专静纯一。如果不能集中注意力,纵然读书看字也不过是作而无功,枉费了时间和气力,还不如待注意力集中时再去读书。

二、读书法的精华

除上述读书法的纲领外,中国古代教育家还提出了若干颇具创意的读书法,清人周永年曾在《先正读书诀》中详细地进行了介绍,这里仅撮其精华进行分析。

1. 提要钩玄法
提要钩玄法是唐代教育家韩愈在《进学解》中明确指出的:

> ……口不绝吟于六艺之文,手不停披于百家之编;记事者必提其要,纂言者必钩其玄;贪多务得,细大不捐;焚膏油以继晷,恒兀兀以穷年。

按照韩愈的这个方法,读书就必须首先将所读之书进行分类,然后根据

① 《朱子语类》(十)
② 同上,(十二)
③ 同上,(十九)
④ 同上,(十)
⑤ 同上,(十九)

性质、类别的不同而采用不同的方法。在读那些记事性质的历史书籍时,必须能提纲挈领地将书中的内容抽出来;读那些纂言性质的理论书籍时,必须能探取其深奥的观点。

可见提要钩玄法的关键在于读书要抓住重点,汲取精华。

2. 八面受敌法

此法是宋代苏轼从《孙子兵法》中悟出的读书法。在苏轼看来,书海无涯,内容丰富,无所不包。即使一本书,涉及面也十分之广。所以,读书时只能"每次作一意求之"[①],集中于某一问题。比如想知道古今兴亡治乱与圣贤的关系,就只能抓住这个问题专心研究,不要同时考虑其他问题,如事迹、故实、典章、文物等。这样,才能一步一个脚印,踏踏实实地取得成效。

3. 精熟一书法

精熟一书法是清代学者李榕树提出来的。他认为,精读一部书的方法不仅有利于锻炼记忆力,也是"触悟"领会其他书籍的基础。对于精读的这部书一定要选择好,必须是能有利于打好基础、触类旁通的书。在阅读时要认真仔细,"字字解得道理透明,诸家说俱能辨其是非高下"[②]。这样,精熟了一本书,就可作为做学问的"根",以此为基础就可收滚雪球之效,吸收更多的知识。

4. 板桥读书法

郑板桥是清代著名的诗画家。他不仅有诗、书、画三绝,对于读书法也有精辟独到的见解。一是有记有忘。他认为读书并不是要做到过目不忘,而是应该记住那些需要记住的东西,而忘却那些不需要记住的东西。二是有学有问。郑板桥认为,读书要深思多问,有学有问,才能卓有成效。读而不思,学而不问,只能是两手空空,一无所得。三是有学有抛。即读书要有创造性,有所选择,独树一帜。读书为什么要有学有抛?他认为原因有二:第一,读书是为了驾驭知识,如果没有驾驭知识的能力,读书再多也只能像暴富而不会使用金钱一样,茫然不知所措;第二,读书是为了创造,而不是萧规曹随,亦步亦趋。

5. 出书入书法

此法是明代学者李翊提出来的一种读书方法,实际上说明了读书的两个环节:第一环节是"入书",要求阅读时要"见得亲切",认真琢磨书中的精

义；第二环节是"出书"，即阅读不能成为书本的奴隶，"死在言下"，而应"用得透彻"，把从书本上学来的东西应用到实际生活中去。

第四节　中国古代的德育论

在教育思想史上，德育问题始终是教育家们关心的"重头戏"，这在中国古代教育史上也不例外。中国古代教育的基本特征之一就是重视伦理道德教育。其所以如此，与中国历代政治家与教育思想家对德育之功用的认识是分不开的。

一、德育的功用

中国古代教育家认为，德育具有以下几点功用：

1. 德育有助于教化人民、安邦定国

先秦时期的孔子就很重视德育的这个功用，主张对全社会的人进行道德教育，"道之以政，齐之以刑，民免而无耻；道之以德，齐之以礼，有耻且格"。[①] 即如果统治者只是用法律、命令和刑罚来约束老百姓，他们只能暂时地免于犯罪，但却没有廉耻之心。如果用道德来教导、感化老百姓，他们就不但耻于做不道德的行为，而且心悦诚服，自觉地用合乎统治阶级要求的道德规范约束自己的行为。这说明道德教育具有法律刑罚所无法替代的功能。正因为德育有这一功用，中国历代政治家和教育思想家都非常重视德育，甚至把德育作为教育的根本任务。如儒家经典著作《大学》就提出："大学之道，在明明德，在亲民，在止于至善。"即大学教育的根本任务就是使人的天生的善良本性发扬光大，在于亲爱人民，在于使人们尽善尽美。这一思想成为影响后世千余年的学校教育纲领。

2. 德育有助于形成学生的理想人格

中国古代教育家为学生设计了一系列理想人格的模式，而理想人格的核心内容便是坚定的道德信念，如孟子的理想人格是"大丈夫"精神："居天下之广居，立天下之正位，行天下之大道，得志与民由之，不得志独行其道，富贵不能淫，贫贱不能移，威武不能屈，此之谓大丈夫。"[②]为了培养这种"大丈夫"精神，他要求学生加强自我教育，努力保存和发扬天赋的善性。宋代

---

① 《论语·为政》
② 《孟子·滕文公下》

张载的理想人格是"仁人"。他说："学者当须立人之性。仁者,人也。当辨其人之所谓人,学者学所以为人。"①也就是说,人不仅是生物学意义上的人,更是社会学意义上的人,只有具备了完美的道德修养,形成了理想人格("仁"),才是社会学意义上的人。而这种人的培养,这种人格的形成,是通过学习和教育才能实现的。至于其他教育家提出的"君子""贤人""圣人""士"等,大多也是类似的具有坚定德性的理想人格。这说明,中国古代教育家非常重视教育,尤其重视德育在培养学生理想人格中的作用。

3. 德育有助于促进学生的智力发展

中国古代教育家对于品德发展与智力发展的关系作了若干考察,认为前者对后者有巨大的促进作用,甚至有些教育家把品德与智力等同起来,认为只要品德好,智力发展就必然好,片面夸大或强调德育的作用。如《尚书》中写道:"惟圣罔念作狂,惟狂克念作圣。"大意是说,虽然通达明智,但如果不把仁德放在心上就会变成狂悖不明事理的人;虽狂悖不明事理,但如果能把仁德放在心上,就会变成明达通智的人。孔子更明确指出,如果一个人品德低下恶劣,智力也不会有良好发展,甚至会得而复失。

中国古代也有若干教育家比较全面地阐述德与智的互动关系,在强调德育意义的同时,重视智力对品德发展的影响。如西汉董仲舒就指出光有仁的品德而没有智慧,就会泛爱一切而不加以区别;而光有智慧而没有仁的品德,就不会用智慧去做好事而真正有所作为。

二、德育的过程

中国古代对于德育过程的论述较完整而系统的当数宋代教育家陆九渊。他在解释和发挥《周易》的微言大义时已涉及道德情感(如"损"——去除那些妨碍品德发展的欲望,"谦"——有而不居,不盈不骄,"井"——养人利物,无私忘我)、道德意志(如"恒"——持久经常的恒心,"困"——在困境中磨练)和道德行为("履"——道德行为的训练,"益"——改过迁善等)。陆九渊关于德育过程的论述可谓中华教育思想史上的一朵奇葩,在世界教育史上也是罕见的。中国古代其他的教育家虽然没有陆九渊这么系统而全面,但零星的论述却是大量的。

1. 道德认识阶段

中国古代教育家对道德认识阶段非常重视。如孔子认为有了"知",才

　　① 《张载集·语录》

会有坚定的道德信念,所谓"知"者"不惑"。① 荀子指出,只有以理"识道",才能提高道德的自觉性;只有"知明",才能"行无过"。如何形成道德认识呢?古代教育家认为必须掌握道德概念(如孔子提出的"礼"和"仁";孟子提出的"仁、义、礼、智""孝、悌、忠、信"和"父子有亲,君臣有义,夫妇有别,长幼有序,朋友有信")。为了使学生掌握道德概念,教育家们注重向学生揭示道德概念的内涵。此外,还注意在教育实践中评价学生的道德品质,作为形成学生道德认识的手段。如孔子就经常评价学生的道德品质。一是直接对被评价的学生发表意见,二是在别的学生面前评价某一学生,三是在别人面前评价自己的学生,四是当别人对某一学生的评价不符合实际时,就立即予以再评价。在教师评价的同时注意引导学生进行自我评价,把教师的评价与学生的自我评价结合起来。

2. 道德情感阶段

中国古代的教育家已认识到,任何道德品质都包含有认识的和情感的两种因素,只有认识的因素而没有情感因素的介入,是不能形成真正的道德品质的。以孔子提出的"仁"这个概念为例,他一方面要学生懂得"爱人"和"克己复礼"的道理,另一方面又要学生怀有"爱人"和"克己复礼"的情感。显然,"爱人"是要学生具有同情心,而"克己复礼"最根本的是要克制自己的某些不正当情感。只有这两个方面的情感都具备了,才能成为真正的有仁德的人。

在培养学生的道德情感时,古代教育家注重音乐和诗歌的作用。如孔子就主张"兴于《诗》,立于礼,成于乐"。② 即用诗来激发人们的道德情感,而用乐使人们完成这方面的修养。孔子不但整理了《诗》,论述了诗歌的德育功用③,而且也肯定了音乐的巨大威力。④ 孔子的这一思想被历代教育家所继承和发展。如朱熹、王阳明都明确指出,诗歌教育具有使学生精神舒畅、陶冶情感、涵养德性、不受"邪僻"恶劣的思想情感侵蚀的功能。为了加强德育的说服效果,中国古代教育家还注重利用具体的道德形象去感染、教育学生,引起他们的情感共鸣,从而激发学生的道德情感。如孔子就经常介绍有

---

① 《论语·子罕》

② 《论语·泰伯》

③ 孔子有两段论述《诗》的德育功用的文字:"《诗》,可以兴,可以观,可以群,可以怨。迩之事父,远之事君。"(《阳货》)"《诗》三百首,一言以蔽之,曰'思无邪'。"(《为政》)

④ 《论语·述而》:"子在齐闻韶,三月不知肉味,曰'不图为乐之至于斯也'。""子与人歌而善,必使反之,而后和之。"

重大影响的历史人物和时人,发挥这些人物形象的教育功能。他还注意在学生中树立具体的榜样(如颜渊),使学生感到贴近可亲。

3. 道德意志阶段

古代教育家非常强调道德意志的作用,如孔子就要求学生树立"远大""高尚"的志。一个人只有"志于道"才能"据于德,依于仁,游于艺"。① 陆九渊把"先辨志"作为道德教育的先决前提,认为如果一个人"志于道",有不断积累的顽强的道德意志,就必能巩固其品德的基础,使之日趋广大精微而臻于"全德"的境界。

中国古代教育家在重视道德意志的作用时,还提出了一系列行之有效的培养道德意志的方法。一是在困境中磨练意志。孟子就说过:"故天将降大任于斯人也,必先苦其心志,劳其筋骨,饿其体肤,空乏其身,行拂乱其所为,所以动心忍性,增益其所不能。"② 二是培养抵制诱惑的能力。中国古代教育家把能否抵制诱惑,坚持信念作为衡量意志力的重要标准,在培养学生的道德意志时尤其强调这一点。孟子认为,一个人为了实现自己的道德理想,就必须调动意志力,用高级的情欲战胜低级的情欲。为了抵制诱惑,甚至可以不惜牺牲个人的生命。三是培养坚持不懈的恒心。王夫之认为有恒不仅能保持已形成的道德品质,更能日新其道德品质。

4. 道德行为阶段

重视"行"可以说是中国古代学术思想的一个优良传统,反映在德育过程中,就是特别重视道德实践,重视道德行为的训练,重视道德习惯的养成。在培养学生道德行为的具体措施和方法上,古代教育家提出了三条弥足珍贵的意见。一是要求学生言行一致,表里如一。孔子认为"人而无信,不知其可也"③。他反对讲大话、讲空话,认为"巧言令色"的人是很少有仁德的。二是要求学生正确对待自己的缺点和错误。孔子认为,一个人不可能不犯错误,所谓"人非圣贤,孰能无过?"问题是愿不愿改。愿改,则"过而能改,善莫大焉";不愿改,则"过而不改,是谓过矣"。④ 孔子要求学生"过则勿惮改"⑤。三是要求学生通过行为训练形成良好的道德习惯。朱熹就对道德行为的训练高度重视,专门编写了《童蒙须知》,作为儿童道德行为训练的

---

① 《论语·述而》

② 《孟子·告子下》

③ 《论语·述而》

④ 《论语·卫灵公》

⑤ 《论语·学而》

教材。

纵观中国古代教育家对于道德过程的论述,我们可以发现他们虽然对道德认识、道德情感也有论述,但其重点无疑在道德意志与道德行为上。中国古代重视的是意志型道德人格,这在德育的原则与方法上也有所体现。

三、德育的原则与方法

中国古代教育家在长期的教育实践中总结出若干行之有效的德育原则和方法,它们已成为中华教育思想宝库的重要组成部分。具体说来,中国古代的德育原则和方法大致分为四个方面,九条准则。

1. 关于外部影响的德育原则与方法

(1)环境熏陶。中国古代教育家认为,在德育过程中应注意环境对学生的影响,并为学生选择和提供良好的德育环境。墨家从"染于苍则苍,染于黄则黄"①的人性素丝说出发,要求人们慎其所染。荀子通过"蓬生麻中,不扶自直;白沙在涅,与之俱黑"的比喻,提出了"君子居必择乡,游必就士,所以防邪僻而近中正"的结论②。

(2)朋友观摩。即通过与朋友的交往而增进学问,砥砺德行。孔子就说过:"三人行,必有我师焉;择其善者而从之,其不善者而改之。"③主张把朋友作为镜子来对照自己的行为,学习朋友"善"的方面,摒弃朋友"不善"的方面,从而达到"以友辅仁"的目的。④

2. 关于主观努力的德育原则和方法

(1)自省自讼。中国古代教育家要求学生在看到其他人的道德行为时进行自我反省,同时对待自己的错误也能认真检查,作自我批评。孔子就曾经要求学生"见贤思齐焉,见不贤而内自省也"。⑤

(2)省察自监。即时常处于警备状态,严防不符合道德的思想与行为出现,不断地进行自我监督和自我策励。朱熹指出省察是一种无时不在的长期的道德修养方法,但平常着重于"涵养",在不符合道德的言行出现之前,则要严加防范,把它扼杀在襁褓之中。

---

① 《墨子·所染》
② 《荀子·劝学》
③ 《论语·述而》
④ 《论语·颜渊》
⑤ 《论语·里仁》

3. 关于教育时机的德育原则与方法

(1) 蒙以养正。中国古代教育家主张德育要从小、从早抓起，使儿童养成良好的道德习惯。王夫之认为，只有在童蒙时期养成良好的道德习惯，形成正确的道德品质，才能为整个人生打下基础。如果在童蒙时期缺乏正确的教育、引导，就会形成不良的道德习惯和道德品质，即使花费很大力气，也难以矫正。

(2) 禁于未发。从一个人思想品德形成的横向过程来看，德育的最佳时机是在不良品德形成之前进行预防，即所谓"禁于未发"。唐代孔颖达提出："凡所过失，为人所怨，岂在明著大过？皆由小事而起；言小事不防，易致大过。"①这是说，防其未然，并不只是防止"大过"，而应注意每一个微小之事，这才能真正防微杜渐。

4. 关于教师指导的德育原则与方法

(1) 因材施教。此原则既是一条教学原则，也是德育原则。中国古代教育家在实施德育时都比较重视这一原则。宋代教育家从理论上加以概括，并正式提出了因材施教的原则和方法。张载就认为道德教育首先要了解学生的品德现状，才能使其"入德"，才能"不误人"，也才能谈得上"尽人之材"。

(2) 以身作则。古代教育家主张在德育过程中教育者应言传身教，用自己的行为给受教育者作出榜样。孔子曾说过："其身正，不令而行。其身不正，虽令不从。"②南宋教育家袁采对此亦有论述，他说："己之才学为人所尊，乃可诲人以进修之要；己之性行为人所重，乃可诲人以操履之详。"③即如果不具备高深的业务水平和良好的道德品行，是不可以担当起教育人的重任的。

(3) 表扬与批评。中国古代教育家主张，在德育过程中必须采用表扬与批评相结合的方法去教育学生，扬善抑恶，改过迁善。孔子比较注意表扬与批评的实事求是，对好的品行进行表扬，对坏的品行进行批评，有时先抑后扬，有时又先扬后抑。

---

① 《尚书正义·五子之歌第三》
② 《论语·子路》
118　③ 《袁氏世范》(二)

第五节　中国古代的科举教育思想

　　在中国教育史上,对于古代教育、古代学校、古代知识分子乃至于古代文化影响最大的,可能就是科举制度了。自从科举制度产生开始,它就成了令人不可思议的超级"力士",使"天下英雄"皆入其彀中,使天下文人皆为之皓首。它对中国古代文化教育,甚至对现代中国人的行为方式的影响都是显而易见的。

一、科举制的创立

　　科举制度是从选士制度发展而来的。据载,西周时已有乡举贤能或乡举里选的制度,即由"乡大夫"选出本乡里的贤能之士,逐层上荐,直达中央。乡里每三年举行一次"大比",评选乡人,"考其德行道艺,而兴贤者能者"。①而荐贡的人选一般要由国君亲自考试。

　　春秋战国时期,世卿世禄制度逐渐破坏,士阶层异军突起,由举荐考核而任用的选士制度渐趋完善,对象日益扩大。汉代刘邦吸取了秦始皇和项羽不用士人的教训,于公元前 197 年下诏令举荐贤才。刘邦的诏书规定从地方到中央各级都要举荐贤才,倘有而不举,察觉后要给予免职处分。在发现人才后必须"身劝"(亲自登门请其出仕),然后"为之驾"(由公家准备车驾送其赴相国府),其"行文"(相貌特征)和"年"(年龄)也要加以登记,这与后来科举中"乡贡"的形式已多有接近,在汉代称为察举。汉武帝时,察举由高祖时的诏令成为一种定型的制度。察举制度在当时的背景下起过一定的积极作用,但后来也产生了不少流弊。它不但造成一群一党的互相吹捧,使各地推举出来的都是地方大姓豪族子弟,也使一些虚伪奸诈、巧言机辩的人有可乘之机,进行招摇撞骗,出现了名不副实的情况。所以,代汉建魏的曹操之子曹丕,采纳了吏部尚书陈群提出的"九品中正制",即在各州郡设"中正"官,负责察访、评定本地士人,按其才法分为上上、上中、上下、中上、中中、中下、下上、下中和下下九品,向吏部推举出仕人选。这对改变由豪门世族操纵察举的局面无疑有积极的意义。但最终是换汤不换药,"中正"官本身是由权贵官僚兼任,这无形中又造就了新的豪门士族,渐而又与汉代的察举也不分轩轾了。所谓"上品无寒门,下品无势族",就是明证。

---

①　《周礼·大司徒》

隋朝结束了魏晋以来的分裂局面后,在选官制度上进行了一些重要的变革。隋文帝立国之初,即明令废止九品中正制。其后,实行过贡举和"以志行修谨、清平干济二科举人"的制度。隋炀帝大业二年(606 年),始置进士科。次年,又下诏以"十科举人"。大业五年(609 年),再诏诸郡以"四科举人"。隋代的选官是介于两汉察举与后世科举的过渡阶段,对于唐代科举制度的正式出笼起了不可忽视的催生作用。

唐代正式创立科举制度的主要标志有二:一是高祖武德五年(622 年)发布的选举诏令,规定了"自举"与"自进"的合法性,下层寒士可以自己报名应试;二是明确提出"诸州学士及早有明经及秀才、俊士、进士,明于理体,为乡里所著称者,委本县考试,州长重覆,取其合格,每年十月随物入贡"。① 从而使考试有了固定的时间。

二、科举的变迁

科举制度在唐代正式分娩后逐步成长与发展,并不断变革与修正,经历了一个兴盛→成熟定型→衰落终结的过程。

唐代科举考试科目繁多,其中秀才、明经、进士、明法、明字和明算为常设科目。秀才科由于注重博识高才,要求很高且又名额太少,仕途甚窄,所以士人多不热心而大多趋向于明经与进士两科。明经科主要看对儒家经典的掌握程度如何。进士科注重诗赋与策问。由于仕途优于明经,所以应考者非常之多,但录取远较明经科难。

唐代科举的考试方法主要有口试、帖经、墨义、策问、诗赋五种。口试为当场回答;帖经是将经书蒙上几个字后由考生填写出来;墨义即简单的经义问答;策问要求考生就现实中的政治、吏治、教化、生产等问题提出对策性的建议,实际上是一种政论性的问答题;诗赋即写诗作赋,既反映士人的历史文化知识与思想境界,又看出其文学与文字功力。

由于唐代科举可以"投牒自应",满足了庶族地主、寒门之士参与政权的强烈欲望,从而使科举在唐代大盛。但唐代科举制度也存在不容忽视的弊端,如试卷上考生的姓名与笔迹均不隐去,这就给主考官"开后门"提供了条件,而且科举对学校教育开始有所冲击。唐初对学校教育比较重视,但武后时开始逐渐偏重科举而轻视学校,由学校出身参加科举而能及第的人数越来越受限制,仕途越来越狭。

---

① 《唐摭言》(一)

宋代吸取晚唐五代时期的教训,在科举制度方面进行了一系列的整顿与改革。一是增加科举取士的名额。据载,宋太宗在位 22 年间,仅进士一科就取士近万名,而唐代 290 年间的总数不过 6000 余人。二是提高及第者的待遇。宋代继承了唐代对科举及第者皇帝赐宴、题名金榜的做法,同时确立了得第便可授官的制度,免除了吏部考核的最终手续。三是建立了一整套反对营私舞弊的科举立法制度。如限制主考官的特权,有所谓"别头"(如考官有族人、亲戚参加考试,须别置考场应试)和"锁院"(主考官一旦受命,即住进贡院与外界隔离,也不得与家人接触,锁居不出)的说法,同时还配备副主考若干人,使他们互相制约、互相监督;采用"弥封"(将考卷上考生的姓名、籍贯、家世等记录封贴起来,又称"糊名")和"誊录"(由专人抄录试卷,以防阅卷者认识考生笔迹),从而比较有效地抑制了科考中的不正之风。这样,科举制度在宋代大致成熟定型了。

元代初期对科举不予重视,开国 80 年才首次开科取士。元代科举有两个显著特点:一是不公平的民族倾斜政策。元代科举每三年一期,分乡试、会试和殿试三级。乡试时蒙古人、色目人只试经义和对策,汉人则要加试赋与杂文各一篇;公布发榜时分左右两榜,以示差异;授官时蒙古、色目人所授官职比汉人、南人要高。二是程朱理学家注释的"四书""五经"成为科举考试的主要内容。

明代科举选官没有太大变化,且形成了层次、等级、条规等名目繁多的体系。明代考生必须经过五级科举考试:一是童试,即最初级的地方县、府考试,通过者称为童生;二是院试,在府、州的"学院"中进行,分岁试与科试两种。岁试是每年举行的童生"入学"考试,录取后为"生员",又称"秀才"。科试则是对已在校学习的秀才进行考试,合格者方可参加乡试,不合格者则受罚直至取消生员资格。三是乡试,每 3 年一次在各省的贡院内进行的考试,又称"大比"。由于时间定在子、卯、午、酉年的八月初九至十五日举行,也称"秋闱"或"乡闱"。乡试合格的生员即为举人,举人的第一名称为"解元"。四是会试,即乡试后次年在京师礼部进行的考试,由于时间在二月初九至十五日,也称"春闱"或"礼闱"。会试合格的举人即为进士,进士的第一名称"会元"。五是殿试,即在会试后一个月于殿中举行,内容为时务对策,题目由皇帝圈定。殿试只排名次不予淘汰。前三名为"一甲",依序称为状元、榜眼、探花,为"进士及第";二甲若干人,为"进士出身";三甲若干名,为"同进士出身"。均授官职。

明代科举制度最大特点之一是采用八股文。每篇由破题、承题、起讲、入手、起股、中股、后股、束股等固定段落组成,考生必须遵从这一格式,否则不予录用。这种用规定的格式、体裁、语言和字数来应试的八股取士,助长了不务实学的僵死的形式化的浮文虚辞,从而也使科举制度愈来愈失去活力。

清代的科举大致效仿明制,但更加腐朽。由于科举重在八股,许多士子为投机取巧,往往不读书而到处搜集历代文人应试文章,购买八股文选本以应考试。同时,科场营私舞弊日趋严重,虽然政府对此严惩不贷,但科场案屡禁屡发,禁而不绝。科举制度的腐败注定了它的历史命运,1906 年,清政府被迫废除科举。

科举制度在中国古代是一种非常矛盾的存在,它对中国古代文化教育也起着非常矛盾的作用。从积极性方面讲,科举制度使中国建立起世界上最早、最完善的文官制度,在维系古代社会的统一与安定方面起了一定作用;科举考试扩大了封建国家引进、吸收人才的社会层面,对于发现和培养人才具有一定影响;科举制度对中国古代的文学、史学产生了一定的影响,直接导致了唐诗宋文的繁荣,并造就了古代知识分子勤奋读书的传统。但是从消极方面讲,科举制度窄化了学校教育的功能,对学校教育的培养目标、教学内容与方法都产生了一定负面影响;科举制度强化了古代知识分子追求功名利禄的心理,在很大程度上腐蚀了知识分子的心灵;科举考试促成了中国封建社会极端专制性,造成了弥漫全社会的"官本位"意识,也造成了封建社会的长期停滞不前。

第六节　中国古代的书院教育思想

书院,是中国古代教育的一枝"红杏"。作为一种特殊的教育形式和制度,它的"出墙"是在官学衰落和私学不兴的历史条件下产生的。

一、书院的形成与变迁

严格意义上的书院形成于宋代,但在唐代已出现了"书院"一词。此时的"书院"系官方收藏和校勘图书的场所或私人读书治学的地方。迄至宋初,书院已有较大发展并逐步定型,但是由于受到科举制度的冲击,宋初书院昙花一现之后便沉寂衰微了。直到朱熹修复白鹿洞书院,才开南宋书院兴盛之风。元代由于政府加强了对书院的控制与管理,书院开始走上了官学化的道路。明初虽设立洙泗、尼山二书院,但不过是官样文章,装潢门面而已。所以明代书院在沉寂了 100 余年后，到成化、弘治年间才悄悄崛起。至嘉靖年间，书院大兴，自由讲学之风日盛。明代后期，书院屡遭毁废，遂由盛转衰。清初由于政府对书院的抑制政策，并无多大起色，直至雍正年代，朝野上下呼吁复兴书院，才正式开禁。光绪二十七年（公元 1901 年），清政府采用张之洞、刘坤一《筹议变通政治人才为先折》的奏请，下诏各省所有书院于省城改设大学堂，各府厅及直隶州改设中学堂，各州县改设小学堂。从此，滥觞于唐末延续千年的中国古代书院制度便冰消瓦解，宣告结束。

二、书院的特色与经验

中国古代的书院教育虽屡兴屡废，历经沧桑，但仍绵延近千年，具有旺盛的生命力。作为中国封建社会后期一种特殊的教育机构，书院强调自由讲学，重视学术研究，主张门户开放，提倡尊师爱生，确非官学和科举所能望其项背。书院以其独特的教育方式为中国古代教育增添了绚丽多彩的一页。书院教育在办学和教育方面积累的丰富经验，已成为中华教育思想的优良传统的重要组成部分。

1. 书院教育把教学与学术研究结合起来，发挥了书院保存、创造和传播文化的功能

如前所述，最早的书院是官方藏书、校书和私人聚书治学的场所。如唐代的丽正书院和集贤书院，就组织了一批学士、直学士、侍讲学士、修撰官等考订、校勘图书，且他们还具有"顾问应对"的职能。这就要求他们潜心研究，具有较高的学术水平。至于私人的书院，往往也由于藏书甚丰而吸引莘莘学子前来问难求教、读书研讨。所以书院自诞生时就具有浓厚的学术传统。

宋代活字印刷术的发明，使书院在以往藏书、校勘的基础上进一步发展了刻书、印书的功能。自宋以后，"书院本"已成为中国古代重要的出版印刷力量。其编辑刊印的图书大概有几种类型：一是重要的古代经典著作；二是当代学人的研究成果；三是书院的史料文献。教学与学术研究互相促进，刊印出版又为两者增添动力与压力，使书院教育的学术水平具有较高层次，对于保存、创造和传播古代文化亦颇有贡献。

2. 书院把自学与指导结合起来，注重启发学生思维，调动学生学习的积极性、主动性，培养了一大批智能型人才

书院藏书颇为丰厚，学生的大量时间就是在教师的指导下认真读书、自行理会。教师的讲解或是提纲挈领、重点分析，或指点迷津、回答疑问。书

院提倡自学,但不主张放任自流,而是非常重视发挥教师的指导作用。教师对学生读哪些书,哪些精读,哪些略读,哪些先读,哪些后读都有具体的要求。许多教师还把自己读书治学的经验毫无保留地传给学生。同时教师还回答学生的质疑问难。书院教育强调学生要善于提问题,鼓励学生问难论辩。书院的这种教育方式培养了一大批人才,如黄庭坚、范仲淹、王夫之等著名人物。许多著名的人物不忘培养自己的书院,在功成名就时又执教于斯,培养更多的人才。如范仲淹在应天书院就学 5 年,在被称为"人杰"之后又在这里讲学 8 年。

3. 书院把教学与训育结合起来,提倡道德完善,注重人格教育,形成了一种重视人格陶冶的书院精神

书院教育的这一特点在书院的"学规"中反映得最为明显。在白鹿洞书院的学规中,朱熹明确规定了五教之目(父子有亲、君臣有义、夫妇有别、长幼有序和朋友有信)、为学之序、修身之要(言忠信、行笃敬、惩忿窒欲、迁善改过)、处事之要(足其义,不谋其利;明其道,不计其功)和接物之要(己所不欲,勿施于人;行有不得,反求诸己)。在列出上述要点后,朱熹明确揭示了书院要人格陶冶胜于词章修养的办学思想。朱熹提出的书院办学思想对中国古代教育影响甚大,不仅为历代书院所恪守,且为古代教育的共同方针。此外,古代书院还注重校园环境对于人格熏陶的意义,如通过书院的篾牌、门楹、堂联和斋舍的命名来教育学生。东林书院就有"风声、雨声、读书声,声声入耳;家事、国事、天下事,事事关心"的对联,学生每日耳濡目染,受益良多。

4. 书院提倡门户开放,百家争鸣,创造了独特的"讲会"制度,把学校教育与社会教育结合起来

古代书院一般"开门办学",听讲者不受地域和学派的限制。倘有名师巨儒讲学,其他书院的学生和慕名而来的学子均不拒之门外。

书院创造的"讲会"制度就是一种提倡学术争鸣和信息交流的典型。所谓"讲会",是大师、师友或师生甚至社会上的书生会聚在一起,自由讲学,自由争辩,从而提高学术水平的一种活动。"讲会"制度由宋代著名学者吕祖谦首创。公元 1175 年,吕祖谦邀请朱熹、陆九渊、陆九龄及其门人参加学术讨论,由于地点在信州鹅湖寺,所以称"鹅湖讲会"。清代的"讲会"已形成一整套完善的制度,各地书院的讲会都具有明确的宗旨、详细的规约、规定的日期、严密的组织、隆重的仪式和专门的经费开支。

5. 书院通过聘请德高望重、学问渊博的名师,吸引虔诚好学的生徒前来

124

就学,既提高了书院的知名度,也提高了书院的教学质量,且形成了融洽深笃的师生关系

中国古代的书院一般都非常注重聘请名师主持院务,因为书院山长(也称院长、洞主、山主、主讲等)的形象往往是书院声望高低、教学成败和能否使四方学子闻风而聚的关键。自宋开始,几乎所有著名思想家都曾讲学于书院,如陆九渊讲学于象山精舍,朱熹讲学于武夷精舍和白鹿洞书院,明代王阳明讲学于龙冈书院和稽山书院,顾宪成和高攀龙讲学于东林书院等。这些名师掌教的书院吸引了四方游学之士闻风负笈而至,甚至不远千里,"裹粮"而来,"结庐"而居。有些名师解聘离任,讲学他院,许多弟子亦结伴随行;有些弟子还集资建院,礼请老师留住讲学。书院之所以能长期维系,代代相传,与主讲书院名师的热心教诲和慕名而来的学生的虚心求教,形成了良好的师生关系是分不开的。

6. 古代书院具有有效的管理体制、具体明确的规章制度,并吸引学生参与书院管理,体现了注重效率和效益的办学特点

书院在最初出现时,管理体制比较简单,它的主持人既负责书院的组织管理,又负担书院的教学工作。在其后的发展过程中,逐步形成了具有书院特色的管理体制。如清代白鹿洞书院 26 位管理人员中,管理人员 15 人(主洞、副讲、堂长、经长和学长),工作人员 7 人(正、副管干、典谒、引赞),勤杂人员 4 人(伙夫、采樵、门斗),只有主洞和副讲由专职人员担任,勤杂人员聘请临时人员,其余 20 人均选用学生充任。有时学生还参与书院志的编校与院田的清查,田租的征收。这大大节约了书院的人力、物力、财力,也锻炼了学生的能力,提高了办学的效率与效益。

为了加强书院的管理,古代书院还制定了一整套的规章制度。一些书院还对学生每日的课程安排加以规定。尽管其中有些可能失之于繁琐、苛刻,但它对于生徒为学进德的指导作用无疑是不能忽视的。

第七节 中国古代的蒙学教育思想

如果说书院是中国古代的高等教育,那么蒙学就是古代的初等教育,是既包括婴儿教育,也包括幼儿教育,即以幼儿阶段为主的初等教育。所谓蒙学,就是启蒙教育,发蒙教育,启迪童稚,消除暗昧。

中国古代蒙学是与中国古代的教学同步产生的。早在周代就出现了发蒙识字的课本《史籀篇》,到汉代,已有专门从事启蒙教学的"学校"——书

125

馆,也有了较稳定的启蒙教材。古代的蒙学教材按其内容侧重可分五类:

① 综合性蒙学教材,既教儿童识字又传授一些基础性知识。如《急就篇》《三字经》《千字文》和《幼学琼林》等。② 伦理道德类蒙学教材,传授为人处事,待人接物,培养纲常伦理的道德意识。如《童蒙训》《性理字训》《弟子规》等。③ 历史题材类蒙学教材。这类教材一般选择历史故事或历史人物的嘉言善行,以及基本历史知识为主要内容,以培养学生情操及历史责任感。④ 诗词歌赋类蒙学教材。此类教材影响较大的有《神童诗》《唐诗三百首》《千家诗》等。⑤ 名物和自然科学知识类蒙学教材。这类教材主要用来扩大学童的知识面和形成其学术上的兴趣。如《九童算术》《步天歌》(天文类)《名物蒙求》等。古代童蒙教材大都言简意赅、形象生动、方便记忆,而且寓伦理道德教育于各科内容中,加强了德育的渗透性。

一、蒙学的特点

古代学者对蒙学特别关注,在教育家的训蒙实践中,逐渐形成了一些具有特点的蒙学理论与训蒙方法。具体说来,古代蒙学具有以下四方面的基本特点:

1. 重视早期教育

蒙学本身已是一种早期教育,而古代教育家提倡尽早进行启蒙。宋代教育家程颐、程颢就主张早期教育。他们认为"幼学"是立圣之基,对人的发展具有关键的作用。如果没有这个根基,就好像"作室而无基也,成亦难"[1]。

至于早期教育的起始问题,有些教育家认为"自能食能言而教之"[2],还有一些教育家主张从胎教开始。汉代刘向的《列女传·周室之母》就记载过文王之母太任的"胎教"。此后,东汉的王充,南北朝的颜之推,西晋时的张华,唐代的孙思邈,宋代的朱熹、程颐、程颢等人均对此有大量论述。这些论述虽不乏荒诞无稽、不合科学之言,但其中也有若干合理的成分。

2. 重视家庭教育

在中国古代,家庭不仅是生产和生活的单位,而且是实施教育的基本单位。儿童不论是否进学校,家庭的教育总是须臾不可离的。对于小学之前的孩童而言,家庭更是他们的第一所学校,父母则是他们的第一任老师。因此,古代教育家非常重视家庭的教育功能,"教小儿,不但是出自外传谓之

---

　　①② 〔清〕张伯行.《养正类编(二)·小学》

教,凡家庭之教最急"。① 在教育方法上,古代教育家比较重视父母自身言行对子女的影响,"教子须是以身率先"②。此外父母还要正确处理爱护与教育两者的关系。如颜之推认为做父母的关键是"威严而有慈",威严中有慈爱,慈爱里寓威严;当慈爱时慈爱,当威严时威严。否则会使孩子无所适从,不知好歹,"终为败德"③。

3. 重视行为教育

古代教育家以孩童的身心特点出发,强调蒙学应侧重于行为教育,加强行为习惯的训练,即所谓"教之以事"。朱熹在《童蒙须知》中明确指出,蒙学阶段的主要任务就是对儿童进行行为习惯的训练,让他们知道做什么和怎么做,即所谓"使由之";而大学阶段则是给他们讲解为什么这样做的道理,即所谓"使知之"。中国古代教育家编著的蒙学教材无不侧重阐明行为训练的基本要求,如朱熹的《童蒙须知》、屠羲英的《童子礼》、真德秀的《家塾常仪》等,都明确而具体地规定了学童的行为规范。

4. 重视正面教育

中国古代教育家比较注意对童蒙的正面引导,通过正面教育对他们施加积极的影响。明代教育家王廷相就说过:"童蒙无先入之杂,以正导之而无不顺受。……壮士者已成驳僻之习,虽以正导,以先入立见为然,将固结而不可解矣,夫安能变之正。故养正当于蒙。"④这里所说的"正导",就有正面引导的意思。也就是说,只有通过以正确的东西去影响儿童,才能取得先入为主的效果,德育工作才不致陷于被动。明代王阳明则从儿童的心理特点的角度论述了正面教育的意义,认为儿童的心灵总是向着一切美好的东西敞开的,必须循循善诱,调动儿童的积极性。正面教育犹如时雨春风,能发其意志,肃其威仪和开其知觉,使儿童的天性得到尊重;而如果反之,则犹如冰霜剥落,使儿童畏首畏尾,从而怨恨师长,得不到健康成长。

二、训蒙的方法

中国古代很注重训蒙之道,许多教育家关于训蒙的方法颇具创见。由于古代蒙学偏重语文教学,因此关于训蒙的具体方法,古代教育家的论述主要集中在识字、写字、阅读和写作四个方面。

---

① 《思辨录辑要》
② 《思辨录辑要》
③ 《颜氏家训·教子》
④ 《雅述·上篇》

蒙学教育的第一步就是识字。为了提高识字的效率,古代教育家总结了若干行之有效的方法。如把字写在一寸见方的木板上,让儿童识读,在识得单个字的基础上拼句成意。有些教育家提出,在初步获得文字的基础上进行阅读,把在阅读中出现的生字用红颜色醒目地标出,再用黑颜色的笔加以练习巩固,这实际是识字与阅读相结合的方法。在具体教授单个字时,古代教育家主张采取由简及繁,形象直观的方法,充分发挥汉字象形的直观功能。

在训练儿童学习写字的方法方面,古代教育家提出了以下几个要点。一是要明确告诉儿童写字的身法、手法、把笔法、作字法,进行基本功训练。二是注意教师的指导作用。如唐彪认为,教师的书法不一定非常漂亮,但用来给学生示范的字一定要上乘,所以不妨请人代书,但教师一定要懂得书写之法,有好的教法,学生才能受益。三是少而精,即要求学生操练认真,不要贪多求快,操之过急。四是模拟练习。如唐彪认为写字的关键是"掌虚指活",所以开始时可用小轻圆木,或用小布团塞于掌中,教师扶手润字,手把手地进行模拟练习。

关于训蒙读书的具体方法,论述最系统详尽的可能要算崔学古了。他在《幼训》中依次谈了教授童蒙阅读的具体过程及方法。一曰敬书,即要儿童养成敬书爱书的习惯。二曰点书,即要蒙童逐字看清文字。三曰句读,即教蒙童如何通过句读掌握文意。四曰念书。五曰探书,即每天限量阅读,当天学习的读百遍,以前学习的读20遍,逐日更进。六曰带书,即对探书的情况进行检查,以了解学生是否熟背。七曰理书,即要求学生定时系统整理所阅读的书文。八曰默书。九曰兼理,即要求学生不定时地复习过去所学过的知识。十曰背书。十一曰讲书,即为了帮助学生更好地理解所读材料,教师要及时耐心地讲解。

写作教学也是蒙学教育的重要内容之一。王筠的《教童子法》和崔学古的《少学》对此论述颇详。综其所说,有如下三要:一是让学生学会审题;二是让学生自拟文题,写自己熟悉的生活;三是要让学生不受拘束,先"放"后"收"。王筠认为学童开始写作时,要让他们放胆放手去写,不要有任何条条框框。经过一阶段练习后,再引导他们注意取舍剪裁,考虑结构,由繁入简,从而提高写作水平。四是作文批改要以鼓励、表扬为主。否则,不仅影响学生写作的兴趣,失却写作的自信心,甚至还会危及到师生关系。五是要帮助学童克服写作练习中的高原现象。学童写作水平在一段时间的练习之后仍停留在同一水平,几乎不提高,也不后退或下降,这就是写作的"高原现象"。

当学童出现这种现象时,教师"必不可督责之",而应当"涵养诱掖,待其自化",这样其"文境必大进"。六是要学童多读语文,烂熟于心,积累写作文词与素材。七是要传授写作的具体步骤。

古代写作教学,根本目的是为了应科举考试之需。由于科举大都有固定的陈式,所以在学童初学时,教师注意教以这方面具体的内容。如崔学古就详尽论述了"八法""五要""四十字诀"以及"行文变化"等,这些方法虽有失于繁琐之弊,却亦有具体的指导作用。

第八节 中国古代的科技教育思想

中国古代曾经创造了灿烂的科技文明,英国科学技术史家李约瑟曾评论说:中国人"在许多重要方面有一些科学技术发明,走在那些创造出著名的'希腊奇迹'的传奇式人物的前面,和拥有古代西方世界全部文化财富的阿拉伯人并驾齐驱,并在公元 3 世纪到 13 世纪之间保持一个西方所望尘莫及的科学知识水平。"[①]那么,与这个灿烂科技文明相匹配的科技教育的情形如何呢?尽管科技教育在中国古代的教育体系中不占主导地位,但它仍是中国古代教育中不可或缺的一个方面。

一、科技教育的基本形式

在中国古代,科技教育始终是以民间为主体进行的。民间的科技教育主要有三种形式,即家业世传、师徒相传和设学收徒。所谓"家业世传",就是通常所说的父子相传。东周以来,个体家庭不仅是物质生产再生产、人自身生产再生产的社会细胞,而且也成为精神生产再生产的基本单位,在个体的士、农、工、商中也出现了家业世传。据《管子·小匡》所载:"农之子常为农""工之子常为工"。家技代代相沿习,以致形成"族有世业"的状况。所谓"师徒相传",就是身怀绝技的艺人招收徒弟进行个别传授。这些艺人一般家无传人,但又不甘心艺随身亡,因此他们根据专业特点,小心谨慎地物色后继者,采取师傅带徒弟的方式,进行个别传授。如扁鹊拜师求学于长桑君。所谓"设学收徒",即为一师多徒形式,相当于民间学校。春秋末期,私学骤兴,风起云涌,遍及四野,一些具有生产知识和技术的专家聚众讲学,著书立说,以他所创办的私学为中心形成学派,其中较为典型的是墨家和农

---

① ［英］李约瑟.《中国科学技术史》(一).科学出版社,1957.3 页。

家。墨家学派重视科技教育，《墨子》一书中的《墨经》是墨家学派科技教育内容的汇编，其中包括光学、几何学、物理学等方面的知识、技术，以及木工和防守器械等方面的知识和技术。

以上三种民间科技教育形式从本质上讲都是师傅带徒弟。这种形式的科技教育往往要求严格，不仅择徒选人"非其人勿教，非其真勿授"①，遴选十分小心，而且教授也十分苛严，所以教与学的双方都很认真，加上一般是世代相传，所以技艺每每达到"精微深妙"的程度。中国历代的能工巧匠所创造的令人叹为观止的工艺，其奥秘也在于此。但是，由于教授的人数太少，不仅限制了科学知识与技能的普及与传播，也往往使许多高超绝伦的科学知识与技艺，由于种种原因（如家无传人，师傅突然病亡，等等）而失传，这也是制约和束缚中国古代科学发展的因素之一。

中国古代官方的科技教育直到唐代才形成一定的规模。在此之前，官府中基本也是采取与民间家业世传形式相同的子承父学、世代相传的"畴官"制度，而以天文、历算、医药的"畴官"为最。历代统治者满足于这种最低水平、最小规模的科技人员的简单再生产。迄至汉代，不仅规模宏大的"太学"中没有科技教育的地位，就是地方设立的"郡国学""校""庠""序"中也无科技教育的内容。中国古代科技专科学校的雏形大概出现在公元443年，南朝设立了医学校，隋朝时也在国子监下设立算学，太常寺下设立太医署，但由于时间太短，规模太小而影响不大。所以一般把唐代作为中国科技教育的奠基时期。唐代除设"国子学""太学"与"四门学"外，还以律学、书学、算学、医学分设独立的专科学校。这种官办的科技专门学校不仅有明确的领导与管理体制，而且有学科设置与教学计划。科技专科学校的建立，标志着科技教育在学校系统中有了合法地位，这对于提倡科学，培养和造就科技人才，有直接推动作用。

除了以上几种主要科技教育形式外，中国古代在儒学教育中，在宗教活动中也存在着一定的科技教育。儒学以伦理教育为中心，但不能因此推论儒学与古代科技教育无关，儒学对于我国古代的科技教育起过一定作用。例如，儒学传播了我国古代的自然哲学观。儒家经典虽然突出了伦理道德内容，但仍保存了大量古代的科技史料。历代儒学大师通过对儒经的注释和训诂，又丰富、补充或校订了一些科技资料。宗教活动和科学技术，本有着对立，但又存在着相互渗透的一面。我国古代史籍上就有关于宗教活动

---

　　① 《黄帝内经·灵枢》

中传授科学知识的记载：通过占星，传授古代天文学知识；通过占候，传授古代气象学、物候学知识；通过算卦，传授古代的"内算"知识；通过佛学交流，引进并传授了印度等国的天文、数学、历法等方面的知识，等等。但应指出的是，宗教活动在传授自然科学知识的同时，还散布大量迷信思想，这对于受教于佛道之门的科技人才的成长极为不利。

二、科技教育的教材与教法

我国古代的科技教材，大体分为两类：一类是蒙养教材，一类是科技专业教材。

据古籍记载，自西周始，蒙养教学中就有了基础科学知识的教育，这就是数与方名知识的传授。儿童自 6 岁始学习数数和东、南、西、北四方的名称；9 岁学习计时、计算，要求懂得朔望、六甲等知识；10 岁以后则要学习"九数"。这"九数"的内容都见于正式教材《九章算术》。两汉以后，蒙童教材中逐渐增加了"名物"的内容。宋代方逢辰的《名物蒙求》最为著名。清中叶以后，曾经出现一些运用旧形式，传授"声、光、化、电"之学的课本。不过，儿童的启蒙教育虽然早就有科技常识的传授，国家却始终未审定颁发统一的科技常识教材。

我国自唐代开始，由国家颁定统一的科技专业教材。唐代颁定的科技教材以《算经十书》最为著名。这套数学教材最初由唐代数学家李淳风奉旨与国子监算学博士梁述、太学助教王真儒等人负责注释校订，经宋朝重新校订、刊刻，一直沿用到明、清。唐朝还颁布了医学使用的教材，以后各代均有增删。我国古代著名的医学教材有：《黄帝内经》《伤寒杂病论》《神农本草经》《难经》《黄帝明堂经》《新修本草》《本草纲目》等。唐代李石编的《司牧安骥集》是我国最早的一部兽医教科书，后来又补充了明代喻本元、喻本亨编的《元亨疗马集》。宋朝政府在设置武学的同时，还颁发了武学使用的军事科学教材《武经七书》（包括《孙子兵法》《吴子兵法》《六韬》《司马法》《三略》《尉缭子》《李卫公问对》）。这套教材，集我国古代兵法之大成。

在教学方法上，古代科技教育广泛采用观测、实验、演示的方法，加强对学生科学思维能力的培养。

观测法是科技教育的一个重要教学方法，这种方法被广泛运用于医学、药物学、农学、水利学等学科的传授之中，而以天文学在教学中进行观测记载较详，成效也更为突出。李淳风、郭守敬、徐光启等著名科学家在培养天文学学生时，要求他们不论阴晴雨雪、月黑风高，都要坚持进行认真的观测记录。徐光启负责天文、历法工作时,不仅亲自教授学生掌握使用望远镜等观测仪器的方法,而且还注意启发学生动脑筋、想办法以提高观测的精确度。

在古代落后的生产条件下,通过科学实验来验证科学原理、传授科学知识,实属不易。我国古代科技教育不乏进行实验教学的生动事例。如墨家小孔成像的实验,创世界科技史最早的记录,并且成功地解释了小孔成像的原理。元代科学家赵友钦为了证实某一光学原理,曾将两间房子的地板各挖两个直径 4 尺多的圆井,一个深 4 尺,一个深 8 尺,又用了 2000 支蜡烛,设计了一个比较完备的实验方案。他的实验生动形象地阐明并传授了光学知识。

宋、元时期司天监在训练天文学的学生时,采用了演示试验这种教学方法。据说苏颂曾制造过一个观看和演示星象的设备。此仪器是一个大圆球,人在球中,星象由球面穿孔闪射光芒来表示,再借助机械的运转来演示天象。苏颂还制造过一个元浑天仪象,这个仪器可以进行天文观测、报时,同时也是一个很好的天象演示仪。

我国古代的一些科学家授徒和传播科学知识时,不只限于"传艺",而且还注意科学思维能力的培养,如墨家很注意向弟子们传授逻辑知识,并指导他们实际运用。我国古代的自然科学,很注意建立各门科学的"理"。如中医学有"医理",数学有"算理",天文、历法有"历理"。这些"理"是各门科学赖以建立的自然哲学观与方法论。我国古代的科学家十分重视运用自然哲学观来教育学生,以培养他们的思辨能力。例如中医学的"医理",不仅限于对人体构造及其致病原因的具体的认识,而且还包括对人体健康与疾病总体上的哲学分析。充满朴素唯物辩证思想的"辨证论治原则",就是我国中医最基本的医理。历代名医在教学上都注意医理的传授,要求学生不能仅仅根据病名来下药,而必须根据"症"来决定治疗方案,要具有"同病异治"与"异病同治"的本领。

与经学教育相比,我国古代的科技教育更注重科学思维方法的培养。各门科学中所包含的朴素辩证法思想,对于古代科技人才思辨能力的发展,起过积极作用。但是,我国古代科学在发展人的辩证思维的同时,却忽视了对人的形式逻辑的训练。这就是为什么"在希腊人和印度人发展了机械原子论的时候,中国人则发展了有机宇宙的哲学"的深层原因。[1]

---

① [英]李约瑟.《中国科学科技史》(3).科学出版社,1978.337 页。

思考题

1. 中国古代的教学原则和方法有哪些？它们对现代教育有何借鉴意义？

2. 谈谈中国古代"为师之道"对你的启发。

3. 简述中国古代读书法的精髓及对你的启示。

4. 简述中国古代道德教育思想对现代道德教育的借鉴作用。

5. 阐述中国古代的书院教育对我国高等教育发展的启迪。

6. 试评析中国古代的蒙学教育思想。

推荐阅读书目

1. 李泽厚著.《论语今读》. 北京：三联书店,2010

2. 周勇著.《跟孔子学当老师》. 上海：华东师范大学出版社,2008

3. 杨伯峻译注.《孟子译注》. 北京：中华书局,2008

4. 邓洪波著.《中国书院史（增订版）》,武汉：武汉大学出版社,2012

5. 李尚英著.《科举史话》,北京：社会科学文献出版社,2011

6. 徐梓、王雪梅编.《蒙学便读》,太原：山西教育出版社,1991

第六章　外国古代的教育思想

在第二章我们从纵向发展的角度,系统介绍了古代印度、古埃及和古希腊、古罗马以及中世纪不同时期教育思想的演变。为了对外国古代教育思想的发展有一个比较系统的了解,在这一章我们将从横向剖析的角度对外国古代教育思想中的几个主要问题做专题性的综述,使我们对外国古代教育思想认识得更加全面和系统。

第一节　关于教育目的的论述

教育本身是一种有目的、有计划、有组织的活动,一个国家没有明确的教育目的就无法指导教育的发展。而作为一个教育家,如果不了解教育目的,就会成为一个盲目的教育工作者。因此,在外国古代教育家的教育思想中,都很重视明确教育目的。由于不同教育家对教育的作用认识不同,因而在教育目的的认识上也表现出一定的差异性。

第一,把培养从事政治活动的人作为教育目的。

在古希腊智者派的教育思想中,他们把教人学会从事政治活动的本领作为其教育目的。普罗泰戈拉在谈到他的教育目的时说,到他那里求学的人,可以学到处理"私人事务以及公共事务中的智慧。他们学到把自己的家庭处理得井井有条,能够在国家事务方面作最好的发言与活动"①。

苏格拉底是历史上最早的专家治国论者,也是柏拉图培养哲学王的思想渊源。苏格拉底指出,治理好城邦要靠有专门知识的治国人才,培养这种人才就是教育所要追求的目的。后来,柏拉图继承苏格拉底的观点,充分肯定教育在实现理想社会中的作用。他断言,在"理想国"里,居于中坚地位,起中流砥柱作用的人,无疑是哲学王。柏拉图要求,哲学王必须兼具哲学家和政治家的品质,无论在事业上、在业绩上、在学业造诣上还是在品德上,没有哪个人能与哲学王相媲美。因此,柏拉图把实现教育的最高理想——培

134　　① 北京大学哲学系外国哲学史教研室编译.《古希腊罗马哲学》.三联书店,1957.132 页。

养接近真正"善"的理念的哲学王,作为他的教育追求。

罗马共和后期的西塞罗认为,全部教育的最高目的是培养政治家,而只有优秀的雄辩家才能成为真正的政治家。因此,西塞罗提出教育的直接目的就在于培养雄辩家。他指出,一个雄辩家不仅能言善辩,而且必须具有良好的、多方面的素养。

第二,把发展人的智慧,培养人的道德,发展人的理性作为教育目的。

苏格拉底把美德等同于知识。他认为,人有了知识,就能懂得如何做人,知道如何做人,就算是踏上了"自我实现"的道路,成为一个能够独立判断是非,具有独立意识的人。因此,苏格拉底一方面把培养治国人才作为教育的目的,同时他还把使人们自觉地用理智认识永恒不变的道德作为教育的目的。

亚里士多德在论述教育目的时认为,人之所以为人就在于人具有理性,人只有运用和发展其理性,才能真正实现自我。同样,人的教育也应当以充分发展人的理性为根本目的,旨在达到这种目的的教育,才是自由人所应接受的教育。

古罗马时期著名的政治家、著作家塞涅卡认为,人生的目的(同时也是教育的目的)是获得幸福的美德,而要实现这个目的,人就必须不断地追求智慧,这是因为"唯有完美的智慧才能创造幸福的生活"[①]。因此,塞涅卡又把发展人的智慧作为教育的直接目的。在这方面,塞涅卡和苏格拉底有很大的相似之处。

在昆体良关于教育目的的论述中,他把培养具有崇高品质的优秀雄辩家作为其教育目的。昆体良认为,一个优秀的雄辩家为了在法庭上为"正义"辩护并指导人们趋善避恶,他首先应具有崇高的品德。昆体良强调说:"我的目标是完美的雄辩家的教育。这样一种雄辩家的首要因素是他应当是一个善良的人,因此,我要求他不仅具有演说的天才,而且同时要具备一切优异的品格。"[②]

第三,把为教会和神学服务作为教育目的。

奥古斯丁首先从维护基督教以及基督教信仰的权威出发,主张教育应该为教会和神学服务,培养虔诚的基督教徒和教会的教士,这是他所确定的教育的基本目的。他在《忏悔录》一书中说:"主,你是我的君王,我童年所学

---

① 《幸福而短促的人生——塞涅卡道德书简》.三联书店,1989.47 页。

② 赵祥麟主编.《外国教育家评传》(一).上海教育出版社,1992.154 页。

到的一切有用的知识都将为你服务，是啊，不管我说、写、读或数的是什么，都让它们为你服务。"①从这一教育目的出发，奥古斯丁提出了建立教会学校和实施教会教育的主张，体现了他利用教育为教会和神学服务的思想。

中世纪基督教神学家、经院哲学的著名代表人物阿奎拉也认为，教育的最高目的是发展人性，实现神性，根据这一教育目的，阿奎拉提出要进行知识和道德两方面的教育。

综上所述，我们可以看到，外国古代教育思想家关于教育目的的主张并非完全一致，表达的方式也不尽相同，这与各阶段的时代背景有一定的关系。但是，我们也可以发现，外国古代教育思想家关于教育目的的主张有不少共同特征。从教育培养对象上看，既包括要培养治理国家的治术人才，同时也包括了一般民众的教育。在人的素质培养目标中，一般又都包含着智慧和道德的教育，而多以道德培养为主，即使在中世纪的神学教育思想中，道德教育也被放到了很重要的位置。

第二节　关于教学问题的论述

在外国古代教育史上，许多教育家都亲自从事教学活动，他们在长期的教学实践中积累总结了丰富的教学经验，对于教学的理论、原则和方法提出了许多独到的见解，对后来的教学理论和实践的发展产生了很大的影响。

一、对教学基础及教学目的的认识

在外国古代教育家中，大多数实际上是哲学家，他们对教育问题的阐述大多在他们的哲学著作中反映出来。因此，古代教育家对教学基础的认识很大程度上是建立在他们的哲学基础上的，受着哲学观点的支配。由于哲学观点存在着差异，所以在教学基础的认识上也存在着很大的不同。

雅典教育家和哲学家柏拉图认为，世界是由"理念世界"和"现象世界"所组成的。理念的世界是真实存在、永恒不变的，而人类所接触到的这个现实世界，只不过是理念世界微弱的影子，它是由现象所组成。由此出发，柏拉图提出了一种"理念论"和"回忆说"的认识论，并把它作为教学理论的哲学基础。柏拉图认为，人的一切知识都由天赋而来，以潜在的方式存在于人

---

① 华东师大教育系、杭州大学教育系合编.《西方古代教育论著选》.人民教育出版社,1985.169页。

的灵魂之中,因而,认识不是对世界物质的感受,而是对理念世界的回忆。所以,柏拉图提出教学目的是为了恢复人们固有的知识,教学过程也就是"回忆"理念的过程。

柏拉图的学生亚里士多德的教学思想则建立在他的人性论、认识论以及对于儿童身心发展考察的基础之上,他把人的灵魂分为理性灵魂和非理性灵魂。他认为,灵魂的作用是感觉和思考,灵魂借助于感觉器官而感知外界事物,那种感觉的东西是不以人的意志为转移的,从而承认了感觉在认识过程中的地位与作用。但他又认为,感觉仅是起一般诱发作用,真理和知识只有通过理性的思考才能获得。因此,亚里士多德把发展人的灵魂的高级部分,即理性作为其教学目的。

古罗马时期的西塞罗是一位折中主义者,他推崇折中学院派、斯多葛派等各派的学说,在教育教学中,他也采取了折中调和的态度,在古罗马文化希腊化的过程中,他主张应当在保持民族优秀文化传统的基础上,批判地吸收希腊文化中有益成分。在教学目的上,西塞罗认为教学的最终目的在于培养政治活动家,只有出色的雄辩家才能真正成为优秀的政治活动家,这与其整个教育目标是一致的。

昆体良的教学思想同样也深受哲学观点的影响,昆体良接受了斯多葛派顺应自然、顺其本性和众人平等的观点,并将之融会贯通于自己的教学思想中。昆体良的教学实践和理论研究都是以培养雄辩家为宗旨,这一点与西塞罗是相一致的。

到了中世纪,神学教育占了统治地位,教学思想中就渗透了神学因素,因此,在教学目标上明显地体现出这一特征。基督教教学目的主要是培养宗教信徒,培养其对上帝的虔诚和信仰,并能为捍卫宗教而献身。基督教教育的代表人物奥古斯丁发展了柏拉图《理想国》中的神秘主义和逃避现实的倾向,对柏拉图的回忆学说进行了神学改造,割裂感性认识和理性认识的关系,把真理归于上帝,从而使其教学认识基础建立在宗教神秘主义的先验论基础之上。奥古斯丁将认识论用于教学,提出教学目的就在于帮助学生发现心灵中已有的真理,而不是去认识客观物质世界。教学活动就是通过符号、言语、数等等,引起学生对其心中已有概念的重新认识。[①]

---

① 戴本博主编.《外国教育史》(上).人民教育出版社,1989.177 页。

二、对于教学阶段的划分以及教学内容和课程的认识

　　教学目的和任务主要是通过教学内容的安排和课程的设置来体现的。在外国古代教育思想中,许多教育思想家对教学阶段的划分和教学内容以及课程的设置问题,都提出了许多独到的见解。外国古代的教学内容主要是修辞、辩证、文法、演说以及体育、音乐、几何、法律等诸多科目。早在古希腊时期,教育家们就已经注意到教学内容的协调一致。当然,在不同的历史时期和不同的教育家中,强调的重点均有所不同,到了中世纪,在教学内容上还增加了神学课程的比重。

　　在古代东方的埃及、巴比伦等国家逐渐进入奴隶社会之后,随着社会的不断发展,专门从事教育教学活动的学校终于产生了。由于受条件的限制,教学内容主要局限于文字的教授。另外,因为数学问题应用也很广,所以算术、几何也是教学的主要内容。

　　在古希腊时期,教学内容则大大丰富。智者派为了实现其教育目的,把修辞学、雄辩术、文法和音乐等,作为主要的教学科目和研究课题。同时,他们还传授一些"实质之学"的知识,如天文、地理、自然科学的知识。

　　柏拉图在教学内容和课程问题上的论述则较为全面和丰富。他主张以学生的心理特点为依据,把学生的学习划分为几个年龄阶段,并分别授以不同的教学科目。3 到 6 岁的儿童在游乐场内进行故事、游戏、唱歌等活动;6岁以后,儿童进入初等学校,接受初级课程。在教学内容上,柏拉图接受了雅典以体操锻炼身体、以音乐陶冶心灵的和谐发展的教育思想,为儿童安排了简单的读、写、算、唱,并十分重视体操等体育训练项目;17 到 20 岁的青年升入国立的"埃弗比"接受军事教育,并学习一定的文化科目,主要有算术、几何、天文、音乐等;20 到 30 岁,经过严格挑选,进行 10 年科学教育,着重发展青年的思维能力,继续学习"四科",懂得自然科学间的联系;30 岁以后,经过进一步的挑选,再研究五年哲学。至此形成了柏拉图相对完整的金字塔形教学体系。

　　亚里士多德继承了其老师的观点,主张用和谐教育发展思想。他为其哲学学校设立了"百科全书"式的课程,主张学生在德、智、体、美等方面的全面发展,且在不同时期,各有所侧重。幼儿期以身体发展(体育)为主,少年期以音乐教育为核心,以德、智、美为主要内容,高年级要学习文法、修辞、诗歌、文学、哲学、伦理学、政治学以及算术、几何、天文、音乐等学科,但是重心放在发展学生智力方面。

到了古罗马时期,教学内容和课程侧重于实用性和技术性。西塞罗认为,为了培养优秀的雄辩家,在教学内容上,必须包含以下三方面的知识和训练,即广博的知识、修辞方面的特殊修养以及优雅的行为举止和风度。为此,西塞罗规定了未来雄辩家的必修课程:文学、历史、哲学、法学、修辞学、物理、逻辑、伦理、军事以及柏拉图所主张的算术、几何、天文、音乐等。

昆体良关于教学内容的规定与西塞罗很接近,但是,昆体良又对培养雄辩家的教学阶段进行了细致的划分,并相应设置了广泛的课程。昆体良认为,儿童在学前教育阶段(3岁)时就应当学习对人生有用的希腊文。在初等教育阶段,要学习阅读、写作和简单的算术。文法学校的课程是以文法为主,包括写作、音乐、数学、声调训练和体育等。昆体良认为,在高等教育的修辞学校阶段,主要是学习作文、演说,并广泛地阅读名著,以及学习修辞理论和法律知识。昆体良在课程问题上还提出一个重要的思想,即主张各科要齐头并进,反对单科独进,并详细论述了各科学习要齐头并进的原因。这种观点见解在当时是十分新颖,并具有一定科学依据的。

到了中世纪,在教学内容方面主要是以《圣经》为主要教材。另外,基督教的代表人物奥古斯丁还力主从古希腊罗马异教文化中吸取那些对基督教有用的知识作为教材内容。他编写了一套百科全书式的教科书,即所谓的"自由七艺",其主要课程包括:修辞、文法、辩证法、算术、几何、天文以及音乐。"七艺"在中世纪以后的教育中,一直是学校的基础课程,并对后来教育的发展也产生了持久的影响。但是,伊斯兰教在教学内容方面,却有着与基督教不同的特点,伊斯兰教除了教义教学外,还始终注重自然科学知识的教学。

三、关于教学的主要原则与方法

教学原则和方法是古代教育家教学思想的重要组成部分,内容十分丰富,论述也十分深刻。他们在长期的教学实践中,概括和总结了自己的宝贵经验,针对教学中所接触到的主要矛盾,逐步形成了对教学过程中某些规律性的认识,提出了许多很有价值的教学原则和方法。古代教育家的许多精辟的见解,对于今天的教学理论的发展和解决教学中的实际问题仍有着重要的借鉴意义。归纳总结起来,外国古代教育家提出了以下几项教学原则和方法:

1. 注重练习与实践

外国古代教育家早就认识到,实践是认识和学习的源泉,只有通过具体的实践活动,才能巩固和消化所学的知识,这是教育过程中,必须遵循的一个十分重要的原则。

古希腊时期的智者派十分强调练习和实践在教学中的重要作用,其代表人物普罗泰戈拉曾说:"要想成为有教养的人,就应当应用自然的禀赋和实践;此外还宜于从少年时就开始学习。"①德谟克利特也曾说:"学习只有在劳动的基础上,才能作出极好的东西,如果儿童让自己任意地不论去做什么而不去劳动,他们就学不会文学,也学不会音乐,也学不会体育,也学不会那保证道德达到最高峰的礼仪。"②亚里士多德在教学方法上同样也十分重视练习和实践的作用,如在音乐教育教学中,他经常安排儿童登台演奏,亲身体验,熟练技术,提高水平。

古罗马时期,西塞罗保持了罗马人注重实际的特点,主张在教育过程中以练习作为学习辩论和演讲的主要方法。最常用的练习是模拟演说,以法庭辩论为练习的题材。练习之前,让学生做充分的准备,尽量对所阐述的问题进行深思熟虑,以求演讲时言辞准确,并作好嗓子、肺活量、语言等方面的准备,使每次演讲练习都能达到逼真的程度。此外,西塞罗还把练习写作作为促进和锻炼演说能力的最主要的方法。

中世纪的奥古斯丁和阿奎拉也同样肯定了实践在教学中的重要意义,提倡应当采取让学生通过实际来进行学习,以促进学生对知识的理解,提高教学的效果。

2. 注重问答与引导

外国古代教育家们很早就认识到教学是师生间的双边活动,教学活动必须有学生的积极参与,要注重加强对学生的引导,使学生全面深入地掌握知识。在这方面最具代表性的是苏格拉底的"问答法"。

苏格拉底在教学生时,不是直接向学生讲解各种道理或传授各种具体的知识,而是与学生谈话或向他们提出问题,使他们作出回答,学生回答错了,他也不直接纠正学生的错误,而是根据不正确的回答提出补充的问题,使学生自己认识到答案的谬误。然后,再以各种事例启发学生,引导他们一步步接近正确的结论。他的根据就是"人自知其无知,才会去追求知识"。他曾说:"我不以知识授予别人,而是使知识自己产生的产婆。"由于这种教学方法重视学生的"学思结合",使学生在得到知识的同时,又找到了获得知

---

① 北京大学哲学系外国教育史教研室编译.《古希腊罗马哲学》.三联书店,1957.138 页。
② 徐汝玲主编.《外国教育史教程》.教育科学出版社,1994.28 页。

识的途径。因而,这种旨在对学生启发引导的教学方法一直为后世的教育家所肯定和弘扬,成为现代教学中的一种重要方法。

柏拉图在教学方法上继承了苏格拉底的问答法,把回忆已有知识的过程视为一种教学和启发的过程。他反对用强制的手段灌输知识,提倡通过问答的形式,揭露矛盾,然后进行分析、归纳、综合、判断,最后得出结论。

古罗马的昆体良也主张在教学中要加强对学生的启发引导,让学生主动、自觉地发现知识、掌握知识。他说:"在学生开始学习时,要向他们指出正路,然后要完全让学生自己想办法,进行独立思考,依靠自己的力量去进行,否则他们就会养成事事依赖他人的习惯,这样,他们就不能学会自己努力,表现出创造性。"

在中世纪的基督教学校的教学方法中也主张采用问答启发式教学。最早的基督教学校之一就是教义问答学校,教科书即《教义问答书》。一般是教师先讲解,然后提出各种问题,与学生对答。据《圣经》记载,耶稣本身就是问答启发大师,书中记载他教导学生巧妙回答请教的地方至少有 45 处。[①]这种教学方法对后来学校教育的发展有很大的影响。

3. 注重个性与特长

教学中首先碰到的是教学要求与教学对象特点不同的矛盾,这就要求教师从实际出发,适应不同特点的教育对象。

昆体良继承了柏拉图、亚里士多德重视人的天赋差异的传统,并在此基础上进行了新的探求。他提出,教学要能培植各人的天赋特长,要沿着学生的自然倾向最有效地发展他的能力,一个高明的教师,当他接受托付给他的儿童时,首先要弄清他的能力和天赋素质,比如,"一个孩子宜于学习历史,另一个宜于学习诗歌,再有一个宜于学习法律,还有些也许最好打发到乡下去。"[②]因此,昆体良提出,教学必须掌握各个学生能力、资质的特点,有的放矢,有针对性地施教。他还举例说,对于懒散的学生,要经常鞭策他们;对于羞怯的学生,要经常鼓励他们;对于能力差的学生,教师甚至应调节教学以适应并顺其天性训练他们,等等。在他实际的教学过程中,昆体良也总是根据每个学生的特长,进行训练,从而使学生各得其所,学有所获,这也是昆体

---

① 田本娜主编.《外国教学思想史》.人民教育出版社,1994.45 页。

② 华东师大教育系、杭州大学教育系合编.《西方古代教育论著选》.人民教育出版社,1985. 152 页。

良教育成功的一个重要原因。

此外中世纪伊斯兰教的教育以及阿奎拉等也主张应当考虑学生的个性差异,以便使每个学生都能得到相应的发展。

4. 注重兴趣与意愿

兴趣是学生学习的前提,在教学中只有激发学生对未知的欲望和兴趣,才能最大限度调动他们的学习潜能,取得良好的学习效果。外国古代一些教育家们在很早时期,就已注意到这一点,并在实际教学中运用了这一原则和方法。

激发学生学习的兴趣和意愿是昆体良教学法思想中极有价值的遗产。他说:"因为专心致志的学习有赖于意愿,而意愿是不能强迫的。"[1]昆体良还说明了如何来激发学生学习的兴趣和意愿的方法。他认为,要激发学生的学习兴趣和意愿,首先要求"教师要以慈父的态度对待学生。……他应当严格而不冷酷,和蔼而不纵容,否则,冷酷引起厌恶,纵容招致轻视"[2]。教师以自己理智的爱赢得了学生的尊敬,学生就能"视教师为父母",而"这种感情大大有助于进步,因为在这种感情影响之下,学生不仅将愉快地听讲,而且会相信教给他们的东西,愿意仿效教师。当汇集到学校去的时候,他们会很愉快地聚合在一起;他们的错误被纠正时不会生气,他们受到称赞时,会感到鼓舞;他们会专心学习,努力尽可能取得教师的珍爱"[3]。另外,昆体良还指出,激发学生的兴趣和意愿的另一个方法是学习和课业的变换。昆体良说:"对于一切儿童都应当允许他们有些休息,……如果学生的精力和精神因休息而得到恢复,他就能以更旺盛的力量和更清晰的头脑进行学习,而这种力量通常是不能用强迫得到的。"[4]昆体良还提出,变换课业也能使学生保持旺盛的精力。"如果一个人整天只听某一学科一个教师的讲课,无论什么科目,谁不会被弄得头昏脑胀?如果变换课业,精力就可以得到恢复。"[5]昆体良还认为,应当善于回答学生提出的问题,向那些不发问的学生发问,也是激发学生学习兴趣和意愿的一种方法。此外,昆体良还列举了通过教师对学生的成绩正确地加以评判,鼓励学生在竞赛中争取胜利,教学必须与学生的接受能力相适应,以此来激发学生的学习兴趣。昆体良能在如此早的

---

[1] [古罗马]昆体良.《昆体良教育论著选》.任钟印选译.人民教育出版社,1989.27 页。

[2] 同上.67 页。

[3] 同上.92 页。

[4] 同上.26—27 页。

[5] 同上.59—60 页。

时期就提出这样的教学原则，并提出了许多具体可行的方法途径，对当时提高教学效率和质量，无疑起到了十分重要的作用。正因为昆体良坚持教学要激发学生兴趣和意愿这一原则，所以他坚决反对对学生采取体罚的方式。他认为体罚的消极作用很大，会导致儿童憎恨教师，厌恶学业，从而降低学习效率。他还指出，以体罚来处置一个尚未成年的幼儿，也是不道德的行为。这一观点在当时体罚盛行的罗马来讲，其进步意义是显而易见的。

在中世纪，奥古斯丁和阿奎拉也十分强调教学要尊重儿童的学习兴趣，奥古斯丁在回忆自己童年时期的教育时曾说："为何当时我对于讴歌这些故事的希腊文觉得很憎恨呢？……读外国文字真是非常艰苦，甜蜜的希腊神话故事上面好像撒上了一层苦胆。我一个字也不识，人们便用威吓责罚来督促我读。当然拉丁文起初我也不识，但我毫不恐惧，不受折磨地在乳母的哄逗下，在共同笑语之中，在共同游戏之时，留心学会了。"[①]他还说："识字出于自由的好奇心，比之因被迫而勉强遵行的更有效果。"阿奎拉也认为，在教学过程中，教师应当充分考虑学生的心智活动状况和学生的个人经验，以及接受知识的能力，努力调动学生的积极性，激发学生的思想，极力避免向学生盲目地灌输知识。

第三节　关于道德教育问题的论述

道德的培养一直是一个受到特别关注的重大问题，尤其在古罗马时期，道德教育始终是在教育中占据首要地位的因素。许多教育家都认为，崇高道德的形成是教育的最高目的，道德远比知识重要，道德既是知识的目的，又是获得正确知识的必要条件。

一、关于道德教育作用和目的的认识

外国古代教育家不仅从政治主张和社会理想出发，论述了道德教育的重要地位和作用，而且还积极探索道德教育的理论基础，他们中的许多人从人性的角度说明了道德教育的必要性和可行性。当然，在中世纪，由于神学的渗透和影响，那个时代的教育家又从神性的角度探讨了道德教育的必要性与可行性。

古希腊时期智者派代表普罗泰戈拉曾以神话的方式论及了道德教育的

---

① 奥古斯丁.《忏悔录》.周士良译.商务印书馆,1963.18 页。

必要性。他说,诸多之王赋予了所有的人以公民的美德,这是人类生存之必需。人如果不具备这种美德,就会丧失生存的权利。但是,这种与生俱来的美德和能力只是以粗率的形式存在,必须对他们加以培植,即道德教育。普罗泰戈拉不仅把道德教育作为人生存的一种基本条件,而且认为德行是城邦存在和发展的前提,人人都应当具有德行,对那些不公正和不道德的人,应该严加管束。

苏格拉底把道德教育看得更加重要,其教育思想的一个重要特征就是提出了"智德统一"理论。苏格拉底认为,人之为善为恶,不是决定于人的本性,而是决定于人的知识。因此,对人至为重要的、影响人后天发展的乃是知识。人有了知识,才会有道德,才能遇事以智慧处理之,无知的人就愚昧,遇事则只能以错误对待之。因此,苏格拉底把培养人的美德作为教育的首要任务,并提出教育的目的就是要使人们自觉地用理智认识永恒不变的美德,认识道德概念。他把知识等同于道德哲学,认为人只有具有知识即道德,才能懂得如何去做人,知道了如何去做人,就算是踏上了"自我实现"的道路,这样就能成为一个能独立判断是非,具有独立意识的人,这种人既能理解道德的普遍性,又能实践道德的生活。所以,苏格拉底提倡,"不论老少,都不要只想着你们的人身或财产,而首先要注意到心灵最大程度的改善"。①

亚里士多德十分重视道德教育,在《伦理学》一书中系统地论述了用以规范人们行为的那些原则。他指出,人类的一切行动都有某种目的。例如,医生的目的在于健康,造船的目的在于船舶,战略的目的在于战胜敌人,经济的目的在于财富。但这种目的可以成为达到较高目的的手段,这较高目的的又是更高目的的手段。如此类推,最后达到最高的目的,即人类追求的善和至善。② 由此可见,亚里士多德所提倡人们追求的最高目的即是道德的至善。他断言,每一个德性都既能使一件东西本性变好,又能使这件东西完满地实现其功能。他举例说,眼睛的好德性既使眼睛好,又使眼睛工作好,正由于眼睛的美好德性,我们才能很好地看东西,"那么,人的德性就一定是那种既能使人成为善人,又能使人圆满地实现其功能的品性"③。他解释说,因为德性必须处理情感和行为,而情感和行为有过度和不及的可能,而过度

---

① 北京大学哲学系外国哲学史教研室编译.《古希腊罗马哲学》.三联书店,1957.149页。

② 赵祥麟主编.《外国教育家评传》(一).上海教育出版社,1992.126页。

③ 周辅成编.《西方伦理学名著选辑》(上).商务印书馆,1964.295页。

和不及皆不对,"只有在适当的时间和机会,对于适当的人和对象,持适当的态度去处理,才是中道,亦即最好的中道,这是德性的特点"①。另外,亚里士多德还把道德伦理与政治紧密联系起来,他指出,一个城邦必须有节制、勇敢并能坚持的人民。事业中需要胆量和坚忍,而闲暇时却需要哲学。"那些生活似乎优裕和拥有一切幸福的人,就特别需要公正和节制"②。古罗马初期的教育家在论述雄辩家教育时,也十分重视学生道德品质的培养问题。但是,其具体的论述却较少,雄辩家的职业道德对于履行自己的职责的重要意义没有论证。后来昆体良弥补了这一不足,特别注重并深刻论述了雄辩家的道德品质问题,坚持把崇高的道德培养放在教育工作的首要位置。他说:"一个雄辩家首先必须是一个善良的人。因此,我要求他不仅具有演说的天才,而且要具备一切有益的品格。"在昆体良看来,一个有能力而无道德的人较之没有能力的人对社会的危害更大,"因为,如果以演说的才能去支持罪恶,那么无论从私人的还是公共的角度看,没有什么东西比雄辩术更有害的了,而我自己竭尽全力帮助培养雄辩家的才干,就应当受到世人的谴责。因为我不是给战士提供武器,而是给强盗提供武器"③。

另外,昆体良还提出了良好的道德修养对追求学问的重要意义。他认为,一个头脑充满邪念的人,"孜孜于猎取地位,汲汲于追逐财富,耽溺于以此等追求为乐,把光阴虚掷给这花花世界,如果让这一切剥夺我们大量的学习时间(因为在一件事情上花去了时间,就损失做另一件事的时间),野心、贪婪、嫉妒由此而产生,它们的刺激性是如此强烈,甚至使我们夜不能眠,眠不能梦。试想,这一切将造成什么后果?没有什么东西像一个有邪念的头脑那样心猿意马、神情不安,被如此众多的五花八门的情感所撕裂⋯⋯在这些心神不安之中,哪里还有学习的地位?哪里还有任何合理追求的地位?无异乎在荆棘丛生的田地里是没有稻谷生长的余地"④。昆体良的这些论述是十分形象和正确的,对于我们今天的道德教育有很重要的借鉴意义。

中世纪基督教神学家阿奎拉认为,虽然在人的身上存在着一种倾向为善的自然习性,但这种习性并不"自然"地使人做善事、成善人,为善的自然倾向只有当受到后天的训练和教育后,才能真正成为现实的善良。因而,在

---

① 周辅成编.《西方伦理学名著选辑》(上).商务印书馆,1964.297 页。
② 华东师大教育系,杭州大学教育系合编.《西方古代教育论著选》.人民教育出版社,1985.102 页。
③ 引自赵祥麟主编.《外国教育家评传》(一).上海教育出版社,1992.154 页。
④ 同上.155 页。

个人道德的发展中,道德教育具有非常重要的作用。只有通过系统的道德教育,个人才能真正成为具有良好品行和情操善良的人。阿奎拉的道德教育理论非常类似于中国古代教育家孟子主张的"性善论",一方面肯定了道德教育的可能性,同时,又认为这些"善端"能否存养和发展,全靠后天的道德教育。当然,阿奎拉的道德教育具有明显的神学性质,其重视道德教育的目的是使人能够成为上帝虔诚的信徒和国家良好的公民。

奥古斯丁在其道德教育的目的和作用的论述上,与阿奎拉相接近,但是,其道德教育的理论基础却与阿奎拉截然相反。奥古斯丁在道德问题上,提出了"原罪论""赎罪论""禁欲论"以及"灵魂不死论"等观点。这些观点都可以归结为"性恶论",即人性本恶,只有信仰上帝,遏制欲望,加强道德修养,才能从恶性中解脱出来,上升到神的境界。奥古斯丁在此也充分肯定了道德教育的必要性和可能性。他认为,通过道德教育,是为了使人能用理智节制欲望,使情感服从理性,专注心灵的修养。另一方面,通过道德教育,有助于造成一种为善的倾向。奥古斯丁认为,人具有自己的自由意志,因而可以在善和恶之间作出选择,既可以为善,成为善人,又可以为恶,成为恶人。所以奥古斯丁提倡道德教育的目的,就是要使受教育者服从教会,遵守教规,归顺于上帝,用虚无缥缈的来世幸福诱使人们心甘情愿地忍受现世生活的苦难,不为争取美好生活而抗争奋斗。因此,奥古斯丁关于道德教育的理论基础以及目的作用的论述,从根本上说,都已经宗教化了。从古代外国教育家对道德教育理论基础以及作用与目的的论述中,我们可以看出,其道德教育的理论基础都是与其哲学观点紧密相连的,或者是与其信仰以及阶级地位和政治立场相联系。在对道德教育目的和作用的认识上,尽管强调的角度和重点有所不同,但是,基本上都是从个人和国家两个角度展开讨论的。另外,虽然古代教育思想家们对道德教育的论述深度上不一致,但是我们可以看出,他们对道德教育都予以了充分的重视,这与当时的历史发展和社会环境等因素有一定关系,而且这一点在以后历代教育中都被继承和保留了下来,这对于规范社会的伦理道德准则,规范和约束人们的言行,起到了一定的作用,从而也保证了社会稳定、有序地向前发展。

二、关于道德教育内容的论述

道德教育内容是实现道德教育目的的具体体现。不同教育家在道德教育目的上存在着一定的差异,从而也导致了他们在道德教育内容上的不同。因此,在古代外国教育思想中,道德教育内容可谓是丰富多彩、纷繁复杂。

在古代东方国家中,道德教育的内容主要是教导学生尊奉日神和月神在人间的代表——"法老",敬官和孝亲也是学校道德教育的主要内容。如古印度的佛教教育中的道德品格教育主要是寺院通过对衣食住行、学习、修行等方面订立种种清规戒律,来塑造学生的道德品格和言行举止。例如僧徒对教师要毕恭毕敬,老师起身行走、睡觉以及日常小事,都由学生侍奉,以培养学生敬师的习惯品质。

普罗泰戈拉认为,政治中最主要的是廉耻和公正,这种品德不仅国家的统治者要有,一般公民也都要有,否则,"国家就不能存在"。没有道德,既不讲廉耻又无正义的人组成的国家是不会长久的,因而,凡是违背廉耻和正义的人,就要受到社会的谴责,甚至要受到国家的惩罚。苏格拉底对于什么是道德提出了与智者不同的观点。在他看来,道德是政治性的,至高至大的美德就是政治美德,苏格拉底把这种美德看作是管理城邦事务的艺术。他在论述什么是美德的问题时,强调不论美德有多少种,而且也不论它们如何不同,"它们都有一种使它们成为美德的共同本性;而要回答什么是美德这一问题的人,最好是着眼于这个共同本性"。① 苏格拉底在道德问题上提出了"知识即道德"的观点,他认为,智慧就是美德,智慧就是最大的善,所以教人道德,也就是教人智慧,知识即道德或智慧即道德的命题反映了苏格拉底的伦理思想的特色,"它把古代希腊伦理学与后世基督教伦理学严格区别开来"。②

柏拉图继承了苏格拉底的道德教育思想,因他的教育目的是培养"哲学王",所以他在道德教育问题上主要侧重于统治者。他认为,智慧、勇敢、节制、正义是一切民族中最重要和最基本的品德。作为一个统治者,首先是应当具备智慧的美德,这是最高的品德,在这点上,柏拉图吸收了苏格拉底"知识即美德"的思想。另外,柏拉图还认为,统治者还应具备节制的美德,而被统治者也应具备这种品德,他说:"节制就是天性优秀和生性低劣的东西在哪个应当统治,哪个应当被统治——不管是在国家里面或者是在个人方面——这个问题上所表现出来的这种一致性和协调。"③柏拉图还认为,统治者还应具备"正义"的美德,他说,当各个等级的人都能忠实履行自己的义务,完成自己所处地位所要求的职责时,社会就实现了正义,正义在社会美

① 北京大学哲学系主编.《古希腊罗马哲学》.商务印书馆,1982.153 页。
② 赵祥麟主编.《外国教育家评传》(一).上海教育出版社,1992.53 页。
③ 北京大学哲学系主编.《古希腊罗马哲学》.商务印书馆,1982. 227 页。

学中的具体表现就是等级分工的完善,对于统治者而言,正义就是认识自己的天职,按照善的要求去行动,从而引导国家达到善。

亚里士多德在道德内容上一方面继承了其老师的观点,另一方面又表现其自己的特点,在道德教育方面不只是侧重统治者方面,同时还把道德教育拓展到一般的公民。他认为,统治者及一般的公民除应具备各种基本道德以外,还应具备一种基本的德性——中道,所谓中道就是把握具体情况,正确处理情感和行为的一种态度的方法,即"只有在适当的时间和机会,对于适当的人和对象,持适当的态度去处理,才是中道,亦即最好的中道。"①

古罗马的西塞罗在道德教育问题上论及较少。他在道德教育的内容上提倡奴隶主之间要讲究人道,要有同情心、仁爱、谦和与礼让,这些都是重要的品德。昆体良在道德教育中,主张把道德原理作为学校的主要课程,道德这门课程的学习,使学生获得正义、善良、节制、刚毅、机智等品质,成为一个有德行的人,而在这些德行当中,昆体良又特别重视善良本性的养成,他说:"除非他是一个善良的人,否则,他就决不可能成为雄辩家。"所谓善良的人,首先应该是有识别能力的和明智的人。所谓识别能力,首先是指识别善与恶的能力。所谓明智是指按法律和正义而行动。一个恶人,不论他是如何勤奋有能力,他是不可能成为一个完善的雄辩家的。②

到了中世纪,道德教育的内容完全取决于服从上帝这样一个道德教育目的,如古代基督教圣经学家杰罗姆在论及道德教育内容时认为,培养简单、朴素等品质应作为道德教育的中心,通过这些品质的培养,使人克服人类的妄自尊大,高傲的恶劣习性,从而为培养对神的虔诚打下良好的基础,奥古斯丁所规定的道德教育内容与杰罗姆很接近,只不过比杰罗姆的道德教育内容更加丰富。奥古斯丁主张通过严格的道德教育,使学生养成《圣经·马太福音》所列的"真福八端",即虚心、哀悼、温柔、饥渴慕义、怜恤、清心、和睦、为义。此外,学生还应当具备宽容、谦虚、热爱真理、正义、爱人、严谨、服从等品质,通过这些方面的培养教育,使人能够用理智节制欲望,使情感服从理智,专注心灵的培养。另一方面,通过这些道德教育,有助于造成一个善的倾向。阿奎拉在论述个人所具备的各种道德品质中,他认为,服从上帝,尊敬父母,为国家利益放弃个人利益等等,都是非常重要的,道德教育应当努力发展这些品质,使人成为上帝虔诚的信徒和国家良好的公民。

---

① 周辅成编.《西方伦理学名著专集》(上).商务印书馆,1964.297 页。
② 戴本博主编.《外国教育史》(上).人民教育出版社,1989.173 页。

从古代不同时期教育家对道德教育内容的论述中,我们可以看出,外国教育家所提出的道德教育内容具有明显的阶级性,是为了维护统治者的统治。但是,我们还应看到,许多道德教育内容又具有广泛的社会性,反映了一定社会的经济发展阶段和一定历史条件下人类社会的共同生活准则,也吸收了一定民族道德的传统。因此,古代道德教育的内容具有二重性,一部分道德教育内容是为统治者利益服务的,另一部分道德教育内容却是符合人民要求的。属于前者的如:中世纪提倡的服从、谦卑、节制等。属于后者的有:公正、智慧、勇敢、和睦、宽容、谦虚、正义等。当然,古代教育思想家提出的这些道德教育内容主要是为当时统治阶段服务的,但是其中的许多道德内容经过修改、分析、批判和改造,也可以成为现代的美德。

三、关于道德教育的原则与方法

在外国古代的教育中,许多教育思想家都把道德教育放在最高的核心地位,前面所提到的关于教学的主要原则和方法,基本上也是作为道德教育的原则和方法,当然,也有许多教育家专门就道德教育这一点,更直接地涉及了道德教育的原则和方法。

1. 重视实践与行为训练

外国古代许多教育思想家认为道德教育是成于内而形于外的,道德修养的高低主要是通过行动来实现,也只有按照道德准则和规范来身体力行,才能不断提高道德修养水平。

德谟克利特最早提出了道德教育要遵循知行统一的原则。他认为,道德观点起源于人的本性和人追求利益和快乐的愿望,判断道德的标准不是宗教信条和抽象的哲学原理,而是人们的行为对个人与社会带来的后果。因此,他反对空谈道德,强调道德行为的培养和练习,强调言行一致,表里如一。他说:"应该热心地照道德行事,而不要空谈道德……一切都靠一张嘴来做而丝毫不实干的人,是虚伪的和假仁假义的。"[1]只有"在一个人也看不见时和在大家都看见时一样不做坏事"[2],才算得上是言行一致,表里如一。德谟克利特这种唯物主义道德观在当时起到了很大的作用,并且成为唯物主义伦理学说的基础。

---

① 北京大学哲学系外国哲学史教研室编译.《古希腊罗马哲学》.三联书店,1957.108 页、110 页。

② 同上.121 页。

苏格拉底主张知识即道德,但他并没有使道德仅仅停留在知识上,他在伦理学上的另一个特点就是注重行,即实践道德。他把自制作为实践道德之路。他认为,既然道德行为是基于正确的认识,这就要求人们以明智的认识约束自己的行为,抑制自己的欲望。苏格拉底指出,对一个人来说,口才流利,办事能力和心思巧妙都是次要的,首先在实践中必须要自制,一个不能自制的人就不能忍饥耐渴,克制情欲,忍受瞌睡,不能自制的人恰恰阻碍了人们对于这种值得称道的最必要的最经常的乐趣的享受。[①] 由此可见,苏格拉底提倡的在道德实践中的节制,既不同于中国宋代理学家所倡导的"灭人欲",又不同于基督教所主张的摧残人性的禁欲主义。苏格拉底只是要求将情欲控制在最必要的合理的限度以内,以智慧规范行为,以理智克制情欲。

亚里士多德十分强调对儿童进行训练来培养道德品质的道德教育方法。他认为德性有两种:理智的和道德的。理智的德性是由于训练而产生和增长的,道德的德性乃是习惯的结果,而习惯又是从日常训练中培养出来的。他说:"我们由于从事建筑而变成建筑师,由于奏竖琴而变成竖琴演奏者。同样,由于实行公正,而变为公正的人,由于实行节制和勇敢而变为节制、勇敢的人。"[②]这就是说,要通过行善来培养善的行为,养成善的习惯,否则单凭口头说教是不中用的。从教育方法来说,这个见解是很正确的,可以说,亚里士多德的这一思想是对苏格拉底和柏拉图的"道德即知识"思想的修正,他所主张的是在道德教育中必须坚持"知"和"行"的统一。

2. 注重说服与榜样示范

在道德教育方法上,德谟克利特反对斯巴达教育中那种残酷压制和强制训练的办法,他主张通过说服鼓励的办法进行教育。他说:"用鼓励和说服的语言来造成一个人的道德,显然比用法律和约束更能成功。……说服而被引上尽义务道路的人,似乎不论私下或公开都不会做什么坏事。"[③]在他看来,只有通过说服,使学生了解到哪些该做,哪些不该做,并知其所以然,才能形成良好的道德品质和行为。

智者派也认为,道德品质可以通过说服教育而获得,儿童从很早的时候起,从幼小的时候起,就应该从父母和师长那里受到这方面的教养和规劝。

---

① 赵祥麟主编.《外国教育家评传》(一).上海教育出版社,1992.55 页。
② 周辅成主编.《西方伦理学名著选辑》(上).商务印书馆,1964.292 页。
③ 北京大学哲学系外国哲学史教研室编译.《古希腊罗马哲学》.三联书店,1957.114 页。

只有受到关于道德和善的教导和教育，才能习惯于做正当的事情，有助于养成遵守一种规则行事的习惯。

苏格拉底不仅重视道德教育的"言传"，更重视道德教育的"身教"。色诺芬认为苏格拉底在自制、守法和一切道德问题上都是崇高的榜样。色诺芬说："我知道苏格拉底是以自己的光荣人格和高尚品质做那些与他交游之人的榜样的，他还就德行和与人类有关的其他题目进行了可钦可佩的演讲。"①而且在实际教育中，苏格拉底在道德实践中所表现的自制为他的学说作出了很好的榜样。色诺芬说，苏格拉底的实际行动比他的言论更好地表现了他是一个能自制的人，"苏格拉底不仅是一个最能严格控制他的激情和嗜欲的人，而且也是一个最能经得起冷、热和各种艰苦劳动的人；此外，他还是一个非常惯于勤俭生活的人，尽管他所有的很微薄，但他却很容易地使自己应付裕如"②。苏格拉底用自身良好的道德行为有力地为他所倡导的道德教育原则作出了表率。

亚里士多德也主张利用教育对公民进行守法道德教育，这是亚里士多德道德教育思想的一个特色。他明确提出，立法者"必须保证他的公民们终于个个都要成为善人，并应该熟筹应采取怎样的措置（教育）而后可以取得这样的成绩"③。

古罗马昆体良尤其重视在幼儿道德教育中的言传身教作用。他认为，幼儿教育是在家庭中进行的，父母、保姆以及教师都是儿童的教育者，为了培养幼儿良好的习惯和道德品质，昆体良特别强调保姆必须是一个具有良好品德的人，因为他的一言一行都会对幼儿产生很大的影响。"如同新器皿一经染上气味，其味经久不变；纯白的羊毛一经染上颜色，其色久不能改。"④后来普鲁塔克在道德教育方法观点上，也继承和发展了昆体良这一思想。

普鲁塔克认为，仆人、教师、教仆以及父母等人的榜样对儿童有着重要的教育作用。据此，他提出，当孩子长大后，父亲为其选择一个好的教师是非常重要的。这位教师"必须是在生活上无可指责的，行为上不应受到非难的，并且应具有最好的教学经验。因为诚实与美德的泉源与根蒂在于受到好的教育"⑤。普鲁塔克还特别强调父亲在言行方面为其儿子所作出的榜

① 色诺芬.《回忆苏格拉底》.吴永泉译.商务印书馆,1986.9～10页。
② 同上.6～7页。
③ 亚里士多德.《政治学》.吴寿彭译.商务印书馆,1983.387页。
④ 《昆体良教育论著选》.任钟印译.人民教育出版社,1989.11页。
⑤ 同上.245页。

样。他说:"父亲们所应关注的最主要的事情是,他们本身应成为孩子们的有效榜样,只做一切应当做的事,避免邪恶的习惯。"①另外,普鲁塔克还提出应当防止儿童与坏人为伍,特别是不要与献媚者为伍,以免受其不良影响,提出家长与教师引导学生正确择友是十分重要的。

中世纪奥古斯丁在论及道德教育方法时,虽然主张采用禁欲的方式,但同时对言传身教这一原则也表示肯定。他认为,道德教育中,应该用教育去激发学生的内心活动,"因为用讲话去启发学生以后,学生便迅速地记在心中了"。奥古斯丁把精神至上作为青年教育的目标,认为有些青年在道德上堕落的原因除了缺乏正义以外,还在于他们与品行不端正的人混在一起而受到诱惑,在此,他又突出了道德教育中要注重"身教"的影响。

古代教育家在道德教育中所强调的言传身教这一原则方法,的确在道德教育中发挥出积极的作用,在至今,仍然是道德教育重要的原则方法。当然,在外国古代教育家关于这一原则的论述中,具有明显的局限性。

3. 以教学促进道德发展

以教学促进人的道德发展是西方古代教育家进行道德教育的一个显著的特点,许多古代教育家都主张,应通过不同的教育方式来促进道德认识和品德修养的提高,在此仅举几例作说明。

其中最具有代表性的就是苏格拉底,他首次提出了"美德就是知识"的命题,认为智慧就是最大的善,正义和其他一切德性都是智慧,智慧的人只是做美而好的事情,愚昧的人则不可能做美而好的事情。从此命题出发,苏格拉底认为,如果要发展人的道德,那就应该通过传授知识的方法来加强人的道德修养。当然,苏格拉底把知识和道德完全等同起来是不对的,但是他认为美德不能没有知识,这是很有道理的,这一点值得借鉴。

柏拉图继承其老师的思想,主张通过各种教学来促进学生道德的发展,他要求统治者对音乐、体育学科给予充分的重视,认为它们在一个人的全部教育中占主要地位。柏拉图认为通过严格的体育操练、军事训练和军事观战,可以培养勇敢高尚的品行和优秀强健的身体。另外,简朴、纯正的音乐可以培养优秀和谐的品行,陶冶和纯化心灵。节奏、韵律能使人举止有节,仪表优美,激发勇敢自制的生活情趣,受到好的音乐训练的人,其节奏及和声最能深入人心,留下深刻的印象,带来美好的一切。柏拉图规定,在以学习哲学、辩证法为主要任务的教育阶段,应继续学习算术、几何学、天文学和

---

　　① 《昆体良教育论著选》.任钟印译.人民教育出版社,1989.260 页。

音乐理论四门学科。他认为，这一阶段对这四门学科的学习可以为学好哲学至理，把握宇宙本质，为沉思、思考和接近永恒存在的善理念服务。而学习算术这门学科主要是为了激发思维，唤起思考能力，"用自己的纯粹理性看到了数的本质"……从而引导心灵面向本质，面向善理念。[①] 而对几何这门学科深入研究，则"能帮助人们较为容易地把握善的理念……迫使灵魂转向真实，迫使灵魂看到实在"[②]。此后，亚里士多德等人也提出了类似的观点。应该说，外国古代教育思想家们提出的以教学来培养道德品质的见解是非常独特的，而且也有其合理的理论依据，这一德育方法是值得我们认真研究和吸收的。

另外，在中世纪时，有一些教育家还提出了禁欲的道德教育方法。如杰罗姆在道德教育方法上就极力主张实施禁欲，以控制乃至消除身体的各种欲望，来培养各种优秀的道德品质。奥古斯丁则从性恶论的角度出发，认为人性本恶，只有信仰上帝。消除各种邪恶的欲望，才能从恶性中解脱出来，最后上升到神的理想境界。但是后来，阿奎拉在禁欲问题上提出了不同于其他基督教神学家的见解。他在道德教育方法上，非但不提倡禁欲主义，反而肯定了人的自然欲望的合理性，并认为这些欲望的合理满足是合乎自然要求的，是教育工作的重要前提。因此，虽然同为基督教神学家，阿奎拉的思想显然较奥古斯丁的见解更为人道和进步。

当然，除了上述各种道德教育方法和原则外，还有其他许多的道德教育方法，如利用游戏、奖励等方法来发展儿童的道德等。

第四节　关于体育及音乐教育问题的论述

人们对于体育和音乐教育的认识，是随着体育与音乐教育实践活动的产生和发展而逐渐深化的。外国古代对于体育和音乐教育的作用意义以及内容方式等问题，有着独到的见解，对于后来体育与音乐教育的发展起到了很重要的影响，对于今天仍然有许多值得借鉴的地方。

一、体育

1. 对体育的作用及意义的认识

斯巴达国家的教育目的和任务就是把奴隶主子弟培养、训练成为体格

---

① 赵祥麟主编.《外国教育家评传》(一).上海教育出版社，1992.99 页。
② 柏拉图.《理想国》.郭斌和，张竹明译.商务印书馆，1986.290 页。

强壮、受过严酷的军事体育锻炼的武士,以维护奴隶主阶级对奴隶及平民的统治。同时也是为了参加对外掠夺战争和防御战争,其教育的性质是单纯的军事体育教育,后来的不同时期也十分注重体育的发展。由于教育目的和任务的影响和制约,古希腊的教育家对体育的重视程度上升到十分重要的地位。

苏格拉底认为,因为人们所做的一切事情都是需要用身体的,所以尽可能要使身体保持最良好的状态,至于在战争中,身体健康就更重要了。苏格拉底说,雅典人随时可能与敌人进行生死存亡的斗争,身体虚弱的人就可能丧生或被俘而成为奴隶,或可耻地偷生。即使在思维活动中,健康的身体也是必要的,许多人"由于身体不好,健忘、忧郁、易怒,就会影响他的神智,以致他们把已获得的知识全部丧失净尽"①。苏格拉底从国家、个人的不同角度论述了体育的重要作用,其论述针对当时的情况,是十分全面和合理的。柏拉图在论述体育意义和作用时,强调"用体操来训练身体"②。他认为,通过严格的体育操练、军事训练和军事观战,可以培养优美强健的身体,并能培养勇敢高尚的品德。后来,亚里士多德又指出,对儿童进行体育训练的目的是使他们的身体强壮并且具有勇敢的精神,因为健康的身体是城邦的公民开展政治活动,参加战争的基本条件。因此,亚里士多德提出对儿童的教育"首先应训练其身体"③。

到了古罗马时期,人们对体育的重视程度已不如古希腊时期,而主要是把体育作为发展个人素质的一个部分,西塞罗和昆体良在这方面都很少涉及,只是在古代罗马帝国初期的教育家普鲁塔克的思想中提出了体育的重要性。普鲁塔克认为,儿童必须重视身体的锻炼,因为儿童进行体育锻炼,有助于增强他们的体力。中世纪,由于神学控制整个教育系统,把培养虔诚的基督教徒作为教育目的,所以体育在这种教育背景下更加没有达到先前的重视程度,甚至把人的肉体视作"灵魂的监狱",反对和藐视体格的锻炼。

2. 关于体育的内容、方式及要求

外国古代的体育,特别是在古希腊时期,不论是方式还是内容,都是极为丰富多彩的,这里我们以柏拉图和亚里士多德的思想为例来加以说明。

柏拉图认为,学生在 14 岁左右就可以进入体育学校,接受 3 年的体育

---

① 赵祥麟主编.《外国教育家评传》(一).上海教育出版社,1992.62 页。
② 柏拉图.《理想国》.郭斌和、张竹明译.商务印书馆,1986.70 页。
③ 亚里士多德.《政治学》.吴寿彭译.商务印书馆,1983.413 页。

训练。柏拉图还就体育训练提了具体的要求。第一,守卫者不能酗酒;其次,运动员的习惯不同于军人,他们过多的睡眠以及他们的饮食习惯,使他们生活一旦稍有改变就要生病;第三,未来军人要能吃苦耐劳,行军时能经受得住风霜之苦和饮食的改变,他们应如守夜的犬一样,视听敏捷;第四,体育和音乐一样,都应是简单而朴素的,简朴的生活有益于健康;最后,体育不应像运动员那样为了增加膂力,而是为了振作其忠于国家,忠于职守的勇敢爱国的精神。而且,在 3 年的体育训练中,不可使他们再接受其他的学习。[①]更值得一提的是,柏拉图认为女子应和男子一样接受体育教育,要培养女子勇于作战的能力。在体育的内容上,柏拉图也主张采取不同的运动形式。

亚里士多德在谈到体育训练的内容时,特别注意对儿童进行体操练习,他认为,"对于儿童们,这些操练应该是一种比较柔和的。避免粗劣的膳食和痛苦的劳作,庶使身体的生长不受损害"[②]。在体育的方法上,亚里士多德对有些城邦为了使儿童养成一种体育竞技习惯而损害儿童的身体和阻碍他们的生长提出了批评,竞技教师只能教给儿童轻巧的武艺,如弓箭、弹丸之类。而且,他要求在体育训练中要选择合理的方法,养成儿童进行体育锻炼的习惯并培养各种技能,并根据儿童的不同体质因材施教。他特别提出,对儿童的训练不宜过度,一定要与他们的身体相适应,这是因为"过度和不足的训练会毁坏体力"。

纵观外国古代体育思想史,外国古代在希腊时期,体育占据了重要的地位,对当时人们增强体质和增强国家的防御能力起到了很大的作用。

二、音乐教育

1. 对音乐教育作用及意义的认识

早在古希腊时期的智者派就已充分重视音乐教育,他们教别人学习"音量""音律"以及"三步音""四步音"的诗行,认为音律能使人在交际场中显得很风雅,还能够使人知道什么是战舞节奏,什么是长短节奏等。智者派进行的这些音乐教育主要是为其培养雄辩家这个教育目的服务的。

柏拉图在和谐教育思想中对音乐教育予以了高度的重视。柏拉图说,音乐教育比起其他教育要重要的多,其原因是"一个儿童从小受到了好的教

---

① 戴本博主编.《外国教育史》(上).人民教育出版社,1989.120~121 页。

② 华东师大教育系,杭州大学教育系合编.《西方古代教育论著选》.人民教育出版社,1985.111页。

育,节奏与和谐浸入了他的心灵深处,在那里牢牢地生了根,他就会变得温文有礼;如果受了坏的教育,结果就会相反"①。再者,一个受过适当教育的儿童,对于人工制品或自然物的缺点也最敏感,因而对丑恶的东西会非常反感,对优美的东西会非常赞赏,感受其鼓舞,并从中吸取营养,使自己的心灵成长得既美又善。总之,人们只有受到合适的音乐教育,就可以使其心灵受到陶冶,性情得到调和。旋律和曲调的和谐、庄严和优美,能使卫国者精神和谐,举止有节,仪态优美。反之,如果音乐教育不合适,则违反法律的性情,习惯就可浸润渐渍地影响人的品质和行为,影响人们之间的关系,甚至扰乱法律,直至颠覆公共生活的全部机构。

亚里士多德继承了其老师柏拉图的和谐教育思想,在重视德、智、体发展的同时,也强调了美育音乐的发展。他认为音乐具有三种功能:娱乐、陶冶性情以及涵养理智。音乐使人解除疲乏,人在紧张的工作以后,听到悦耳的音乐就能使人的精神顿觉舒适,紧张的身心得以松弛,从而心情愉快。音乐的娱乐作用不仅表现在祛除疲乏上,而且还体现在修炼心智上。他认为,因为沉思本身就是愉快的,而音乐可以促进这种高尚的愉快之感,音乐可以陶冶性情,故它可以改变人的性格,因为音乐的曲调和节奏直接反映了性格的真相,如愤怒与和顺的形象,勇毅与节制的形象,正义与坚韧的形象,以及一切与此相反的形象,等等,当这些表现形象的音乐进入我们的听觉时,就能激荡我们的灵魂,并使它发生变化。此外,乐调所表现的内容不同,性质不同,也会激起人们的不同感受。此外,柏拉图还论述了音乐对各年龄阶段的学生的重要意义。他认为,少年阶段学习音乐有助于体格的锻炼,有助于学业的成就,也有助于将来事业的发展和军事义务的完成;幼年阶段学得一定的音乐方面的知识,就可以"鉴别音乐的美","并从中感受到美";青年人学会和掌握音乐,便能感受和欣赏高尚的曲调和旋律。因此,不论是幼年、少年还是青年,音乐对他们都具有十分重要的作用。

从柏拉图和亚里士多德的音乐教育思想中,我们可以发现,他们对音乐教育的重要性的论述是十分细致和全面的,甚至有点夸张的程度,但是他们这种音乐教育作为教育一个重要组成部分的思想是值得肯定的,即使在中世纪,音乐也具有一定的地位。

奥古斯丁主张把音乐作为教育的一个重要内容,他还亲自编写了教材。但是,他又认为,音乐教育应有所节制,因为再好的音乐仍然是感性的东西,

---

① 柏拉图.《理想国》.郭斌和,张竹明译.商务印书馆,1986.108 页。

不应超越理性,即使是那些配上神圣歌词的曲词,虽然能燃起对上帝忠诚的火焰,但由此产生的快感也应节制,不应为之神魂颠倒。在这里,奥古斯丁仍然是从禁欲的角度出发来论述音乐教育的。

2. 对音乐教育内容及方法要求的探讨

在智者派的音乐教育中,其内容非常简单,主要是学习"音量""音律"以及"三步音""四步音"诗行。但是,柏拉图大大丰富了音乐教育的内容,在柏拉图的音乐教育观念中,除了现在所能理解的音乐外,还包括诗歌、文学等。柏拉图为了培养理想的卫国者,他主张要严格选择诗歌、音乐的内容,对音乐的要求作了严格的规定。他认为,理想的乐调应能表现勇敢精神,使人在战争中,在一切危险场合,都不折不挠地继续奋斗下去。它也应表现和平环境中人们团结一致,对一切事业都能谨慎从事,成功不骄矜,失败也处之泰然的风格。总之,这些乐调应是:一种表现勇敢,一种表现聪慧。[①]

亚里士多德也对如何进行音乐教育提出了自己的主张,它认为儿童学习音乐,不仅要使他们成为评判者,而且要使他们成为演奏者,只有这样,他们才能鉴别音乐的美,并能感受乐趣。但是,他又认为,青年学习音乐应有一定的限度,不应进入职业家竞赛的范围,因为,以音乐为职业者所用的乐器和以追求职业为目的的音乐,不是自由人份内的事,而是演奏者赚钱的手段。另外,在音乐内容上,他把文学、咏唱、欣赏都归于音乐教育范围之内,同时为了考虑旋律和韵调及其在教育上的作用,他还把曲调分为伦理的曲调、动作的曲调和激情的曲调三种。在学生的音乐教育中,每一种曲调都要使用。亚里士多德还坚持其伦理学中的中庸原则,特别重视道瑞斯曲调,因为这种曲调介于其他音调之间而居中庸。

第五节 关于教师和师生关系问题的论述

外国古代教育家绝大多数都是直接从事教育和教学工作的,对教师的甘苦深有体会,对教师的地位、作用、条件和要求都有明确的认识,对如何处理师生关系也有独特的见解。因此,他们关于教师及师生关系的论述比较深刻,这方面的典型代表是古罗马教育家昆体良。

---

① 戴本博主编.《外国教育史》(上).人民教育出版社,1989.119～120 页。

一、关于教师地位与作用

在外国古代教育史上，人们十分重视教育的作用，教师的地位和作用也被重视起来。但是，许多教育思想家对教师作用的具体论述却相对较少，不过我们可以从他们关于教育作用的论述中看出，古代教育思想家对教师的工作还是给予了较高的评价。

古代希伯来的犹太人向来就对教师怀有崇高的敬意，尤其是对小学教师。在犹太人的心目中，教师是一种神圣的职业，他们经常向年轻人提出"要像尊重上帝那样尊重教师"的忠告。他们还说，假如父母和教师都需要帮助或都在监狱中，那么首先应该得到帮助的是教师，教师应首先得到释放。教师是儿童精神上的父亲，地位远比亲生父亲高得多。因此，在古代希伯来，教师享有很高的地位，正是这种尊师重教的良好风气影响到后来人们对教师这一工作的崇高的评价。昆体良就十分重视教育的作用，他认为，要做好教育、教学工作，要培养完美的雄辩家，教师是至关重要的。因此，许多教育思想家在论述教师作用的同时，也对教师的素质提出了很高的要求。

二、关于教师的条件和修养

教师担负着培养学生道德品质，传授文化知识，培养下一代的繁重任务，教师的工作关系到国家的兴衰和民族的发展。因此，必须对教师提出严格的标准和要求。在外国古代教育家的教育思想中，许多人都十分重视教师的条件和修养，并作了具体详尽的论述。

他们在论述教师的条件和修养时，从不同的角度涉及了这个问题。归纳起来，对教师的条件和修养的要求主要体现在师德、知识水平以及教育教学能力与方法三个方面。

第一，教师应具有高尚的师德。

古希腊时代，雅典著名的教师和演说词的撰写人伊索克拉底对智者派中一部分教师以辩论术来骗取钱财的行为，十分反感，他在《反智者派论》中对教师素质提出了自己的见解，"如果所有以从事教育为专业的人都根据事实说话，而不是作出他们所不能实行的诺言，他们在民族中就不会有这么坏的名声。……对那些致力于争辩的教师，谁不厌恶和轻视呢？因为他们装着探求真理，而他们一开始其专业时就企图以谎言欺骗我们。……这些教师竟如此肆无忌惮，他们指望要青年人相信，他们只要跟这些教师们学习，就能知道生活中怎样行事，并借助于此种知识而变得幸福，前程远大。"在这里,伊索克拉底对教师华而不实的职业态度提出了批评,他的观点在当时对端正人们对教师的认识以及教师的自我认识起了很重要的作用。后来,苏格拉底在教师素质和条件方面也提出,教师要经常表现出"谦逊以及勇于探求真理的风范"。他经常对人说,对于许多事,他是无知的,他尽量要别人承认,自己以为知道的事情其实并不知道,他提出的著名的座右铭就是"要认识你自己",这正好与伊索克拉底描述的智者派教师品德形成鲜明的对比。

古罗马昆体良对教师品德修养还进一步作了具体的要求,他提出,教师应当是才德俱优、即言即行的人。教师的道德面貌对学生的影响很大,教师自身所具有的高尚的师德能防止学生的行为流于放荡。相反,教师的行为失检,就会对学生产生有害的影响。因此,一个教师首先应当是道德高尚、行为端正的人。

第二,教师应具有广博的知识。

在外国古代的教学中,规定了丰富的教学内容。同时,许多教育家提出的培养雄辩家的一个重要要求就是要使他们具有广博的知识,而这些广博的知识传播的前提条件就是要求教师自身要有广博的知识作为基础。古希腊时期曾做过教师的亚里士多德,就通晓哲学、政治学、逻辑学、伦理学、美学等数门学科的知识。昆体良认为,教师应当具有广博的知识,应当是公认有学问的人,只有这样的教师,才能真正履行教师的职责,培养出完美的雄辩家。

第三,教师应具有良好的教育教学能力和方法。

仅具有高尚的师德和广博的知识是不够的。如果要把知识顺利地传授给学生,还需要教师具有良好的教育教学能力和恰当的教育教学方法。

昆体良认为,教师既应熟悉所教学科的内容,又要能熟练地运用教学方法,只有深刻理解所教学科的内容,教师的教学才可能有效。也只有运用良好的教学方法,教师才能使教学内容更好地被学生接受。他特别指出:"他的教学应当简明扼要……特别是教师的声音,如果学生受到正确的教育,学生是既爱听、又尊敬的。"[1]他又说:"最有学问的人的教学往往比别人的教学更加易懂,更加明白。……愈是无能的人愈是自我吹嘘,抬高自己,就像矮子踮起脚跟充长子,弱者虚张声势充强者。"[2]在这当中,他又提出了教师应当深入了解学生的心理特征、个性、才能和倾向,更有针对性地组织教学。

---

① 《昆体良教育论著选》.任钟印译.人民教育出版社,1989.68 页。
② 同上.71 页。

为此,教师应当经常深入地观察学生的言语、行为和活动,也只有这样,教师才能做到因材施教,找出恰当的教育教学方法。

中世纪奥古斯丁和阿奎拉也都对教师在教学能力和方法上,提出了一些要求,这些在前面的教学问题中已经提及,不再一一列举。

三、关于师生关系的论述

建立良好的师生关系是做好教育工作的重要条件,也是提高教学效果的重要措施。在外国古代教育思想家关于师生关系的论述中,大多数教育家都主张建立和谐融洽的师生关系,从而也形成了外国古代教育史上的一个优良传统。

早在古印度时期的教育活动中,建立融洽和谐的师生关系就受到重视。学生入学时,手握柴薪一束,拜其师,叩请为弟子,一被接纳,便成为"古儒"家的一员,关系如同父子,学生对老师必须无微不至地侍奉和无条件地服从。但是,学生如果师礼不周或学习不诚,就有被开除的可能,甚至在学生有了过失后,教师可能对他们进行拳打、威胁甚至投入水中。学生对教师的侍奉、照顾,教师对学生的关心和义务,都有明确的规定。另外,在古印度的佛教教育活动中,师生的关系也非常融洽,教师要全身心地教育学生,不仅要传授经义,而且要照顾学生的衣食住行。学生对教师也是毕恭毕敬,教师起身行走、睡觉以及日常小事,都由学生侍奉。古印度时期虽然没有在理论上专门论述师生关系,但是,尊师爱生的风尚对后世教师以及教育思想家们产生了很大的影响。

古希腊苏格拉底在师生关系问题上,主张建立平等和谐的师生关系,苏格拉底以自身的教育实践为后世树立了良好的师生关系的榜样。苏格拉底经常在广场、街上、作坊等场所向人们传播知识,"以其丰富的知识毫不吝啬地向所有人施教"[①],而且,从不收酬金。在教学过程中,苏格拉底通过谈话法进行教学,他与学生在轻松自然的状态下进行自由对话,完全没有等级尊卑之分,正是由于这种和谐自然的师生关系,使他的教学法取得了很大的成功,有效地提高了其教学效果。

后来,亚里士多德继承前人的观点,在师生关系的问题上,又提出了新的师生观。他认为,学生对教师的尊敬是必要的,但这不是对导师一味言听计从,唯唯诺诺,而是在继承的基础上敢于思考,坚持真理,勇于挑战。他那

---

　　① 色诺芬.《回忆苏格拉底》.吴永泉译.商务印书馆,1986.20 页。

"吾爱吾师,但我更爱真理"的品格,鼓舞着他把柏拉图建立起来的教学理论推进了一个更高的水平,他所倡导的这种新型的师生关系在当时社会背景下的确是十分伟大和难能可贵的,为古代教育思想史中的师生关系方面增添了新的内容,赋予了新的含义。

古罗马昆体良在师生关系方面也提出了卓有见解的观点,进一步丰富了师生关系思想的内容,并提出了更多更高的要求。他认为,"最要紧的是,教师要以慈父的态度对待学生,他应当想到,孩子父亲把孩子托付给他,他就是处于代行父亲职责的地位。他既不应自己有恶习,也不应容忍学生有恶习。他应当严峻而不冷酷,和蔼而不纵容,否则,冷酷会引起厌恶,纵容会招致轻视。……他不应当发脾气,但又不应当对应该纠正的错误视而不见。"①在教育中,昆体良强烈反对教师对学生使用体罚,他认为体罚的方式会使儿童心情压抑、沮丧、消沉,加大师生之间的距离,不利于教学工作的进行。另外,昆体良还提出了师生应保持一致的见解,昆体良强调说:"因为教师的职责是教,所以学生的职责就是要表现出他们是可教的。否则,这种职责如果缺少了一个方面,另一个方面就是无用的。……如果没有传递者和接受者之间协调一致的合作,雄辩术是不能达到完满成熟的境界的。"②应该说,这一观点在以前的教育家中很少谈到,具有一定的合理性和科学性,甚至还包含了辩证法的思想。

总之,尊师爱生是古代教育活动中师生关系的主旋律,是外国古代教育史上一个优良的传统。当然,在师生关系上,也有些教育家主张师生关系应是等级尊卑的关系,如学生对教师应是无条件地服从,教师可以对学生任意处罚,这一点与当时的社会背景和社会环境有相当大的关系,尤其在中世纪的神学教育中,神职人员在学校中,要求学生绝对服从,盛行严酷的棍棒教育,动辄鞭笞学生,甚至对学生施以监禁、绝食等惩罚。以史为鉴,通过我们对古代师生关系的研究,我们要从古代教育家关于师生关系的论述中得到启发,吸取积极合理的因素,建立起更好的新型师生关系。

┌─────────┐
│ 思考题 │
└─────────┘

1. 中国古代教育家与外国古代教育家关于教育目的的论述有何异同?

---

① 《昆体良教育论著选》.任钟印译.人民教育出版社,1989.67~68 页。

② 同上.92~93 页。

2. 你认为外国古代哪些教学原则与方法仍适用于现代教学？

3. 外国古代教育家如何从人性的角度论述道德教育的重要性？

4. 阐述外国古代教育家在艺术教育和体育教育方面的主要观点。

5. 结合中外古代有关师生关系的教育思想,阐述如何建立现代新型师生关系。

推荐阅读书目

1. 华东师大教育系,杭州大学教育系合编.《西方古代教育论著选》. 北京:人民教育出版社,1985

2. [古罗马]昆体良著,任钟印选译.《雄辩术原理》. 武汉:华中师范大学出版社,2003

3. [古罗马]奥古斯丁著,周士良译.《忏悔录》. 北京:商务印书馆,1982

4. 吴元训编.《中世纪教育文选》. 北京:人民教育出版社,2006

5. 曹孚等编.《外国古代教育史》. 北京:人民教育出版社,1981

6. [美]E.P.克伯雷选编,华中师范大学等译.《外国教育史料》. 武汉:华中师范大学出版社,1990

第七章　中国近代的教育思想

从 1840 年鸦片战争爆发,到 1949 年中华人民共和国成立,中国教育学经历了从创立、发展到初具规模的三个时期,中西教育思想也在这一时期得以会通与融合,中华教育思想呈现出新的面貌。在 100 余年的时间内,经过几代学者的共同努力,不仅完成了由古代教育思想到近代教育学的过渡,也实现了由近代教育学到现代教育学的转变。

第一节　西学东渐与中国近代教育学的诞生

西方教育学的传入最早可以追溯到明末清初。在明末万历年间(公元 1573～1619 年),传教士利玛窦率先踏上了中国国土,他以传播自然科学和技术为手段,求得在中国传教的权利。紧随其后的西方传教士大多也如法炮制,在为传教服务的宗旨卜,翻译介绍了各种科学文化知识,同时也为中国带来了与传统的封建教育截然不同的西方教育信息。如西方传教士高一志(Alphonse Vagnoni)撰写的《童幼教育》(1620 年),论述了西方儿童教育的方方面面,这部著作很可能是最早输入的教育类读物。再如艾儒略(Julius Aleni)的《西学凡》(1623 年)和《职方外纪》(1623 年),比较详细地介绍了西方的教育制度,尤其是欧洲大学文、理、医、法、教等专业的课程纲要,教学过程,教学方法和考试等。这一时期西方教育学的传入,由于数量极少,内容零星,未形成多大影响。

当历史的车轮转到 18 世纪时,由于外国传教士介入了清宫内部争权夺利的斗争,雍正皇帝把传教士全部赶出境外,西学东渐的历史出现了暂时的中断。当中西教育交流再度开通时,已是 19 世纪中叶。西方传教士再度来华,并开始更加重视教育活动。如新教的教会学校所拥有的学生至 1890 年达 16836 人,天主教会学校的学生人数更达 25000 人。[①] 与此同时,描述与

---

① [法]巴斯蒂.《是奴役还是解放·记 1840 年以来外国教育实践及制度引入中国的进程》.许美德等编.《中外比较教育史》.上海人民出版社,1990.9 页。

163

介绍西方教育制度的著作也陆续出版。如德国传教士花之安(Ernst Faber)于 1873 年出版了《德国学校论略》,著名数学家李善兰在该书前言中评论说:普鲁士最近的军事胜利应归功于其士兵所受的教育,它鼓励他们为理想和原则而战。该书强调义务教育及在全国各地开办大量学校,尤其是职业学校的重要性。北京同文馆的总教习、美国传教士丁韪良(W.A.P.Martin)的《西学考略》(1883 年)也是一部有影响的介绍西方教育制度的著作。他于 1880~1882 年曾受中国政府委派出访西方 7 国,收集这些国家的教育资料,此书便是他的调查研究的成果。此外,李提摩太(Timothy Richord)的《七国兴学备要》、花之安的《泰西学校论略》(又名《西国学校》)、林乐知(Y.J.Allen)的《文学兴国策》等,也是比较重要的著作。

值得一提的是,1882 年在圣约翰书院主持院务的颜永京翻译了《肄业要览》,署大英史本守著,这其实是英国教育家斯宾塞(Herbert Spencer)的名著《教育论》中的一篇《什么是最有价值的知识》的最早译本,也是中国最早的汉译教育理论著作。[①]

中国真正开始大规模引进或传入西方教育学说与思想,是在甲午战争以后,而且主要是通过日本为中介的。1898 年 8 月 2 日,清代光绪帝发布上谕:"现在讲求新学,风气大开,惟百闻不如一见,自以派人出洋游学为要。至游学之国,西洋不如东洋。诚以路近费省文字相近,易于通晓,且一切西书均经日本择要翻译,刊有定本,何患不事半功倍。"[②]这样,优先向日本派遣留学人员就作为政策确定下来,一时间留学日本的人员激增,1906 年留日生已达 13000 人左右,留学日本的学生在引进国外教育学的过程中起了重要的桥梁作用。西方一些著名教育家的学说和著作如夸美纽斯、卢梭、洛克、斯宾塞、裴斯泰洛齐、福禄培尔、赫尔巴特等人的传记、学说和著作,大多从日本传入中国。

根据实藤惠秀监修、谭汝谦主编的《中国译日本书综合目录》统计,1896 年到 1911 年,中国共译日本教育类著作约 76 种,为历史最高峰。另据杭州

---

① 颜永京(1838~1898),字拥经,原籍山东,出生在上海.1854 年赴美留学,1861 年毕业于俄亥俄州甘比尔镇建阳学院。他对中国教育科学和心理科学的贡献颇大,除《教育论》外,还译了美国海文(Joseph Haven)的《心灵学》(*Mental Philosophy*: *Including The Intellect*, *Sensibilities and will*),并翻译了斯宾塞的《心理学原理》和《科学导源》。

② 故宫博物院.《清光绪朝中日交涉史料》(五十二)

大学周谷平的统计①,这一时期(从 1901 年《教育世界》连载日本立花铣三郎讲述、王国维译《教育学》到 1915 年新文化运动)中国出版的教育学著作,几乎均为日译本或据日原本编译而成。

我国最早通过日本引进西方教育学的理论,主要来自去日本留学的人员翻译或编译有关教育学著作,以及日籍教员来华讲授教育学课程的教材,因此以日本为媒介来引进西方教育学,是近代西学东渐的重要特点之一。以日本为媒介虽有快捷便利之优点,但亦有信息失真之弊。如当时的赫尔巴特教育学,产生于德国,传入日本后再传入中国,几经转译、删改,难免大为走样。以奥国林笃奈尔原著、日本汤原元一译补、中国陈清震重译的《教育学》为例,林笃奈尔是根据赫尔巴特的体系阐述的教育理论,他去世后又托付德国扶廖利爱博士增订,日本汤原元一因原书多征引欧洲材料,则"多以中暨日事易之",而中国陈清震在留日期间又把汤本中的"日事以中事易之"。这样,传入中国的其实已是经过日本诠释过的赫尔巴特教育学了。

这一时期西方教育学的传入的另一特点,是以编译讲义和教科书为主,从那时印行的著作可以看出,绝大部分是作为讲义或教科书使用的,主要目的是为了满足当时师范学校开设教育学课程的需要,以期强国富民,重视的是教育目的的介绍,引进的功利性目的比较明显。相形之下,还没有完全、真正地把教育学作为一门研究教育现象,揭示教育规律的科学,更没有自觉认识到教育学可以用来指导实践,预测未来教育发展的理论功能②。引进西方教育学的这种缺陷,已成为中国教育科学发展中的一大问题而长期存在,是值得重视的先天不足现象。

但不管怎样,这些编译或翻译自日本的有关教育学著作,以及少部分参考日本著作而由中国人自己编著的教育学书籍,毕竟把域外的科学教育学的种子播在中国的土地上,对推动中国近代教育学的建立与发展,起了相当大的历史作用。特别是中国学者编著的教育学书籍,尽管从体系、结构、内容等均有明显的模仿痕迹,但毕竟已开始了结合中国国情来编著教育学的尝试。如张子和的《大教育学》,其参考的原本是日本学者松本、松浦二氏的讲义,但在该书《自叙》中,他明确说"欲讨论修饰以适合中国教育界之理想实际"。

---

① 周谷平.《近代西方教育学在中国的传播及其影响》.《华东师范大学学报》(教育科学版).1991(3).

② 同上.

这样,近代中国的教育理论就具有两个显著的特质。第一,它仍保留着古代教育思想的形式。大多近代学者基本沿袭着古代学者的研究方法,即主要是经验式的描述或思辨式的宏论,很少有实验性的研究与实证性的调查,阐述教育问题的概念也大多是古代的范畴,如人性、人才、劝学等,很少涉及教育目的、教育功能、教育方法等;在社会危机面前,他们的主要精力在匡时救世的社会宣传,教育的见解大多与其政治、社会等思想浑然一体,是社会变革的舆论的组成部分。第二,它已初步涉及近代教育学的某些内容。近代学者如魏源、严复、康有为、梁启超、王国维等大多是学贯中西、博古通今的大学者,他们或者间接接触或者直接翻译介绍西方教育学的著作,所以在他们的著作中首次出现了古代教育思想与近代教育理论的交融与汇合,如康有为、梁启超等就把西方教育制度与自己的大同理想糅合在一起,并不显出拼凑勉强之状。不仅在讨论的内容上,近代教育理论已突破了过去的概念与范型,在思维方式和视角上,近代教育理论也超越了古代的模式,带有近代教育学的若干特点。因此,在新文化运动产生之时,中国的近代教育学已具雏形。而中国近代学者以及留日学生、日本教习,在中国古代教育思想过渡到近代教育学的过程中,起了不可忽视的中介作用。

新文化运动和五四运动以后,随着美国对中国的全面扩张和留学欧美的人数的增多等,西方教育学的引进已渐渐舍弃了日本的媒介,而以直接输入为主,赫尔巴特的《普通教育学》(尚仲衣译,商务 1936),夸美纽斯的《大教学论》(傅任敢译,商务 1939),洛克的《教育漫话》(傅任敢译,商务 1937),斯宾塞的《教育论》(任鸿隽译,商务 1923),卢梭的《爱弥儿》(魏肇基译,商务 1933),品克微支的《教育学新论》(卢哲夫译,辛垦书店 1935),克伯屈的《教育方法原论》(孟宪承等译,商务 1933),桑代克与盖茨的《教育学原理》(熊子容译,世界 1933),帕克的《普通教育法》(俞子夷译,商务 1935),杜威的《民本主义与教育》(邹思润译,商务 1928),罗素的《教育论》(周意彪,北京文化学社 1930)等,都先后系统地从德、英、法、俄等文的原著翻译过来。尤其是实用主义教育学的著作,如杜威的《我的教育信条》《学校与社会》《儿童与教材》《思维术》《教育上兴味与努力》《明日之学校》《经验与教育》《今日的教育》等,几乎无一遗漏地译介过来。杜威的实用主义教育学取代了赫尔巴特的教育学,而成为中国现代教育理论的主导倾向。

在这一时期,中国也出版了大量由国人自己编著的教育学书籍,如王风岐的《单级教授讲义教育学》(商务 1917),舒新城的《心理原理实用教育学》(商务 1920),余家菊的《教育原理》(中华 1925)与《国家主义教育学》(中华

1925),庄泽宣的《教育概论》(中华 1928),范锜的《三民主义教育原理》(民智 1929),李浩吾(杨贤江)的《新教育大纲》(南强 1930),范寿康的《教育概论》(开明 1931),陈科美的《新教育学纲要》(开明 1932),吴俊升等的《教育概论》(正中 1935),蒋梦麟的《中国教育原理》(英文本,商务),钱亦石的《现代教育原理》(中华 1934),缨序宾等的《动的教育学》(商务 1921),钱鹤的《人格教育学概说》(世界 1934)等近 100 种。这些著作有不少已试图根据中国国情来寻找一种主义为指导思想,虽然大多属于实用主义教育学体系,但其中也有马克思主义的,三民主义的,国家主义的,美感主义的,人格主义的。此外,还有不少教育家致力于自己的教育实验,如陶行知、晏阳初、黄炎培、陈鹤琴、梁漱溟等,均以惊人的热情,投入了巨大的精力,探索中国的教育理论。他们为近代中国教育学的正式诞生与向现代中国教育学的过渡,作出了不可磨灭的贡献。

　　虽然近现代中国教育理论已由古代的输出为主转为输入为主,但在西学东渐的过程中,毕竟完成了近代教育学和现代教育学的诞生与创立。中国教育科学也结束了古代的纯思辨的研究方式,步入了科学化的殿堂。虽然近现代中国教育理论还有许多不成熟之处,但它毕竟标志着一个新时代的开端,是中华教育思想发展过程中的一个里程碑。虽然这个过渡并没有充分实现古代与近现代的融化合流,尤其是在本土化方面有丢失一些优良传统之虞,但从本质上而言是历史的一大进步。

第二节　中国近代教育思想的演变

　　有人曾经打过这样一个比喻:如果把中国古代教育思想的发展比作是源远流长的长江大河,那么,中国近代教育思想的发展就好像是奔突于崇山峻岭之中的急流。前者流势平缓,浩浩荡荡,凝重深厚;后者流势湍急,跌宕起伏,变化万千。[①] 的确如此,从 1840 年鸦片战争爆发,到 1919 年五四运动,中国社会的经济基础与政治制度几度变化,而每一次政治、经济和社会的急剧深刻的变化,都成为中国近代教育思想发展与变革的契机,甚至直接促成了一代教育家的产生或成长。

　　中国近代教育思想的发展是伴随着西方教育学的传入,伴随着向西方学习的过程而进行的,也是伴随着中国人对西方世界和"西学"的认识不断

---

① 田正平.《中国近代教育思想散论》.《教育研究》.1990(4).

深化而进行的。蔡元培曾把中国人对西方认识的发展概括为三个阶段:"中国人羡慕外国人的:第一次是见其枪炮,就知道他们的枪炮比吾们的好。以后又见其器物,知道他们的工艺也好。又看外国医生能治病,知道他的医术也好。有人说,外国技术虽好,但是政治上有霸道,不及中国仁政。后来才知道外国的宪法行政法等,都比中国进步。于是学他们的法学,但是疑他们的道学很差,以后详细考查,又知道他们的哲学亦很有研究的价值。"[①]事实上,中国近代教育思想正是沿着器物、制度、文化(心理)的层次,不断地向西方学习并反省自身的教育,从而实现了对中国传统教育的三次超越。

一、从龚自珍、魏源到洋务派:近代教育思想的第一次超越

明末清初,伴随着西学东渐与资本主义生产关系的萌芽在中国一些地区与行业的出现,中国教育理论也出现了所谓的启蒙教育思想。启蒙教育思想除继承传统实学的经世致用主张,其内涵已涉及某些近代科学与民主的因素,尤其是注重吸收西方的科学文化,反对八股选士的制度。但在清政府闭关自守的政策和文化专制主义的高压下,这种启蒙思想并未得到发展与张扬。到鸦片战争前夕,清王朝在大军压境的情况下,仍然不醒,封建官僚不问国计民生,知识阶层慑于权威而沉湎于故纸堆中,国家濒于全面崩溃。

鸦片战争的炮声把许多中国人从这种麻木状态中惊醒,龚自珍首先对空谈心性的理学和八股取士的科举发难,发出了培养经世致用人才的呼声:"九州生气恃风雷,万马齐喑究可哀! 我劝天公重抖擞,不拘一格降人才。"[②]他的好友魏源也认为"人心之寐"和"人才之虚"是中国落后挨打的两大原因。他说:"去伪,去饰,去畏难,去养痈,去营窟,则人心之寐患祛其一。以实事程实功,以实功程实事,艾三年而蓄之,网临渊而结之,毋冯河,毋画饼,则人才之虚患祛其二。寐患去而天下昌,虚患去而风雷行。"[③]因此,他呼吁改变人才的培养与选拔制度,综核名实,用实用知识试士子,并强调"国以人兴,功无成,惟厉精淬志者,能足国而足兵[④]。"

如果我们稍微温习一下明末清初启蒙思想家的教育言论,不难发现,龚

---

① 蔡元培.《在爱丁堡中国学生会及学术研究会欢迎会演说词》.《蔡元培美学文选》.北京大学出版社,1983.146—147 页。

② 《龚自珍全集·己亥杂诗》

③ 《魏源集·海国图志叙》

④ 魏源.《筹海篇三·海国图志》(二)

自珍、魏源等人在鸦片战争期间提出的教育改革主张,其实是传统儒家教育的实学派所强调的经世致用精神的再兴。他们仍然是在传统的范围内,用传统的模式和力量,来对传统教育进行改造。如龚自珍激烈地批判他所处的那个社会的种种弊端,然而只能渴望"天公"降下"人才"来解决问题;魏源看到了向西方学习的重要,并提出"师夷之长技以制夷",但仍更强调尤为根本的"中学"。他们仍未越出传统的羁绊。

正在龚自珍、魏源等地主阶级的开明思想家致力于教育改革的宣传与呐喊时,太平天国的农民革命于1851年爆发。经过几年的南征北战,他们便控制了长江中下游一带,并在南京建立了与清政府分庭抗礼的"天朝"政权。在太平天国存在的10余年中,清政府一方面要集中力量对付洪秀全领导的农民革命运动,一方面又要穷于应付帝国主义的挑衅,可谓内外交困,最后只得继续割地赔款,并向西方购置洋枪洋炮,借助洋人力量镇压太平天国,在文化教育方面出现一段空白。

在太平天国革命的时期,向西方学习的任务是由洪秀全、洪仁玕等来完成的。但他们既不是学西方的科学,也不是学西方的民主,而主要是引进并改造西方基督教文化,并用基督教文化为武器批评中国的传统思想,如洪仁玕说:"且夫谈世事足以闷人心,论九流足以惑众志,释聘尚虚尤,尤为涎妄之甚,儒教贵执中,罔知人力之难,皆不如福音真道有公义之罚,又有慈悲之赦,二者兼行,在于基督身上担当之也。此理足以开人之蒙蔽以慰其心,又足以广人之智慧以善其行,人能深受其中之益,则理明欲去而万事理矣。"[1]太平天国虽然主张推行"学习邦法,大兴政教"的教育制度革新,但他们的思想武器却不是西方的科学与民主的思想,而是早已过时陈旧的基督教文化。[2] 因此,他们不过是站在宗教迷信的基点上批判中国的儒道释思想和传统的文化教育,实际上也没有突破传统的范围,没有超出封建中世纪的思想水平。这样,在落后的思想基础和经济基础之上,企图构建资产阶级式的政治制度与教育制度,当然只能是空想而已。

19世纪60年代至90年代中期,是洋务派活动的时期,也是近代教育思想实现其第一次超越的时期。洋务派在镇压太平天国、捻军和少数民族的起义中,领教了洋枪洋炮战胜大刀长矛的"真理",并从魏源"师夷之长技以制夷"的论断中受到了启发,大力兴办军事工业,并创办近代的工业交通与

① 洪仁玕.《资政新编》.《中国近代史资料选编》(上册).中华书局,1977.57页。
② 聂振斌.《中国近代美学思想史》.中国社会科学出版社,1991.46页。

新式学堂。在"自强""求富"的旗帜下,洋务派在中国开办了第一批机器生产的近代化工厂,创建了第一个轮船公司,铺设了第一条铁路,架设了第一条电线,建立了第一支海军舰队,开办了第一批近代形式的新学校,派遣了第一批留学生,为中国培养了第一批具有近代意识的知识分子、科学技术人员和新军将领。

在教育思想方面,洋务派明确提出了"中学为体,西学为用"的教育纲领,把魏源限定的"长技"发展到"用"的水平,从而大大扩展了向西方学习的内容。张之洞对洋务教育的体用观进行了解释:"中学为内学,西学为外学;中学治身心,西学应世事。不必尽索于经文,而必无悖于经义。如其心,圣人之心;行,圣人之行。以孝悌忠信为德,以尊主庇民为政,虽朝运汽机,夕驰铁路,无害为圣人之徒也。"①也就是说,只要坚持三纲五常的原则,杜绝离经叛道之弊,打好"中学"根基,就尽可吸收"西学",诸如学校、地理、度支、赋税、武备、律例、劝工、通商等"西政"和算、绘、矿、医、声、光、化、电等"西艺"。这样,洋务派虽然在恪守传统文化教育的核心内容,即伦理和政治的价值方面,与龚自珍、魏源等无分轩轾,在本质上仍属于封建教育思想的范畴,但毕竟多了若干近代的内容,从而实现了近代中国教育思想的第一次超越。超越的内容主要是传统教育所忽视"器物"的层面,即科学技术与实业教育。

洋务教育思想的这个超越在中华教育思想上是值得重视的,因为它毕竟在封建教育的制度与内容上首次打开了一个缺口,毕竟在中国创办了各种新型的学校(语言学校、军事学校、工艺与农务学校、师范学校),把"西学"付诸于教育实践,为中国社会的近代化奠定了基础,因此也为中国近代教育思想的诞生准备了条件。洋务教育思想在中国古代教育思想向近代教育理论的过渡中,也起了不可忽视的作用。

二、从洋务派到维新教育:近代教育思想的第二次超越

甲午战争的失败宣告了洋务运动的破产,也表明"中学为体,西学为用"的教育模式解决不了中国的问题,在灾难深重的民族危机面前,中国的教育又面临着新的选择,成为近代教育思想实现第二次超越的契机。

维新教育家是实现第二次超越的主体。维新教育是近代资产阶级的一种教育思潮,主要包括王韬、郑观应等早期改良派,康有为、梁启超等资产阶级改良派以及孙中山、蔡元培等资产阶级革命派的教育思想。他们的共同

---

　　① 张之洞.《劝学篇下·会通第十三》

主题是在中国建立一种新的资产阶级的教育制度。

维新教育家认为,中国不能富强的根本原因,并不在于没有坚船利炮,也不是因为没有"制器之器"和"制器之法",而是由于政治昏暗,制度腐败。在甲午战争前,中国经过洋务派的惨淡经营,已拥有了自己的水师,自己的军舰,自己的枪炮,但结果仍被打得一败涂地。所以,向西方学习,绝对不能只停留在"船坚炮利"的物质、技术层次上,而必须学习他们的政治制度,进行变法维新。正如梁启超所说:"要而论之,法者,天下之公器也。变者,天下之公理也。大地既通,万国蒸蒸,日趋于上,大势相迫,非可阏制。变亦变,不变亦不变。变而变者,变之权操诸己,可以保国,可以保种,可以保教。不变而变者,变之权让诸人,束缚之,驰骤之,呜呼,则非吾之所取言矣。"①维新派不仅有着强烈的变法维新的愿望,而且进行了具有资产阶级性质的教育改革。

维新教育对于洋务教育的超越是制度上的超越和政治教育领域的超越。维新派与洋务派虽然都讲"兴学校,育人才""和"废八股,改科举",但论述的深度和内容是大不相同的,如洋务派只是强调兴办各种学堂,以培养洋务事业所需要的人才,以及改变科举内容与形式,以选拔真才实学的人才。这些人才都是为封建统治所服务的。但维新派则棋高一筹,他们已明确地把教育改革与政治变革联系起来,已明确地向封建教育制度提出了挑战。如早期改良派指出了科举制度与学校制度的根本对立,认为"不修学校,则人才不出;不废时文帖括,则学校虽立亦徒有虚名而无实效也"②。资产阶级改良派则用民权、平等的理论,抨击封建教育的等级观念与不平等现象。资产阶级革命派则进一步把政治革命作为推进传统文化教育变革的先决条件,提出了"今日之民智,不必恃他事开之,而但恃革命开之"③的命题。

维新教育的这次超越在近代教育史上有着十分重要的意义。如果说洋务教育的第一次超越是为近代教育的诞生准备了条件的话,那么,维新教育的第二次超越则直接导致了近代教育的产生,并实现了由中国古代的教育思想向近代教育理论的过渡,封建教育思想向资产阶级教育体系的过渡。

近代教育学的诞生,在维新教育时期有几个重要的标志。

一是进行了两次重大的教育改革。在戊戌维新流产后不到 3 年,清政

---

① 梁启超.《论不变法之害》.《梁启超哲学思想论文选》.北京大学出版社,1984.9 页。
② 郑观应.《盛世危言·学校附录》
③ 章太炎.《驳康有为论革命书》

府迫于形势进行了自上而下的教育改革。1901 年 1 月,清政府宣布实施"新政",在教育方面的内容主要是颁布学制,废除科举和宣布教育宗旨。1901 年 8 月,清政府颁布《兴学诏书》,把各地书院一律改为学堂;1902 年,清政府颁布了《钦定学堂章程》("壬寅学制"),但未及实行;1903 年,由张百熙、张之洞和荣庆依据日本学制,对"壬寅学制"进行了修订,于 1904 年 1 月 13 日由清政府作为《奏定学堂章程》("癸卯学制")公布实行。这个学制把整个学校系统分为三段七级,第一段为初等教育,分蒙养院 4 年、初小 5 年、高小 4 年;第二段为中等教育,不分级,共 5 年;第三段为高等教育,分高等学堂或大学预科 3 年,分科大学堂 3~4 年,通儒院 5 年。与上述系统并列,还设有师范学堂和实业学堂。

这个学制包括从小学到大学的完整体系,是中国近代教育史上第一个以政府法令的形式公布的新学制。尽管这个学制还有浓厚的封建性、买办性,但毕竟终结了中国古代的官学、私学、书院等办学形式,为中国近代学校教育制度的建立奠定了基础。

1905 年 8 月,清政府发布"立停科举以广学校"的谕令,"废科举"终于从 19 世纪末的口号,变成了 20 世纪初的现实。虽然洋务派的代表人物张之洞等也为此付出了努力,但毕竟是在维新教育思潮的影响下,在维新时期最终完成的事业。"废科举"可以视为中国封建教育崩溃的象征。

在教育宗旨方面,1903 年的《奏定学堂章程》首次提出:"至于立学宗旨,无论何等学堂,均以忠孝为本,以中国经史之学为基。俾学生心术壹归于纯正,而后以西学瀹其知识,练其艺能,务期他日成材,各适实用,以仰副国家造就通才,慎防流弊之意。"[1]1906 年清政府成立了中央教育行政机关"学部"后,又拟定了更为简明的"忠君、尊孔、尚公、尚武、尚实"的教育宗旨,并在《奏请宣示教育宗旨折》中解释说,第二条是"中国政教之所固有,而亟宜发明以拒异说者",后三条则是"中国民质之所最缺,而亟宜箴砭以图振起者",不难看出,上述教育宗旨仍是洋务教育"中学为体,西学为用"纲领的翻版而已,其封建色彩是相当浓厚的,已明显地落后于时代。

第二次重大的教育改革也是自上而下进行的,但领导者已变为资产阶级,所以矛头直指封建教育,首先颁发了《普通教育暂行办法》,规定初等小学可以男女同校;各种教科书必须符合民国宗旨;小学读经科一律废止;废除旧时奖励出身;学堂一律改称学校等。接着又提出了新的教育宗旨:"注

① 舒新城编.《中国近代教育史资料》(上).197 页。

重道德教育,以实利教育、军国民教育辅之,更以美感教育完成其道德。"彻底否定了 1906 年清末教育宗旨。1912 年,临时教育会议制定了新的学校系统,1913 年又进行了修改、补充和完美,形成了"壬子-癸丑学制"。这个学制把清末"癸卯学制"的 26 年学习期限缩短为 18 年(大学院未包括在内,实际上缩短学制 3 年),而且在设立女校、取消贵胄学堂、改革课程内容等方面也有了实质性的变化。如果说"癸卯学制"是中国近代第一个学制的话,那么,"壬子癸丑学制"则是中国近代第一个真正意义上的近代化的学制,即具有资产阶级性质的学制。

经过上述两次重大的教育改革,终于逐步把封建教育制度赶出了历史舞台,完成了古代教育制度到近代教育制度的变革。

二是创建和创办了一批教育团体与教育刊物,在宣传革命教育思想、介绍西方教育学说、探索中国教育之路等方面做了大量工作。1901 年,罗振玉、王国维创办了《教育世界》,这本杂志在介绍西方教育学方面起了重要作用,如王国维的译著《教育学》和《教育学教科书》,就是在《教育世界》连载发表的。卢梭的《爱弥儿》、裴斯泰洛齐的《贤伉俪》等西方教育名著,也在《教育世界》上节译刊出。1909 年,商务印书馆出版了"以研究教育、改良学务"为宗旨的《教育杂志》,这本杂志分图画、主张、社说、学术、教授管理、教授资料、史传、教育人物、教育法令、章程文牍、纪事、调查、评论、文艺、谈话、杂纂、质疑答问、介绍批评、名家著述等 20 余个栏目,是一个很有影响的综合教育刊物。其他如《中华教育界》《教育会语杂志》《直隶教育杂志》《教育公报》等也刊发了大量教育论文与译文,为繁荣教育理论,活跃学术气氛提供了阵地。

与此同时,一些教育学术团体也开始成立。1890 年,以西方传教士为主体的中华教育会在上海成立,该会章程规定其目的是"促进中国教育的利益和增强从事教育工作者的兄弟般的合作",并称要"领导中国产生一个完整的教育体系,使中国教育符合基督教的利益"。可见,中华教育会的根本目的是要用基督教文化取代中华文化,是西方资本主义国家对华教育侵略的团体。

中国人自己创办的教育学术团体,最早是 1902 年 4 月成立于上海的中国教育会,由蔡元培任会长,主要成员有章太炎、蒋维乔等人。中国教育会不仅组织力量进行教育研究,而且开展教育实践活动,如开办了具有补习学校性质的通学所,分外文、理化、代数、几何、博物等科,由马相伯等任教员。1911 年 4 月,全国教育联合会在上海举行会议,并在此基础上于 1914 年 3

月发起成立了全国教育会联合会,其目的是"邀集各省教育会推选教育富于学识经验者,共同讨论,各抒心得,庶几离娄鲁班,各输长策,为教育界稍助螳臂之力"。该会从1915年开始每年召开一次会议,讨论研究中国教育的重要问题,对中国教育的发展,尤其是各省教育工作的推进,起了很大的作用。如1915年4月的天津会议,有13个议决案,其中"请将义务教育列入宪法案"呈请宪法起草会及国民会议,"请设各省教育厅案"呈大总统和教育部;另有"军国民教育施行方法案""请改三学期为二学期案""实业教育进行计划案""社会教育进行计划案""拟设教育讲演会案"和"学校教员宜专任案"呈送教育部,"小学教育注意要项案""各学校宜利用周一讲演道德激励人心案""征集义务教育意见案"和"征集学校系统应否改革意见案"等通告各省区教育会。

三是出现了不同的教育思想流派,形成了一些教育思潮。在清末民初,中国近代教育思想出现了一个比较活跃的时期,在大量介绍与引进西方教育理论与教育制度的同时,各种教育思潮也纷至沓来。

1. 军国民教育思潮

1902年,留日学生奋翮生(蔡锷)在《新民丛报》上发表了《军国民篇》,蒋百里也发表了《军国民之教育》的文章,正式提出了军国民教育。四年以后,清政府把"尚武"列入教育宗旨,规定"凡中小学堂各种教科书,必寓军国民主义,俾儿童熟见而习闻之"[①],使军国民主义教育形成了一个小小的高潮。1911年全国教育会联合会的上海会议和清政府的中央教育会议,也都把军国民教育作为重要议题,说明军国民教育在清末已成为风气。民国元年,蔡元培发表《对于教育方针之意见》,进一步阐明了军国民教育的主张,随后军国民教育被正式列入民国政府的教育宗旨。1915年,全国教育联合会会议决军国民教育施行方法案,进一步论述了施行军国民教育的目的、内容和方法,把军国民教育推向了高潮。在第一次世界大战结束后,随着公理战胜强权呼声的高涨,军国民教育的思潮也渐趋低落。

2. 实利主义教育思潮

甲午战争后,国内出现了学习西学和兴办实业的热潮,从而对实业教育提出了要求。1903年的"癸卯学制",就将实业教育列为一个独立的、由初级到高级的学校系统。1906年颁布的教育宗旨,也把"崇实""尚实"作为重要内容,实业学校开始有较大幅度的发展。1912年,蔡元培根据清末实业

---

① 《第一次中国教育年鉴》(甲).2页。

教育的发展状况和各国经验,提出了"实利主义教育"的方针。1913 年 10月,黄炎培在《教育杂志》发表《学校教育采用实用主义之商榷》一文,指出发展实业教育已是"潮流所趋"。《教育杂志》还辟出"实用主义教育专号",来宣传实业教育的主张。实利主义教育的思潮在 1915 年后演变为职业教育的思潮,陈独秀在《青年杂志》第二号发表《今日之教育方针》,提出了教育的"职业主义";1917 年以蔡元培、黄炎培、蒋梦麟、郭炳文、钱永铭、宋汉章等教育界与实业界的名流发起成立了中华职业教育社,把职业教育推向了高潮。

3. 科学教育思潮

这是由清末西艺教育发展而来的一种教育思潮。1914 年,以留美学生为主体成立了"科学社",创办了《科学杂志》。他们针对中国科学不振、实业不发的状况,试图通过科学教育来普及科学知识,培养科技人才。当时的蔡元培也非常重视科学教育,认为只有科学的进步,才能保证生活的改良、社会的改革、艺术的创造。由于对科学的大力提倡,社会上出现了教育科学化、科学教育化的新趋势,在教育界开始提倡调查、实验等实证性研究。20年代以后,中国教育科学化的呼声渐高,智力测验、教育测验、学务调查、社会调查蔚然成风,与科学教育思潮的影响是分不开的。

4. 义务教育思潮

清末民初,资产阶级改良派和革命派都提出过效法西方实行义务教育的要求,1903 年的《奏定学堂章程》把义务教育年限规定为 5 年,并指出:"外国通例,初等小学堂,全国人民均应入学,名为强迫教育,除废疾有事故外,不入学者罪其家长。中国创办伊始,各地方官绅务当竭力劝勉,以求入学者日益加多,方不负朝廷化民成俗之至意。"这是自上而下的首倡义务教育。1911 年,清政府在北京召开的中央教育会,也提出了"试办义务教育章程案";1912 年 9 月民国颁布的学制也明确规定"小学 4 年毕业,为义务教育"。在整个维新教育时期,义务教育思潮均产生了很大影响,但由于当时中国社会仍然缺乏普及义务教育的政治、经济基础,统治阶级也并没有彻底推行的决心与热情,所以只是停留在"思想"的阶段,并没有真正地付诸实践,至今仍是中国需要解决的课题。

5. 平民教育思潮

平民教育在资产阶级改良派的"开民智"的主张中已初见端倪,如梁启超把开民智与兴民权联系起来,认为不解决人民的愚昧无知就谈不上民权,更谈不上民主。他说:"民权非旦夕而成也,权者生于智者也,有一分之智,即有一分之权;有六七分之智,即有六七分之权,有十分之智,即有十分之权。"①章太炎在日本东京创办《教育今语》杂志,他提出的办刊宗旨之一,就是"提倡平民普及教育"。1915年陈独秀在《青年杂志》发表的《今日之教育方针》中,除提出"职业主义"外,也提出了"唯民主义",认为要建立"以人民为主人,以执政为公仆"的民主国家,就必须给人民以各种权力,包括教育权在内。1915年全国教育会联合会还通过了《注意贫民教育案》,送交教育部并通知各省区教育会注意贫民教育。在新文化运动以后,"平民教育"更成为各阶层的共同口号,成为五四前后中国最有影响的教育思潮。

三、从维新教育到新文化运动:近代教育思想的第三次超越

辛亥革命取得了推翻帝制、建立民国的胜利,但随后袁世凯又复辟帝制,张勋、段祺瑞又竭力复古,辛亥革命的成果得而复失。中国的知识分子再一次对传统的文化教育进行反思,他们认识到,从器物的学习到制度的学习虽然是一种进步,但仍没有把握问题的实质,如果没有大多数国民精神文化素质的提高,自强图存只能是一句空话,现代化也只能是梦想。因此,他们强调应该进行思想启蒙,改造愚昧落后的国民精神。这样,近代教育就实现了第三次超越,即在国民精神、个性心理层次上的超越。

梁启超在总结戊戌变法失败的教训时已初步涉及这种超越的必要性。他说:"求文明而从形质入,如行死港,处处遇窒碍。而更无他路可以别通,其势必不能达其目的,至尽弃其前功而后已。求文明而从精神入,如导大川,一清其源,则千里直泻,沛然莫之能御也。"②鲁迅也大力张扬个性教育,强调精神因素对于富国强兵的意义。他说:"诚若为今立计,所当稽求既往,相度方来,掊物质而张灵明,任个人而排众庶。人既发扬厉矣,则邦国亦以兴起。"③蔡元培更明确地把中国的前途诉诸教育,认为通过教育改造国民性,培养人才是根本的出路,只是靠少数人"弋取"政权,必然是阳春白雪,形单势绌,没有广泛的社会基础。他说:"我国输入欧化,60年矣! 始而造兵,继而练军,继而变法,最后乃始知教育。"④在这种认识的基础上,新文化运动应运而生。新文化运动的重要主题,就是在文化的层面、心理的层面,对以往的教育进行反思与超越。新文化运动的提倡者们,通过各种形式揭露了

① 梁启超.《上陈宝箴书论湖南应办之事》.《戊戌变法》(二).551页1910.
② 梁启超.《国民十大天气论》.《饮冰室合集·文集》(2).中华书局,1941.62页。
③ 鲁迅.《文化偏至论》.《鲁迅全集》(1).人民文学出版社,1981.46页。
④ 蔡元培.《告北大学生暨全国学生书》.《蔡元培全集》(3).中华书局,1984.312页。

封建教育压抑人的个性的本质,并提出了个性解放的要求。这种要求在五四运动以后,成为时代的最强音,成为五四前后教育思想的主旋律。在这种要求下,教育思想自身的解放也开始出现,教育理论的争鸣与教育思潮的涌现,可谓百花争艳。近代教育思想也跃进过渡为现代教育思想。新文化运动的个性教育思想,在这个跃进和过渡中起了中介性的作用。

中国近代教育学的诞生是中华教育思想史的重大事件,中国终于有了自己的近代形式的教育理论,中国人终于开始用近代的思维方式与实证手段来研究教育现象,中国的教育终于能够用自己的语言与西方"对话",这自然是历史的进步。但我们也必须看到,中国教育近代化的历程也并不是完美无缺的,在中西文化教育的会通过程中,并没有很好地实现融合的任务,而呈现出破坏多于建设,批判多于创新,抄袭多于继承的势态,传统教育中的优秀遗产并没有得到很好的认识与重视,而是在反传统的吼声中,同传统教育中的封建糟粕一起被埋葬了。古代书院精神中自由讲学、教训合一、门户开放、自学为主、百家争鸣等内容,以及古代教育特有的若干范畴、概念,都遭致空前的冷落与忽视。对于西方的教育理论,往往也缺乏较深入的剖析与思考,匆匆地介绍给国人,盲目地付诸实践,虽然"主义"与"思潮"风起云涌,但大多为过眼烟云,并没有对中国教育产生多大影响。由于政治形势激荡多变,近代教育思想家也无意或不可能用很大的精力构筑自己的教育理论体系,所以,除了蔡元培留下了若干教育演说与论文外,近代中国并没有多少理论体系完备的教育著作,显示出这一时期教育理论思维的政治化特点。这一特点在现代,乃至当代,都不同程度地存在着。

第三节 中国近代教育思想的特征

鸦片战争的一声炮响,开启了中国近代史的历程,打破了清政府闭关自守、故步自封的局面,从而也在中国人民面前呈现出一幅完全陌生的世界发展图景。中西的巨大差距促动了中国近代政治、经济、文化教育等诸多方面的大变革。中国近代的教育思想也突破了以儒学教育思想为核心的古代封建教育思想的重重束缚,呈现出以中国近代教育思想西方化为主线的一系列特征。"中国近代教育史实际上就是一部近代西方教育思想传入及中西教育思想交流、冲突以及融合的历史"。[①] 当然,中国近代教育思想除西方化

---

① 吴式颖,阎国华主编.《中外教育比较史纲》(近代卷).山东教育出版社,1997.205 页。

特点外,还具有其他一些方面的特点。下面就这些特点作具体分析。

一、教育思想的西方化特征

西方教育思想在近代是一个空前活跃和繁荣的时期,曾出现许多世界著名的教育理论家和教育实践家,产生了许多不同的教育学说、流派和思潮。他们的教育理论不仅对他们自己国家的教育发展产生了深刻的影响,而且对整个世界的教育发展都产生了很大的震撼和冲击,使世界教育思想表现出质的飞跃。如捷克的教育家夸美纽斯提出的"泛智主义"教育思想,英国教育家洛克提出的"绅士教育"思想以及卢梭的"自然教育"思想,裴斯泰洛齐的"和谐发展""要素教育"思想等等。中国在西方教育思想蓬勃发展的过程中,也深受其影响,尤其是 1840 年西方的炮舰打开中国的大门后,更为西方教育思想的传入提供了有利的条件。最初的西方教育思想主要是由来华的耶稣会士翻译的各种西方新学,其中包含许多与封建教育思想大相径庭的西方教育思想。尽管通过这样的途径传入的西方教育思想比较零散,但是已经对根深蒂固的古代封建教育制度和思想产生了一定的冲击,对中国一些教育家的教育思想有着重要的启蒙作用。

中日甲午战争以后,以日本为媒介,大量西方教育理论著作开始传入中国,如夸美纽斯、洛克、卢梭、裴斯泰洛齐、福禄培尔、赫尔巴特以及斯宾塞等人的教育著作和传记,基本上都是经过日本翻译过来的。在介绍西方教育思想著作和传记中,不仅包括教育思想家的教育思想,还广泛介绍了西方的教育制度,这些都极大地促进了中国教育学习、融合和消化西方教育思想的进程,许多教育思想家提出了"改革中国封建教育、向西方学习"的口号。中国最早介绍和了解西方的魏源就提出,教育必须打开国门,放眼世界,以实事求是的态度对待外国,改变闭目塞耳的陋习,不能"株守一隅,自画封域,而不知墙外之有天,舟外之有地,适如井蛙蜗国之识见,自小而自而已"[1],主张学习西方近代科学知识,改革封建教育,培养"经世致用"的人才。

19 世纪 60 年代,洋务教育思潮又进一步推动了教育思想和实践西方化的进程。其中,著名的代表人物张之洞等人提出了"中学为体,西学为用"的教育主张,他们尽管强调以"中学"为本,但是洋务教育家又认为"今欲强中国,存中学,则不得不学西学……涉猎子集以通我中国之学术文章,然后

---

① 魏源.《海国图志》(七十六)

择西学之可以补吾阙者用之。西政之可以起吾疾者取之，斯有其益而无其害"。[①] 洋务教育派阐明了"中学"为本、"西学"为补阙的相互关系，承认了西学在教育中所具有的地位和作用。在此教育思想的指引下，在教育实践中，对当时教育体制、教学内容等诸多方面都进行了有似于西方的改革。另外，洋务教育派开创了留学教育事业，对中西教育的会通和融合作出了重要贡献。

除以上几种教育思想和流派外，以后还出现了资产阶级改良派和革命派的教育思想，这些思想也在很大程度上透着西方教育思想的成分。

总之，伴随着西学东渐的开始与发展，西方教育思想已日益渗透和融合进中国教育思想，从而使中国古代教育思想和近代教育思想产生了明显的分隔，并成为近代中国教育思想的重要特质。

二、教育思想的多元化特征

由于中国近代是一个半殖民地半封建的社会，处于中外大交汇、大变革的交错点上，西方思想的涌入，使得中国原有的教育思想受到很大的冲击，使当时中西许多教育思想在相互批驳的同时，又不断相互融合。另外，在中国教育思想和流派之间，在近代化的过程中，也在不断相互批驳和融合，并出现了适应时代特征的新的教育学说和理论。在这种社会背景下，教育思想呈现出新旧陈杂、复杂多样的特性，既存在资产阶级性质的教育思想，还有封建教育思想，当然，相当部分教育思想是两者的交融。甚至在近现代交汇时期，出现无产阶级教育思想的萌芽。这些教育思想既有正确的，也有错误的；既有先进的，也有落后的。在这一阶段，曾先后出现了以龚自珍和魏源为代表的实学教育思想，以洪秀全、洪仁玕为代表的太平天国农民革命教育思想，以张之洞为代表的洋务教育思潮，以冯桂芬、郑观应、康有为、梁启超等人为代表的资产阶级维新教育思潮，以严复为代表的教育救国思想以及以孙中山为代表的资产阶级革命派的教育思想，其他还有近代女子教育思潮、近代留学教育思潮以及近代教会教育思想等。

这些教育思想和思潮的产生无疑对摧毁根深蒂固的封建主义教育制度和思想起到了很重要的作用，同时也有力地促进了中国近代教育制度的确立，大大推动了我国教育发展的进程。但是，由于中国在近代短短的几十年时间中，产生了如此丰富多样的教育思想，"由封建意识向资本主义思想急

---

① 张之洞.《劝学篇·循序》

剧地深化,其速度之快,像雷鸣闪电,越过了欧洲经历的数百年历程,所以,旧的问题还没来得及深入探讨,新的问题又出现在眼前,因而在理论上不够深刻,内容上显得贫乏、肤浅"。[①] 这是近代教育思想多元化存在的问题。

三、教育思想的救国特征

西方列强以坚船利炮武力手段侵占了中国领土,使中国社会沦为半殖民地半封建社会。之后,又历遭西方列强的数次洗劫,中华民族濒临亡国灭种的危险境地。在当时内无民主、外无国权的社会背景下,中国人民进行了激烈的反抗和斗争,许多仁人志士深刻认识到国家的贫穷与落后是遭受列强欺凌的根本原因。因此,他们尝试不同的途径和方法来探求救国救民的道路,"教育救国"思想就是其中之一。

纵观中国近代教育思想的发展历程,无论是实学教育、维新教育,还是民主革命教育、洋务教育思潮及科学教育思潮,他们的教育理论和观点大都着眼于宏观角度上,探讨如何改变中国原有的教育制度,以消除国民的愚昧,培养真正的人才,以反抗西方列强的压迫和凌辱,实现中国的自强自立。林则徐、魏源作为探求救国救民之路的先驱人物,提出了"师夷之长技以制夷"的教育救国口号。著名的教育救国论者严复认为,中国之弱,其原因不止一端,而治国人之暗,人才之乏为最重。正是由于民智闭塞,学术空疏,无乘时竞进之能力,才导致了国家的衰微破败。如果振兴教育,使拙者变巧,蠢者变灵,其转移尚非无术。求贫之方,固然离不开农工商,但如果没有教育,虽力讲百年,农工商也不能进步。应该说,严复教育思想中,他把教育置于非常高的地位,把教育作为光复国家的基础和首要条件。对于当时教育救国思想的发展产生了很大的影响作用。以康有为、梁启超等人为主要代表的维新教育改革派,积极倡导变科举、兴学校、译西书、派游学、开民智、育新人等教育思想,试图在中国大力发展资本主义教育,以唤醒人们振衰起弊、改造国家的热情,培养维新变法和自强国新的人才,归根结底还是为了实现自强求富、振兴中华之理想,具有强烈的政治色彩。资产阶级革命派的许多思想家,如孙中山、邹容、陈天华等人,也对教育问题做了许多的论述,他们的教育思想更加直露和明显地表现出教育救国的特征,如邹容的《革命军》和陈天华的《猛回头》《警世钟》等,都是影响极大的著作,其中许多内容鲜明地表达了他们力图通过改革教育来救国救民的思想。

① 王炳照,阎国华主编.《中国教育思想通史》(五).湖南教育出版社,1994.3 页。

　　总之,通过教育来救国的思想是近代中国教育思想的一个重要特点,这是由当时中国特定的社会背景所决定的,这种教育对于中国寻求独立和发展,的确也起到了很大的宣传和鼓舞作用。

思考题

1. 试阐述中国清末民初的五种教育思潮。
2. 简要述评中国清末的学制改革。
3. 试析中国近代教育思想的特征。

推荐阅读书目

1. 容闳.《西学东渐记》.长沙:湖南人民出版社,1981
2. 梁启超.《梁启超文集》.北京:北京燕山出版社,1997
3. 高时良.《洋务运动时期教育》.上海:上海教育出版社,1992
4. 林志浩.《新文化运动的先驱鲁迅》.太原:山西人民出版社,1986
5. 舒新城编.《中国近代教育史资料》.北京:人民教育出版社,1981

第八章　外国近代的教育思想

从世界历史的时间划分来看,一般把公元 5 世纪西罗马帝国灭亡至 17 世纪中叶英国资产阶级革命为止的一千余年划分为欧洲的封建社会时期。其中,从 5 世纪末到 14 世纪上半叶,被称为"中世纪",是欧洲封建社会形成和发展的时期;14 世纪下半叶以后,资本主义处于萌芽阶段,资本主义关系在封建社会内部逐渐形成,欧洲封建社会趋于解体,这是从封建社会向资本主义过渡的时期,历史上又称之为"文艺复兴"时期。从文艺复兴到 19 世纪,近代教育思想从萌芽到成熟,从经验到科学,奠定了现代教育学的基本框架,也为现代教育制度的形成准备了条件。

第一节　文艺复兴与西方近代教育学的萌芽

一、文艺复兴时期人文主义教育思想的产生

文艺复兴时期是继古希腊-罗马文化繁荣之后在欧洲出现的第二个文化高峰时期。"文艺复兴"(Renaissance)一词原意是指古典学术的"再生",指公元 14~16 世纪出现的古代文学、学术和知识的复兴。文艺复兴运动从表面上看,好像是对古希腊-罗马文化的一次回溯与振兴,但其实质并不在于复古而在于创新,文艺复兴可以说是一次资产阶级的新文化运动。

文艺复兴时期资产阶级提倡的那种新的文化和世界观被称为人文主义(Humanism)。它怀疑和打击神的权威,讴歌人的能力和成就,在一切领域中都贯穿和奉行着"抑神扬人"的原则。这是一种以"人性"的解放为中心的"人性论"的世界观,它高度颂扬和肯定"人"的一切,坚决抵制和反对对神的盲目崇拜,其实质是贬低封建专制的权威,从而提高资产阶级的社会政治地位。这种崭新的世界观在反抗、蔑视封建势力所鼓吹的禁欲主义思想的同时,广泛地宣传乐观、积极的现实主义精神,鼓励人们去重新认识世界,认识人类自身,冲破宗教的和封建的精神枷锁,勇敢地去追求、去享受。

这种新的世界观解放了人们的思想,促使文学、艺术、哲学、科学都获得

了新生,并生机勃勃地发展起来,涌现出众多像但丁、莎士比亚、达·芬奇、伽利略、笛卡尔、培根这样的伟大人物。正因为如此,恩格斯说,文艺复兴"是一次人类从来没有经历过的最伟大的进步的变革,是一个需要巨人而且产生了巨人——在思维能力、热情和性格方面,在多才多艺和学识渊博方面的巨人的时代。……那时,差不多没有一个著名人物不曾作过长途的旅行,不会说四五种语言,不在几个专业上放射出光芒"。[①]

文艺复兴时期的政治、经济以及思想文化领域表现出来的各种新特征,对这一时期的教育起着重大影响,从而形成了文艺复兴时期教育的新面貌与新特征。在这次变革中,许多人文主义者不仅在理论上论证了人文主义教育思想,甚至有许多教育家还把人文主义教育思想贯彻于教育实践中,使人文主义教育思想逐步形成,并不断得到完善和发展。

二、人文主义教育思想的主要特征与代表人物

文艺复兴时期的教育可以说是资产阶级教育实践的开始,它是以新兴资产阶级的各方面需要为基础的。在这一时期,新兴资产阶级已逐渐认识到教育是促进资本主义生产发展与政治斗争的重要手段之一,对教育规律的认识水平也有了很大的提高,因而提出了各种各样的教育新理论。同时,这一时期教育活动的范围、质量与实际效果等方面也都大大超越了封建社会时期。但是,这时的教育还仅仅处于资产阶级新教育的萌芽阶段,封建的、教会的教育还有着相当大的势力与影响,因此新、旧教育之间仍然存在着巨大的对立和激烈的斗争。就西欧各国新的文化教育发展的情况来看,文艺复兴时期的人文主义教育实践反映出了人文主义教育思想的一些主要特征:

1.重视教育对人的培养作用

人文主义世界观强调"人性",提出了对于健康的、积极的、乐观的人的崇拜。这与封建主义对神的崇拜是完全背道而驰的。

针对中世纪经院主义教育的种种弊端和社会发展的需要,人文主义教育思想提出要培养全面发展的一代新人,要求通过教育,使年轻一代学习人文主义的理想与知识,发展体魄和各项能力,养成文雅、礼貌的举止与态度,成为在能力、知识、思考和体力方面都得到自由和全面发展的新一代。

人文主义的这种教育目标既是对古希腊教育理想的再现,又反映了文

---

① 《马克思恩格斯选集》(三).人民出版社,1972.445 页。

艺复兴时期的社会要求,充分体现了新兴资产阶级的需要和利益。

2. 扩大教育对象,创建新形式的学校

文艺复兴时期,由于对人的发展及教育作用的极大重视,加上资本主义工商业发展的需要,教育对象的范围扩大了,除封建主及僧侣子弟外,新兴资产阶级的子弟一般都要求进学校接受教育,甚至少量的中下层城市平民的子弟也获得一定的入校受教的机会。

教育对象的扩大,以及对教育内容的扩充,使以往贫乏的教会学校形式已不能满足新的需求了。于是,在许多国家渐渐出现了一些新形式的学校,例如,15 世纪意大利的孟都亚学校,16 世纪法国的法兰西学院等等,它们都带有强烈的人文主义教育的特征,无论从教育形式还是教学内容上,都与教会学校形成了鲜明的对比。

3. 学校课程内容的拓宽和学科范围的扩大

社会发展的新需要,要求人的能力多方面的发展,这就决定了人文主义教育内容的广泛性,加上当时文化、科学、哲学与艺术的各种辉煌成就,也给教育内容的丰富与发展提供了条件。此外,古代希腊、罗马时期实施过的智育、体育、道德教育和美育也被重新发现,并给以扩展和深化成为教育内容的重要组成部分。

例如,人文主义教育先恢复了体育在学校教育中的重要地位,崇尚古希腊人的健美体魄和健康生活,注重身体与精神发展之间的联系。这种人文主义思想与封建教育把人的肉体视作"灵魂的监狱"而反对、蔑视体育锻炼是截然不同的。

在智育方面,学校课程的范围被大大加宽了,除了原有传统的"七艺"被保留之外,还加强了对古希腊、罗马时代文学作品的学习,并开设了自然科学、地理等学科。更重要的是,人文主义教育思想开始认识到,在智育过程中不仅要传授科学知识,还要在学科教学的基础上发展儿童的智力,培养他们的求知欲望和独立思考的习惯,这在封建教育中是不可思议的,是人文主义教育思想的重要进步。

在艺术教育方面,被中世纪学校所忽视的绘画、音乐、诗歌等重新受到重视,当时艺术上的巨大成就也极大地丰富了艺术教育的内容,推进了艺术教育的全面实施。加强艺术修养,培养审美能力,激发对美好生活的热爱和创造力,人文主义的这些艺术教育思想与禁欲主义的封建教育是格格不入的。

这一时期的道德教育也有重大的变革。封建道德观主要是对神的崇拜和对教会权威、封建专制的绝对服从,而人文主义的道德观却是对人的尊重。于是,"神道"开始被"人道"代替,旧有的道德观念被普遍地反抗与抵制,要求民主,大胆地追求新的知识,为真理而献身等思想与行为,成为新的道德观和道德教育的核心要求。

4. 提倡和运用新的教育、教学方法

新的教育目的和教育内容必然要求全新的、与之相适应的教育和教学方法。与封建教育的死记硬背,压制儿童天性的教育方法相反,人文主义教育强调要尊重和热爱儿童,注重儿童个性和能力的充分发展,提出要激发儿童的学习兴趣和主动性,主张采用游戏、实物教具、直观教学等方法进行教学,反对用体罚和严酷的纪律去约束儿童。特别值得注意的是,由于形成了新的民族与新的民族文化,因此,学校开始使用民族语言进行教学,打破了以往拉丁语作为唯一教学用语的局面。

在这一时期,人文主义教育思想的主要代表人物有维多利诺、拉伯雷和蒙田等。

维多利诺(Vittorino da Feltre,1378～1446)是意大利著名的人文主义教育家。他于1423年创办了意大利第一所新式学校——孟都亚学校,将他的人文主义教育理想付诸教育实践。

维多利诺把他的学校称为"快乐之家",认为学校应当是充满快乐的地方,这反映出他反对封建教育压制儿童个性的教育思想。他把学校设在风景优美的自然环境中,校舍十分宽敞,布置十分典雅,认为良好的学校环境会使儿童在愉快的气氛中达到身心的和谐发展。

维多利诺提出教育的最终目的,应是培养精神、身体、道德都充分发展的人,因此他重视智、德、体、美诸育的普遍实施,他提倡一种通才教育的精神。

维多利诺认为,学校的课程设置应富于吸引力。他建立了由多种文化构成的丰富而广泛的课程内容,既有古典学科,也开设自然科学和数学课程,他的课程包括了所有可能和必需的文化教养。

维多利诺还发展了一种新的教学方法体系。他尊重每个学生的兴趣和特长,反对机械背诵,注重理解和练习,经常根据学生的实际需要调整学习科目和教学方法,使教学生动、实际、有趣,以利于学生的发展。

此外,维多利诺非常重视体育、德育和音乐教育,希望每个学生的身体、道德和精神都能够协调发展。

维多利诺的教育思想和教育实践活动在当时的意大利影响极大,他所

创办的孟都亚学校是文艺复兴时期为数不多的人文主义学校的典范。他最早将人文主义教育思想付诸实践,被称为"第一个新式学校的教师"。

拉伯雷(Francois Rabelais,1494～1553)的长篇小说《巨人传》是当时的人文主义文学巨著,也被称作当时的百科全书式的著作。拉伯雷在书中通过一个巨人家族的虚构故事,揭露了经院主义教育的腐朽黑暗,阐述和歌颂了人文主义的教育理想。

拉伯雷叙述了国王的儿子高康大接受教育的过程。起初他由一位经院主义的学者对他进行教育,内容陈腐枯燥,方法呆板机械,使高康大变成了一个听话、愚蠢的呆子。后来国王给他换了一位人文主义的教师,这位新教师既注重高康大的知识、智慧和道德的发展,又注重体育、游戏、军事训练以培养其健康的体魄和勇敢的精神,还为高康大开设了包括文学、数学、天文、地理、医学等学科在内的百科全书式的课程;在方法上,结合生活中的实际的问题来进行学习,并采用旅行、实地考察、参观等多种途径来获取知识,学习变得有趣、轻松起来。拉伯雷在小说中还描述了一个修道院乌托邦,那里没有任何束缚个性的清规戒律和宗教仪式,每个人都有充分发展自我的权利,在新的教育下,每个人都可以成为能读、能写、能唱、能弹奏乐器,会五六种语言,会写诗歌文章,勇敢、知礼、健壮、活泼,有个性的新人。这些描写充分表达了拉伯雷人文主义教育的完美理想。

蒙田(Michel Eyquem de Montaigne,1533～1592)在他的著作《散文集》第一卷中的《儿童教育论》一文中,论述了他的教育主张。他认为教育的目的在于培养健全有用、富有知识、能充分理解人生意义的人。因此,他反对经院主义教育的贫乏与狭隘,反对死读书本的教育,要求培养儿童的思考力、判断力和理解力。他认为,宁可首先取其态度和判断力,而学问倒可以居其次。他进一步提出,整个教学过程如果不能很好地发展儿童的精神能力,则还不如让儿童去游戏。为此,他要求在教学方法上注重启发式,反对注入式,发展儿童的积极主动性和好奇心,使他们的丰富观念从自我观察、自我行为和充分的实验性活动中获取。此外,他也非常注重体育,要求体育和智育密切地联系起来,把青年培养成智、体都得到发展的新人。

三、人文主义教育思想的影响与西方近代教育学的萌芽

文艺复兴时期的教育发展,是一次反抗封建经院主义教育的重要革命。这次革命从批判经院主义教育出发,充分肯定教育在培养新人方面的作用,强调人的身心的全面发展,主张拓宽学校课程内容和学科范围,提倡使用新

的教育和教学方法,因而在教育制度、教育内容、教育方法及组织形式方面有极大的创新,取得了相当高的成就。同时,也更加深刻地探索与总结了教育本身的发展规律,在教育理论方面提出了塑造新人的教育理想,为近代教育指出了方向。

文艺复兴时期的教育作为资产阶级教育的开创阶段,具有鲜明的历史进步性。虽然这一阶段的教育仍具有相当的贵族性、宗教性和一定程度上的形式主义,也远远没有形成自身完整的体系,但它以前所未有的力量反抗和扫荡了封建社会陈腐的经院主义教育,为近代西方资产阶级教育开启了先河,也为教育学科的独立发展奠定了基础。

总之,在西方教育思想发展中,提倡反封建、反神权以及培养资产阶级新人的人文主义教育思想,占有极其重要的地位。人文主义教育思想为后人留下了许多宝贵的遗产,近代西方教育理论正是在人文主义教育思想的基础上形成和发展起来的。

第二节　外国近代教育思想的演变

1640 年,英国爆发了资产阶级革命,它标志着英国资本主义制度取代封建专制的开始,也标志着世界近代史的开端。到 19 世纪为止,近代史跨越了 200 多年的历史长河。

在这 200 多年间,欧洲一些国家及美国进行了资产阶级革命及改革,逐步确立与巩固了资本主义制度。同时,随着资本主义制度的建立与发展,天文学、地理学、航海学、物理学、生物学和医药学等近代自然科学得到了更为迅速的发展,近代的自然科学体系开始形成。相应地,多种新思潮也不断涌现,新的思想方法日益为人们接受,并在人们对自然和社会现象的探究活动中起着重要的作用。同时,在教育思想领域,也出现了一批伟大的教育思想家,他们猛烈地抨击封建社会腐朽的教育观念和教育制度,提出了崭新的资产阶级教育理论,为以后资本主义教育的发展指出了方向,产生了深远的影响。

以下,分别从 17 世纪、18 世纪和 19 世纪三大历史时期,考察当时伟大的教育家及其思想,从而了解近代西方教育思想演变的进程。

一、17 世纪的教育思想

17 世纪的欧洲,处于从封建制度向资本主义制度的过渡时期,在这一时期,资本主义工场手工业生产不断发展,资本主义生产关系正在封建社会内部孕育成长。同时,自然科学的不断发展,新思想、新认识方法的不断涌现,使 17 世纪欧洲的社会状况发生了巨大的变化,这种变化对教育思想和教育实践产生了深远的影响。

因此,面对当时学校教育不能适应时代和社会发展需要的情况,新兴资产阶级的教育家和思想家试图探究教育和教学的规律,在教育目的、教育内容、教育方法、教育组织与管理等方面提出了许多新颖的观点。其中最有代表的是夸美纽斯的泛智教育思想和以洛克为代表的绅士教育思想。

1. 泛智教育思想

泛智教育思想是由捷克教育家夸美纽斯(J. A. Comenius,1592～1670)在 17 世纪提出的。当时的捷克为反抗德意志贵族统治,争取民族的独立,进行了持续 30 年的战争。战争期间,捷克的新教徒遭到了天主教会残酷的镇压和驱逐,夸美纽斯也长期在国外流亡。战败后的捷克遭到了天主教贵族在经济上和政治上的双重压迫,文化生活极其贫乏,广大的农民和平民丧失了最起码的受教育的权利。

因此,在这样的时代背景和生活环境下,夸美纽斯开始研究"泛智论",并系统地提出了泛智教育思想。所谓"泛智",就是使所有的人通过接受教育而获得广泛、全面的知识,并使智慧得到普遍的发展。夸美纽斯认为,学校应该不问社会地位和性别,对所有人开放而不加任何歧视。一切城镇乡村的男女儿童都应该进学校,在学校里,他们应该受到一种"周全的教育",学习对于人类来说必需的一切知识。夸美纽斯认为,应该研究并总结出一个包罗万象的知识体系,并要求人人都应掌握这种对于现世生活有益的、有用的知识,从而培养出善于处理各种事务、胜任各种实际活动的人。按照夸美纽斯的意图,"教育应该是普及的,并且应该是以科学知识的最新成就为基础的相当广泛的一种教育。人们受了教育就可以认识真理,学到智慧,并且学会把知识正确地运用于一定的目标上,从而消灭社会关系中的一切不正常的现象"[①]。这就是夸美纽斯泛智教育思想的基本内容。

夸美纽斯的泛智教育思想基于以下两个基础:一是"泛智论",二是"教育适应自然"。

夸美纽斯说:"从所有个别的科学中能形成一种统一的、包罗万象的科

---

① 凯洛夫.《伟大的教育家扬·阿·夸美纽斯》.赵荣昌,单中惠主编.《外国教育史教学参考资料》.华东师大出版社,1991.190 页。

学的科学和艺术的艺术,即泛智论。"①即完整的和简明的普通教育课程。夸美纽斯所说过的"把一切事物教给一切人",就是"泛智论"的集中体现。夸美纽斯提出:"我们希望有一种智慧的学校,而且是全面智慧的学校,即泛智学校,也就是泛智工场。在那里,人人许可受教育,在那里可以学习当前和将来生活上所需要的一切学科,并且学得十分完善。"②他认为,"人人均应受教育","人人均须学习一切"③。

他说,"周全的教育"应包括"博学""德行"和"虔信"三个方面。"博学"指包括关于一切事物、艺术与语言的知识;"德行"不仅指外表的礼仪,而且指内在的与外表的动作的整个倾向;"虔信"指一种内心的崇拜,人借此可以皈依最高的上帝。夸美纽斯认为,这三者是密切相关的,通过这种"周全的教育",人就可以成为一个聪明、谨慎、虔敬的人。

夸美纽斯泛智教育的另一个思想基础是"教育适应自然"。这里"自然"的含义有两重:一是指自然界及其普遍法则;二是指人的与生俱来的天性。

首先,教育应该以自然界及其普遍法则为依据。夸美纽斯认为:"秩序是把一切事物教给一切人们的教学艺术的主导原则,这是应当并且只能以自然的作用为借鉴的。"④他强调教育必须以自然为借鉴,去模仿自然。夸美纽斯甚至把整个自然界看成是一架机器,认为世界上的 切都是按照机械原理安排的,是有秩序的。秩序是事物的灵魂,一切秩序良好的东西,只要它能保持它的秩序,也就可以保持它的地位和力量。教育也应如此。所以夸美纽斯说,学校应该组织得"像一座用最巨大的技巧做成的、用最精细的工具巧妙地雕镂着的钟一样"⑤。

其次,教育要适合人的天性和年龄。根据夸美纽斯实际观察的结果,他把儿童分为六类:第一类是伶俐、求知和易受教育的;第二类是伶俐但懒惰的;第三类是伶俐、求知但难以驾驭的;第四类是温柔、求知但迟钝的;第五类是心智低下而懒惰的;第六类是心智低下且倔强难驯的。从这个观点出发,夸美纽斯强调,"知识如果不合于这个或那个学生的心灵,它就是不合适

---

① 任钟印选编.《夸美纽斯论著选》.人民教育出版社,1990.197页。
② 张焕庭主编.《西方资产阶级教育论著选》.人民教育出版社,1979.42页。
③ 同上.42页。
④ 夸美纽斯.《大教学论》.傅任敢译.人民教育出版社,1984.80页。
⑤ 同上.42~43页。

的。"①他说,"每个人都会顺着他的自然的倾向去发展"②,"教师是自然的仆人,不是自然的主人;他的使命是培植,不是改变"③。他反复强调,教育要适合儿童的年龄特点,使每一个人的智力都能得到充分的发展。

以"泛智论"和"教育适应自然"为依据,夸美纽斯提出了统一的学制系统,如下图所示:

婴儿期(0~6 岁)——母育学校

儿童期(6~12 岁)——国语学校

少年期(12~18 岁)——拉丁语学校

青年期(18~24 岁)——大学

夸美纽斯对这几种学校作了明确的区分,详尽地描述了每种学校即学前、初等、中等和高等教育的目的和任务,它们构成了一套完整的泛智教育的学制系统。总之,通过相互联系的四种学校以及学校设置的泛智的课程内容,最终可以使人达到"博学""德行"以及"虔信"的教育要求。

在 17 世纪的欧洲,个别施教的教学方式仍被大多数学校普遍采用。这种方法没有统一的教学计划,不同年龄不同水平的学生同时在一起上课,教育的效率很低,效果也不好。为了更好地提高泛智教育的效率,夸美纽斯针对时弊,总结前人经验,明确地提出了班级授课制,并从理论上加以论证。他说:"通过把学生按年龄和成绩分成班组,在学校中建立起关于人员的制度。这样划分的班组学校现在通称'班'。班不外是把成绩相同的学生结合为一个整体,以便更容易地带领学习内容相同、对学习同样勤勉的学生奔向同一目标。"④

针对班级授课制,夸美纽斯提出了一系列要求:每个班的学生应在同一时间学习同样的课程,并使用同样的教科书;每个班级都应该制订短期和长期所要达到的目标以及相应的教学计划。同时,夸美纽斯还提出,在学校教育中实行学年制,具体内容包括:每年招生一次,秋季开学;同时开学,同时放假;学年结束时,参加考试,成绩合格的学生才可以升入高一年级继续学习。

为了使学生能够"迅速地、愉快地、彻底地"学习各门课程,夸美纽斯十分重视教学艺术,他专门论述了四条重要的教学原则:

---

① 夸美纽斯.《大教学论》.傅任敢译.人民教育出版社,1984.153 页。

② 同上.153 页。

③ 同上.153 页。

④ 任钟印选编.《夸美纽斯教育论著选》.人民教育出版社,1990.246 页。

一是教学的便易性原则。夸美纽斯提出,教学要及早开始;教学应由易到难;教学应从一般到特殊;教学应当根据学生情况量力而行;教学应尽可能多地利用学生的感官;学生的负担不应过重等。

二是教学的彻底性原则。夸美纽斯认为,教学应只教真正有用的学科;教学应具有整体性;教学应打好一个坚固的基础;教学应有一定的程序等。

三是教学的简明性和迅速性原则。夸美纽斯主张,教学应实行班级授课制;注意教科书的编写;制定每门学科的教学计划;采用自然的教法;注意教学的语言;各科教学都必须循序渐进等。

四是直观性原则。夸美纽斯从儿童的发展和学习的规律出发,提出了直观性原则。他认为,教师应该借助儿童的感官进行教学,使用自然界的事物、图片和图表、模型以及其他合适的实物教材和直观教具。同时,教师也应该使教学适应儿童的发展和能力,由易到难,循序渐进,使儿童能够把新旧知识联系起来,更好地理解知识和牢固地把它们记住。

除以上四条主要的教学原则外,夸美纽斯还论述了学生学习的主动性、自觉性、系统性、循序渐进性原则以及量力性与巩固性原则等。

总结夸美纽斯的泛智教育思想,可以发现它具有以下重要特征:

(1) 首创性。在世界教育史上,夸美纽斯被看作是一位伟大的教育改革家。他从"泛智"思想出发,提出了一系列全新的教育主张和改革措施,包括:第一个试图依据人的本性来组织教学过程;第一个创立了体系完整的教育科学;第一个从理论上论证并在实践中实施了班级授课制;第一个系统阐述了教学的基本原则,等等。夸美纽斯的这些教育思想在当时具有广泛的影响,并对近现代的学校教育产生了直接的影响。他本人也因为在教育领域内的极富创造性的工作而被誉为是教育史上的"哥白尼"。

(2) 民主性。夸美纽斯的泛智教育思想强调每个人都有接受教育的权利,提出了富有强烈民主性的普及初等教育的主张,并建立了相应的系统的学校制度和广泛的课程体系,实施自然、和谐、快乐的教育。这种富有民主色彩的教育思想适应了当时社会发展和新兴资产阶级的需要,反映了当时思想界和科学界的进步思想倾向,代表了 17 世纪欧洲的时代精神。

(3) 实践性。夸美纽斯的泛智教育思想从来源上看,它既是对前人以及当时教育研究成果的继承,也是对实际的学校教育工作的总结。他的一系列思想,如设立泛智学校,实施统一的学制和班级授课制,探索教学原则和教学方法等,无不具有强烈的实践性。

夸美纽斯提出的泛智教育思想距今已有 300 多年时间,它在教育对象、

191

教育目的、教育内容、教育方法和教育组织等方面提出了许多新颖的观点，建立了一种比较全面完整的教育学体系。这个体系成为近代西方教育理论的基本框架，在这个框架的基础上，西方现代教育理论得到了进一步发展和丰富。泛智教育思想提出并阐述的一系列问题，如教育普及、学校与社会的关系、智力发展、学制系统、泛智的课程和方法、教学原则和教育行政组织等问题，是现代教育仍然需要面对和亟待解决的问题。

但我们也应看到，夸美纽斯的教育思想带有浓厚的宗教色彩，并有一些不科学和片面的看法，这是由于时代和世界观的局限造成的。但夸美纽斯的教育思想对近、现代的教育思想和教育改革有极大的启迪作用，正是夸美纽斯使得教育学从以往的哲学、社会学等学科中分化出来，成为一门独立的科学。夸美纽斯也因此被认为是"教育科学的真正奠基人"。①

2. 绅士教育思想

绅士教育思想有着漫长的历史渊源。16世纪以来，随着英国社会生活的急剧变化，随着自然科学的发展，以及经验唯物主义哲学的产生，人们渴望并开始探索新的教育。同时，英国1540～1640年的第一次产业革命和日益发展的国内外贸易活动及殖民扩张活动，不仅仅使新兴资产阶级和新贵族阶级登上了历史舞台，而且还帮助他们树立了资产阶级功利主义道德观。新一代理想道德的标准是：有德行的人应该是善于处理实际事务，道德情操高尚，身体健康，通达世故的社会活动家。这类人被称作为"绅士"，培养这样的绅士成为当时教育的新目标。此外，17世纪英国新的君主立宪制的确立和社会契约论政治主张的产生，不仅对资产阶级提出明确的教育要求，而且也为新的教育制度的诞生提供了政治上和舆论上的保障与支持。在此期间，正值欧洲后期人文主义思想传入英国。文艺复兴时期发端的人文主义教育虽带有贵族色彩，但也具有强烈的世俗性，它注重健康体魄的锻炼、举止仪态的修养、实用知识的掌握，后期人文主义教育的重点已转移到对绅士风度的培养上来，这正好符合了此时英国新兴资产阶级和新贵族对教育的需求。因此，英国的教育便都围绕着绅士的培养而展开。

在十六七世纪，有许多教育家围绕培养绅士展开了许多的教育实践探讨，并形成了许多理论著作，其中具有代表性的人物及其著作是17世纪英国的教育家洛克写成的《教育漫话》一书。

① ［英］罗伯特·R·拉斯克，詹姆斯·斯科特兰.《伟大教育家的学说》.朱镜人，单中惠译.山东教育出版社，1982.78页。

洛克在《教育漫话》中明确地提出:教育的最高目的在于培养绅士。洛克认为:绅士应该具备"德行、智慧、礼仪和学问"①四种精神品质,以及健康的身体素质。这里,"德行"指用理性使自己的行为符合社会道德规范;"智慧"指"使得一个人有才干和远见,能去处理他的事务"②的一种能力;"礼仪"指礼貌、礼节和风度;"学问"指各种实用知识以及相应的技能技巧。由此可见,洛克所认为的"绅士"即是理智清晰,意志坚强,掌握实用知识与技能,举止得体,通晓世故,身体健康,既能满足个人幸福生活需要,又能促进资本主义发展的新兴资产阶级和新贵族子弟。这样的教育目的正反映了英国资产阶级培养新人的教育理想。

在绅士的培养途径问题上,洛克认为,绅士教育要通过家庭教育的途径来进行。他认为,家庭教育较之学校教育有更多的优势,例如可以为儿童提供良师益友以及个别教导等。总之,洛克认为,采用家庭教育"是达到教育上的主要大目标的最好最安全的方法"③。

洛克有一句名言:健康的精神寓于健康的身体。他认为,体育是绅士教育的基础,他所说的体育实质上是指健康教育,其最高目标是培养强健的身体。洛克从三个方面提出了保持健康身体的方法:一是从小进行身体锻炼;二是建立良好的生活制度,培养健康的生活习惯;三是身体锻炼要顺应自然。

在洛克的绅士教育思想中,他把德育看作是整个教育的灵魂。他认为,德育的目标在于使"精神保持正常,使人的一切举止措施,都合乎一个理性动物的高贵完美的身份"④。"一个没有德行,不懂人情世故,没有礼仪,却有成就、有价值的人,哪儿都是找不到的"⑤。洛克提出了德育的一般原则,如及早实践、养成习惯、符合儿童"心性"、根据个别差异因材施教等。在方法上,洛克提出:一是说理与规则;二是榜样与模仿;三是练习与游戏;四是奖励与惩罚;五是严厉与宽容。

洛克认为,智育只是绅士教育的辅助部分。在学习内容和方法方面,洛克强调绅士只需要"事业家的知识"和"处世经商的本领",并根据这一思想,提出了一系列广泛的课程计划。他把绅士应掌握的学问分成三部分:一是

① 洛克.《教育漫话》.傅任敢译.人民教育出版社,1985.138 页。

② 《教育漫话》.141 页。

③ 同上.72 页。

④ 同上.42 页。

⑤ 同上.96 页。

实用型的知识,包括读、写、算、速记、地理、历史、数学、物理、化学等。二是修养型的知识,包括希腊文、拉丁文、音乐、绘画等。三是娱乐型的技能技巧,包括跳舞、骑马、击剑、园艺、木工等。他还指出,学生对每门学科都不要钻得太深,所学的知识只是起一种引导作用。他说,教学的目的是"增进心的活动与能力而不是扩大心的所有物"①。

在教学方法上,洛克主张绅士应采用最容易最简捷的方法去学习。为此,他提出了三条原则:一是适时而教,以传授基础知识为主;二是寓教于乐,培养良好的学习心理;三是循序渐进,教给学生学习的方法。

洛克提出的绅士教育思想在当时引起了强烈的反响,这其中的一个主要原因在于他提出的绅士教育思想具有强烈的现实性特点,他所提出的绅士教育思想非常切合英国新兴资产阶级、新贵族利益和需要。他认为,教育的培养目标应该一切从现实社会生活的需求出发,培养身体健康、心灵完善、富有才智、身心平衡发展的各种社会活动家和事业家,以符合社会发展需要。在教学内容上,洛克主张设置讲求实用性的课程,传授给学生广泛而具有实用价值的知识。此外,洛克还强调从学生兴趣出发的直观的、发展学生智力的教学方法。这充分体现了绅士教育思想中浓郁的世俗性和现实性。

总之,绅士教育思想作为一种世俗的现实主义教育理想,在近代西方教育理论的形成与发展过程中占有重要的地位。17世纪英国教育思想家立足于现实社会生活,将后期人文主义教育思想与英国社会生活需求结合起来,形成了最具近代资产阶级特色的教育思想——绅士教育思想。它既摆脱了早期人文主义教育的复古倾向,又冲破了教会教育的神学束缚。"绅士教育思想的产生,为西方教育实践由封建教会教育转变为资产阶级世俗教育迈出了重要的一步"②。

二、18 世纪的教育思想

在人类社会发展史上,18世纪被称为"理性时代""启蒙时代"和"革命时代"。当时,资本主义工商业在欧洲国家中得到了不同程度的发展。以法国为代表,它在18世纪时,封建专制制度发生了深刻的危机,社会处于由封建制度转向资本主义制度的社会大革命时代,已具有较强经济实力的资产

---

① 张焕庭主编.《西方资产阶级教育论著选》.人民教育出版社,1979.90 页。

② 单中惠主编.《西方教育思想史》.山西人民出版社,1996.180 页。

阶级为了在思想上为即将到来的政治大革命作准备,首先发起了一场旨在反封建和反教会的思想启蒙运动。受此影响,教育思想也出现了新的变革,一些法国和欧洲其他国家的教育思想家从不同的角度猛烈地批判和抨击传统的古典主义教育,形成了丰富多彩、形态各异的教育思想。

其中较为重要和较有影响的教育思想有卢梭的自然教育思想、康德的理性主义教育思想和裴斯泰洛齐的要素教育思想。

1. 自然教育思想

自然教育思想是 18 世纪中期由法国思想家卢梭(J.J.Rousseau,1712～1778)提出的。

18 世纪初起,资本主义在法国得到了相当的发展,富有而强大的资产阶级已经形成。他们不满于经济实力和社会地位的不相称状况,要求改革不合理的社会制度,建立资产阶级政权。这样,法国便处于由封建制度转向资本主义制度的社会大革命时代。

法国资产阶级为了对即将到来的大革命作好思想和舆论的准备,发起了一场持续了约半个多世纪的反封建和反教会的思想启蒙运动。在这场运动中,启蒙思想家们要求建立真正的以社会契约为基础的资产阶级民主共和国,提出了人权、自由和平等的口号,提倡以人的“理性”来对抗宗教迷信和盲目信仰,这是继文艺复兴后,欧洲历史上第二次伟大的思想解放运动,对欧美的近代历史有着广泛而深远的影响。

由于启蒙思想家要求启迪遭受宗教神学思想奴役与蒙蔽的人类理性,以资产阶级的思想和科学知识武装人们的头脑,所以他们十分重视教育。其中,卢梭的自然教育思想尤为重要和具有代表性。

卢梭在其代表著作《爱弥儿》中,集中地表达了他的教育思想。

卢梭针对传统的古典主义教育残害人性和违反自然的弊病,提出了“教育要顺应自然”的重要原则。他认为,教育只有服从自然的永恒法则,适应儿童天性的发展,才能促进儿童身心的自然发展。卢梭强调说:“这是我的第一个基本原理。只要把这个原理应用于儿童就可源源得出各种教育的法则。”[①]

在卢梭的自然教育思想中,他把培养“自然人”作为自然教育的目的。他认为,这种“自然人”是身心发展平衡、不受传统束缚、天性自由发展的新人。而要培养出这样的自然人,就必然要借助于自由的教育。卢梭坚决反

---

① 卢梭.《爱弥儿》(上).李平沤译.商务印书馆,1978.80～81 页。

对压制儿童的个性和束缚儿童的自由，主张尊重儿童的天性，顺应儿童身心自然发展的特点来进行教育，让儿童从活动中获得直接经验，主动地进行学习。总之，他主张用自然、自由的教育方法培养自然、自由的人。

在自然教育的基础上，卢梭根据他对于儿童发展的自然进程的理解，将儿童的教育划分为四个阶段，在每个阶段中，要求根据儿童的生长和发展的特点进行相应的、有重点的教育，反对违反儿童特点进行强制性的教育。

第一，初生至 2 岁婴儿时期的教育

卢梭认为，教育是随生命的开始而开始的，婴儿时期的主要教育任务是保障婴儿身体健康地生长发育，为此，必须给予每个婴儿充分的活动自由，其教育准则就是多给孩子们真正的自由。婴儿的自由活动不仅有益于身体的发育和成长，而且它也是婴儿的一种学习方式。婴儿正是在不停的活动中，通过触摸四周的物体而获得最初的一些概念的。

第二，2 岁至 12 岁儿童的教育

卢梭认为，在这个年龄阶段必须首先锻炼儿童的各种感觉器官，积累丰富的感觉经验，为在下一个年龄阶段形成儿童的理智，发展判断能力打下基础。因此，他把这个时期称为"理性睡眠时期"。除感官训练之外，卢梭还主张注意锻炼儿童的身体，使感官赖以存在的物质基础能够健康强壮，才有可能充分利用感官和四肢这些智慧活动的工具，去获得丰富的知识。由此，卢梭认为遵循自然的教育在这时是不应该向儿童灌输知识和道德的，他坚决反对让儿童在 12 岁之前接受智育。

第三，12 至 15 岁儿童的教育

卢梭认为，这个时期的儿童应该进行广泛的学习，接受劳动教育，这是这个时期的主要任务，正规的教育由此开始。在此之前，儿童的天性自然地发展着，而现在则必须开始学习。卢梭要求儿童学习"真正有益于我们幸福的知识"、有用处的知识，即关于自然的知识，如天文、地理和物理知识，而非人文学科知识。卢梭主张让儿童通过实际观察，主动地进行学习，他说："问题不在于教他各种学问，而在于培养他有爱好学问的兴趣，而且在这种兴趣充分增长起来的时候，教他以研究学问的方法"[①]。在学习知识与发展智力的关系问题上，卢梭非常强调培养儿童获得知识的能力的重要性。他认为，儿童要取得的不是知识，而是判断能力。他还强调儿童要有独立进行学习和思考的能力。

---

① 《爱弥尔》(上)，223 页。

第四,15 岁至成年阶段的教育

卢梭认为,这个阶段教育的主要任务是对儿童进行道德教育,包括培养善良的感情、正确的判断和良好的意志,还应该开始学习大量的人文学科知识。由此,卢梭坚决反对用神学教条毒害儿童善良的天性。

总结卢梭的自然教育思想,可以发现它的一些主要特征:

(1) 反封建性。卢梭的自然教育理论是在批判封建教育的不合理性的基础上提出的,十分大胆地揭露了传统的封建教育的弊病,提出了培养自然人——即资产阶级新人的教育目标,而且在教育方法上也提出了许多新的观念,对西方现代教育理论的发展具有很重要的启示作用。尽管他的理论有许多偏激与片面之处,但在冲击封建旧教育阵地和反对封建制度方面,都起了巨大的作用。

(2) 强调教育要以儿童为中心,尊重儿童,热爱儿童。针对封建教育忽视儿童天性、压抑儿童天性的弊端,卢梭提出了教育要服从自然的永恒法则,树立了尊重儿童的天性发展,把儿童置于教育过程中心的新儿童观,要求真正地把儿童当作儿童来对待。他的这种人道主义儿童观直接影响了18 世纪末泛爱主义教育的发展,著名教育家裴斯泰洛齐、福禄贝尔等都受到他的启发和影响。同时,卢梭的这一思想也是后来的儿童中心主义的众多思想来源之一。

(3) 强调活动在学习中的重要作用。卢梭说,儿童"莫要从书本上去学习,而使他们能从经验中学到"[1]。他认为,真正的教师应该是经验和情绪。他主张,应该让儿童完全自由地活动,通过活动充分发展儿童的感官,丰富他们的感性经验并作为理性活动的基础。因此,卢梭主张行以求知,从做中学,注重实物教学和对儿童学习欲望的唤起和兴趣的培养。

总之,卢梭的自然教育思想提倡的是"顺应自然"的教育,要求培养反封建反教会的"自然人",主张根据儿童的不同发展阶段实施不同的教育。这些观点在西方教育思想史上产生了巨大而深远的影响,而被看作是新教育和旧教育的分水岭,具有划时代的意义。卢梭的自然教育思想反映和代表了18 世纪法国新兴资产阶级的利益和要求,是反封建制度反封建教育的有力的思想武器,具有强烈的时代性和进步性。

2. 理性主义教育思想

理性主义教育思想于 18 世纪中期在德国产生,康德(I. kant,1724～

---

[1] 张焕庭主编.《西方资产阶级教育论著选》.人民教育出版社,1979.132 页。

1804)是它的主要代表人物。

18世纪的德国是一个落后的封建国家,新的资本主义生产关系虽正在缓慢发展,但资产阶级的社会影响力仍很微弱。德国的启蒙运动并未导致政治的变革,而主要表现在自然科学和哲学的复兴与繁荣方面,理性成为科学和哲学的权威,康德、费希特和黑格尔的理性主义哲学成了这个时代的象征。康德的理性主义教育思想作为他哲学思想的重要组成部分,在当时具有较大的影响。

康德的教育观点是在卢梭的影响下形成的,尤其是卢梭的著作《爱弥儿》给了康德思想上的启发。康德接受了卢梭教育要顺应人的本性的观点,但在动物本性和需要教育培养的人的本性之间的差异问题上,他的见解和卢梭大不相同。例如,他不同意卢梭的儿童性善说,认为人至多只有"向善"的潜在倾向,要培养"善"的人,就必须对本能的冲动加以监控,必须以明确的道德规范去施教。康德说:"人只有靠教育才能成人。人完全是教育的结果。更可注意的是,只有人能教育人——换言之,即只有自身受过教育的人才能教育人。"①由此可以看出,康德并非是一个自然主义者,他的观点虽受卢梭影响颇深,但仍有相当大的不同。

理性主义教育思想有以下几个主要特点:

(1)强调教育对人的重要意义。康德把教育看作是人之所以成为人的决定性因素。他认为,人只有靠教育才能成为人,人完全是教育的结果。人固然有各种自然禀赋,但是这些自然禀赋只是作为一种潜在的东西存在着,要使自然禀赋从潜在变成现实就要依靠教育。他认为,理想的教育可以发展人身上善的倾向,使理性得到发展,最终能够以理性作为行动的指导。因此,教育的作用就是使人从"天性的自我"成为"精神的自我"。

(2)十分注重道德教育。康德的理性主义教育思想强调人的价值取决于他的道德生活,认为道德生活中能体现理性的崇高,道德教育完全受制于理性,它的核心是如何处理自律与他律的矛盾关系,即如何将外部法则变为内部法则的问题。为了达到道德教育的目的,理性主义教育思想非常注重意志的训练。

(3)重视思辨能力的训练。理性主义教育思想将求知的过程视为理智活动的过程,认为智育的首要任务是发展人的智力,尤其是思辨能力的训练。强调智育要磨练人的理智,使之具有主动性和创造性。

---

① 康德.《康德教育论》.瞿菊农编译.商务印书馆,1926.5页。

总之,以康德为代表的理性主义教育思想的出现,是教育与哲学结合的一个典范,它高举"理性"至上的旗帜,批判封建经院主义教育,并为教育的哲学思考开拓了新的领域,为19世纪西方教育思想的发展提供了哲学的方法论。理性主义教育思想不仅推动了欧洲各国的教育启蒙与发展,而且极大地影响了后来的教育家,如裴斯泰洛齐、福禄贝尔、赫尔巴特等,他们都从那里受到很大的启迪。

3. 要素教育思想

要素教育思想是由瑞士教育家裴斯泰洛齐(J. H. Pestalozzi,1746～1827)在18世纪后期提出的。

18世纪的瑞士处于封建主义经济向资本主义经济过渡的时期,法国的启蒙思想在瑞士得到迅速和广泛的传播,这一切促成了裴斯泰洛齐要素教育思想的形成。

在西方教育史上,裴斯泰洛齐是第一个致力于在教育实践中探索以心理学为基础来发展人的能力之方法的人,他称之为"教育心理学化"。裴斯泰洛齐的基本观点是:人的天赋能力是教育的基础,教育的作用就在于促使人的天赋能力遵循其固有的方式发展,因此,教育科学化就必须以对人的心理的探索为重要的理论基础。与夸美纽斯的"教育要适应自然"和卢梭的"教育要顺应自然"的思想相比,裴斯泰洛齐的"教育心理学化"思想在科学性方面前进了一大步。"教育心理学化"不仅是裴斯泰洛齐要素教育思想的基础和依据,而且引发了19世纪的欧洲教育心理学化运动,并对德国教育家赫尔巴特的教育理论产生了重要影响。

裴斯泰洛齐一生致力于从理论上论证和在实践中实施要素教育思想。裴斯泰洛齐认为,任何知识都是由一些简单的要素组成的,儿童可以从掌握这些最简单的要素着手,以此为出发点,从而逐渐认识他们周围的世界。而各种教育最简单的要素,就是存在于儿童身上的天赋能力的表现形式,它们是对儿童进行各种教育的依据。基于这样的一些观点,裴斯泰洛齐认为,要素教育的基本含义就是:教育过程要从一些最简单的,为儿童所理解和接受的"要素"开始,再逐步过渡到更加复杂的"要素",促使儿童各种天赋能力全面和谐地发展。裴斯泰洛齐分别从体育、德育、智育三方面对要素教育作了具体的阐述。

在体育方面,裴斯泰洛齐认为,儿童有喜欢活动的自然愿望,各种能力本身有要求活动的倾向。因此,要让儿童尽可能多地参加一些活动,以使儿童的体力得到发展。体育的任务是通过身体的训练,发展儿童身体的力量和技巧。体育的最简单的要素是各种关节的运动,它表现为一些最简单的基本动作,如推、拉、转、摇等,任何复杂的动作都是由它们组成的。这些即是自然赋予儿童关节活动的能力,也是进行体育练习的要素。所以,儿童应该从小习惯于各种关节的运动,从最简单的动作开始,然后逐步扩展到全身的,更为复杂的动作练习。

在德育方面,裴斯泰洛齐认为,德育的任务是使儿童发展良好的道德情感,培养自制的能力,形成正确的道德观点。德育最简单的要素是儿童对母亲的爱,这是一切道德情感的出发点。裴斯泰洛齐认为,首先要在家庭中培养儿童对母亲的爱,再把这种爱逐渐扩大到对家庭里其他成员的爱、对周围邻居以及学校老师和同学的爱,再扩大到对整个人类的爱。裴斯泰洛齐说:"教育的主要原则是爱。"[1]

在智育方面,裴斯泰洛齐认为,智育的任务是帮助儿童通过感性经验去获得一定的知识,并发展智力,尤其是思维能力。智育的简单要素是数目、形状和语言,例如在观察时儿童须注意到:① 有几种物体? ② 形状是什么样的? ③ 名称是什么? 裴斯泰洛齐认为,在智育过程中应该引导儿童在数目、形状、语言三方面"从模糊的感觉印象到准确的感觉印象,从准确的感觉印象到清楚的印象,再从清楚的印象到明晰的观念"[2],从而实现整个心理发展过程。

此外,裴斯泰洛齐还根据自己的教育教学实践,在初等学校各科教学法,如算术教学法、测量教学法、语文教学法、地理教学法等方面,也提出了许多具体的观点和见解。

总的来看,裴斯泰洛齐的要素教育思想具有以下主要特点:

(1) 充满人道主义的精神和爱的感情。裴斯泰洛齐说:"我的任务是要使最初步的学习容易一些,让贫困家庭的子弟都可以学习,因为他们一向是被社会所遗弃的。我的责任就是为他们打开科学艺术之门。"[3]这正是他提出要素教育思想的出发点。他的理想是简化教学方法,使得最普通的人,即使农村妇女也有可能自己教她的孩子。德国哲学家和教育家费希特说:"裴斯泰洛齐生活的灵魂是爱。"[4]裴斯泰洛齐自己也说:"如果不能爱孩子,我不懂得还能谈到有什么规则、方法和技能。"

---

① 奎克.《教育改革家》.1924(英).358 页。
② 张焕庭主编.《西方资产阶级教育论著选》.人民教育出版社,1979.183 页。
③ 格林.《裴斯泰洛齐的生平与著作》.1913(英).27 页。
④ 吴志尧.《裴斯泰洛齐》.商务印书馆,1948.3 页。

（2）具有实践性。裴斯泰洛齐的理论和方法是以实践为基础的,和其他的教育理论相比,实践性特点表现得更加明显。裴斯泰洛齐说:"我要以实践来证明我的观点;并且独创性地用试验来讲清楚我确实希望去做和我能去做的事,以便通过这一渠道找到我的目的的方法。"①他的理论,相当注重在实践中搜集事实。

（3）体现了教育和心理的结合。要素教育思想的理论依据是"教育的心理学化"。从某种意义上来说,要素教育思想实际上就是"探索有效方法的最基本的起点,以心理学为基础来发展人的能力和才华。"②这是裴斯泰洛齐教育思想一个显著特点。它对以后德国教育家赫尔巴特的教育理论以及科学教育理论体系的建立都产生了相当大的影响。要素教育思想对欧美各国的教育也产生了广泛的影响,在19世纪先后出现的"裴斯泰洛齐运动"充分说明了这一点。

近代教育的发展,不仅是西方教育思想一个非常丰富的时期,而且在世界的东方,其教育制度和思想也得到了非常迅速的发展。日本就是一个典型。

18世纪中叶以后的日本,封建社会逐步开始解体,日本的政治、经济以及思想文化都发生了巨大的变化和发展,从而也带动和影响了教育的发展和变化。日本政府对教育进行了多次的改革,在这些教育改革中,除了废除封建教育体制,建立资产阶级的新学制外,日本政府把大力发展普及初等义务教育作为改革的重点。其内容包括:规定儿童必须接受四年的普及义务教育;初等学校的课程设置十分广泛,尤其重视自然科学知识的学习,并开设了外语课。这些教育改革为后来教育的发展打下了良好的基础,也普遍提高了全体国民的文化水平,为发展资本主义准备了良好的条件。这些教育改革对在占日本人口大多数的农民中传播文化和科学技术知识,对发展近代工农业生产都具有特别重要的意义。此外,日本政府还特别注重兴办高等教育和派遣留学生去国外吸收当时先进的科学技术。

日本教育改革的成果是明显的。在世界教育史上,日本是第一个在全国范围内完全实现普及初等义务教育的国家,就普及的速度而言,日本也是世界第一。日本教育的飞速发展和迅速普及,是日本成为一个进步非常快的新兴资本主义国家的重要原因之一。

---

① 《裴斯泰洛齐教育论著选》.夏之莲等译.人民教育出版社,1992.5页。
② 同上.33页。

但是,日本近代的教育又具有浓厚的封建性和军国主义的性质。日本的明治政府紧紧围绕"富国强兵"的根本目标,利用教育在青少年和民众中强行灌输"忠君""尽忠"的思想和"武士道"的精神,使日本的教育沦为其政府对外扩张、侵略的帮凶和工具,是日本最终走上军国主义化道路的重要原因。

在此期间,日本出现了一批反对封建制度,主张学习西方先进技术的思想家。他们提倡资产阶级的思想观念,创办资本主义的新教育,极大地推动了日本教育的发展。资产阶级的启蒙思想家福泽谕吉就是其中的一位典型代表人物。

福泽谕吉(1834~1901)一生从事教育,并积极从事传播西方文明的译介工作。他创办了庆应义塾,专门教授先进的资本主义科学文化,开设了数理与财经课程,因而为日本培养了许多新型政治、财经方面的专门人才。福泽谕吉还以自身严肃的治学精神,渊博的学识修养和先进的思想观念影响与教导他的学生,从而被誉为一位伟大的西方文明启蒙者和教育家。

三、19 世纪的教育思想

19 世纪是一个自然科学发展突飞猛进的时代,自然科学的发展和对知识与科学的普遍信仰大大促进了教育思想的更新和学校教育的变革。在19 世纪,随着近千年来一直在西方国家学校教育领域占统治地位的古典教育的衰微,现代化的科学教育逐渐占据优势,近代西方的教育理论体系也开始形成了。对于教育的科学化与现代化来说,19 世纪是个关键的时期。

在 19 世纪出现的种种教育思想中,影响最大的是以德国教育家赫尔巴特为代表人物所提出的主知主义教育思想,它后来成为在欧美国家以及世界上其他国家的教育领域中占统治地位的一种教育思想。除此之外,德国教育家福禄贝尔的幼儿教育思想也在 19 世纪末兴起,并在世界范围内广为传播,出现了"福禄贝尔运动"。

1. 主知主义教育思想

19 世纪初,德国教育家赫尔巴特(J.F.Herbart,1776~1841)创建了一个完整的理论体系——主知主义教育思想。赫尔巴特继承了裴斯泰洛齐"教育心理学化"的教育观念,试图把自己的教育学说建立在观念心理学的基础上,希望能建立一个科学的教育理论体系。由于赫尔巴特强调"知",把"知"放在教育的首要位置,所以他的教育思想被称为"主知主义教育思想"。

18世纪末19世纪初的德国,由于资本主义生产的发展,尤其是法国资产阶级革命和启蒙思想运动的影响,德国的文学和哲学领域进入了一个狂飙突进的时期,教育领域也出现了旨在反封建的新人文主义运动。在这样的思想背景下,主知主义教育思想逐渐产生和发展起来了。

赫尔巴特认为,要使教育学成为真正的科学,就必须以实践哲学和观念心理学作为它的基础。

赫尔巴特强调每一个人都应具有五种道德观念,即"内心自由""完善""仁慈""正义"和"公平或报偿",并把它们说成是永恒不变的美德,是维持现存世界秩序的道德标准。赫尔巴特企图用这些道德观念来维护当时普鲁士君主政体下占统治地位的社会关系和道德行为,并以之作为他的教育学的"实践哲学"的基础。

同时,赫尔巴特还强调教育必须以心理学为基础。他在自我观察和实验的基础上,确立了他的观念心理学。赫尔巴特认为,观念是人的全部心理活动的最简单的和最基本的要素,也是人的全部心理活动的基础。他认为,一个观念若要由一种完全被抑制的状态进入一种现实观念的状态,必须通过一道界限,即"意识阈",这是赫尔巴特观念心理学的一个重要概念。另外,"统觉"是他观念心理学的另一个基本概念。"统觉"是指新观念被旧观念所同化和吸收的过程,任何观念的形成都是"统觉"的结果,将其运用到教学论中,教学过程就可以被理解为是使学生在原有的旧观念的基础上去掌握新观念的过程。

关于教育的目的问题,赫尔巴特以培养"真正善良"的人,也就是完全符合前面所述的五种道德观念要求的人,作为他的教育目的。他认为,道德教育是最根本最重要的任务,是全部教育必须围绕的中心。

教学问题是赫尔巴特全部教育理论的中心问题。他特别重视智育在整个教育中的作用和意义,认为教育必须给学生以各方面的知识,主要是教师通过教材传授给学生。他特别提出了"教育性的教学"原则,即任何教学过程都必须具有教育的作用,教学的最根本的目的是培养有道德的人。他说:"愚蠢的人不可能是有德行的。"所以,赫尔巴特认为一个人的知识越多,他的道德品质就越好。

赫尔巴特还认为,教学必须激发学生学习的兴趣,他所理解的兴趣就是指心理的积极活动。赫尔巴特重视兴趣并把兴趣的多面性看成是教学的基础。赫尔巴特把兴趣分成六种、两大类。第一类是自然的或"知识"的兴趣,包括经验的兴趣、思辨的兴趣、审美的兴趣;第二类是历史的或"同情"的兴趣,包括同情的兴趣、社会的兴趣和宗教的兴趣。

为了适应多方面的兴趣,赫尔巴特设置了庞杂的中学教学计划。根据经验兴趣,应设自然、物理、化学、地理等学科;根据思辨兴趣,应设有数学、逻辑、文法等学科;根据审美兴趣,应设有文学、国语、本国语等学科;根据社会兴趣,应设有历史、政治、法律等学科;根据宗教兴趣,应设有神学。

赫尔巴特又把兴趣分为四个阶段:注意、期待、探求和行动。同时,他还认为在教学过程中,学生掌握知识必须通过"钻研"(接受和学习教师所讲的内容)和"理解"(深入思考新的内容)两个环节,而这两个环节又可分为心理活动的静态和动态两种状态。

赫尔巴特把教学程序分成四个阶段:明了、联想、系统和方法。在教学过程中,教学各阶段与掌握知识环节、心理活动状态、兴趣阶段及教学方法等构成如下相互配合的关系:

教学阶段	明了	联想	系统	方法
掌握知识环节	钻研		理解	
观念活动状态	静态	动态	静态	动态
兴趣阶段	注意	期待	探求	行动
教学方法	叙述	分析	综合	应用

据此,赫尔巴特确定了如下教学阶段的具体步骤:

明了。在这一阶段,学生的观念状态属于静态的钻研,须集中注意力,深入研究学习的材料。从兴趣方面看,为注意阶段,要求教师简洁清楚地用讲解、示例或演示等叙述来讲解新教材。

联想。这一阶段,学生的观念活动状态属于动态的钻研,要求学生在旧观念的基础上形成新观念。从兴趣方面看,则为期待阶段,应该采用分析的教学方法,教师利用与学生的谈话帮助他们建立新、旧观念间的联系。

系统。学生的观念活动状态属于静态的理解。从兴趣方面看,则为探求阶段。教学上采用综合法,学生在教师的指导下寻找一些确切的定义和结论,或者得到各种各样的概括、结论以及规则、原则。

方法。这一阶段是要使学生把系统化了的知识用于实际。从学生的观念活动状态来说,已进入动态的理解。从兴趣方面来看,则符合行动阶段,要由学生自己去做作业。教学方法是独立完成各种练习、演算以及按教师指示来修改作业、练习等。

这就是教育史上著名的赫尔巴特的阶段教学论。

总结赫尔巴特为代表的主知主义教育思想,它具有以下主要特征:

(1)以心理学和哲学为理论基础。在赫尔巴特之前,裴斯泰洛齐曾提出过"教育心理化"的主张。但是,第一个真正十分明确提出此理论的却是赫尔巴特。他指出,要使教育学成为一门科学,就必须以哲学和心理学为基础,并且详细地加以论证,这使得教育的心理学化进程得以大大地深入。赫尔巴特说:"教育学作为一种科学,是以实践哲学和心理学为基础的,前者说明教育的目的,后者说明教育的途径、手段与障碍。"[1]例如,在他著名的教学阶段论中,他考虑到了学生的心理状态和学习的关系,运用了心理学中统觉的原理,把理论建立在心理学的基础之上。因为他在教育的心理学化方面的重要贡献,赫尔巴特被誉为"科学教育学的奠基人"。

(2)强调以"知"为主。赫尔巴特从他的心理学理论出发,把知——观念作为人们一切心理现象的基础。他十分强调要通过系统的教学工作来向学生传授全面系统的知识,把教学作为教育的基本途径。赫尔巴特认为,只有通过教学,才会使儿童在掌握一定知识的基础上,培养他们的道德意志和情感。

(3)保守性。主知主义教育思想的主要代表人物赫尔巴特在政治上坚决主张维护现存的社会秩序和政治制度。他这种政治上的保守性突出地反映在他的道德教育理论上。赫尔巴特认为应该通过教育来培养学生"完善"的道德观点,他处心积虑地企图使学生形成个性与社会相结合的道德性格,成为服从权威、遵守秩序、忠于国家的人。这种观点具有中世纪教育的特点,反映了当时德国新兴资产阶级在政治思想和教育思想上软弱、妥协和保守的一面。

总之,以赫尔巴特为主要代表的主知主义教育思想是西方教育史上第一个以哲学和心理学为基础的教育理论体系,他的理论集中反映了18世纪末到19世纪初资本主义确立时期教育学和心理学的发展水平与成就,促进了教育学的科学化。赫尔巴特还在教育史上第一次明确提出了"教学的教育性"原则和教学阶段的理论,这些思想大大丰富了教学论的内容,并对教学工作的实践具有积极的指导意义,至今仍具有广泛影响。

同时,我们也看到主知主义的教学论把"知"放在首位,偏重于系统传授书本知识和学生静听的学习模式,而在很大程度上忽视了学生思维能力的

---

[1]　赫尔巴特.《普通教育学·教育学讲授纲要》.李其龙译.人民教育出版社,1989.190页。

发展。另外,教学阶段的公式化、形式化也影响到了教学质量的提高。他的这些理论成为西方"传统教育"学派的典型模式,具有消极保守的一面。

2. 福禄贝尔的幼儿园教育思想

19世纪初,资本主义工业在德国有着显著的发展,现代机器大工业生产引发了该如何照管和教育广大劳动人民子女的社会问题。为了适应时代发展的要求,在当时的德国,幼儿教育很快地发展起来,社会上出现了各种形式的学前教育机构。福禄贝尔(Friedrich Wilhelm August Frobel,1782～1852)的幼儿园教育思想就在这样的时代背景下形成了。

福禄贝尔认为,教育应该按照儿童的本性连续地、协调地使他们在各个方面得到发展;整个教育制度应该建立在儿童不断的成长和发展的观点上。这是福禄贝尔幼儿园思想体系中的主导思想。

福禄贝尔十分重视幼儿教育,认为幼儿期是教育的主要阶段。他认为,如果儿童未来生命之树的胚芽在幼儿时期受到损害,那么,他需要以极大的努力去克服这种损害所造成的不良影响,才能成长为强健的人;相反,早期良好的教育,会使儿童获得百倍的收成。因此,福禄贝尔认为,正是从幼儿阶段起,"真正的人的教育就开始了"。福禄贝尔也十分重视家庭教育的作用,并在1840年开设了第一家学前儿童教育机构——幼儿园,以帮助一些缺乏专门的教育知识和训练的父母和家庭对幼儿进行合理的教育。

福禄贝尔认为,游戏和作业既是幼儿教育的主要内容,同时它们又是幼儿教育的主要方法。

福禄贝尔对游戏作了系统的阐述。认为游戏是幼儿时期最重要的活动,它不仅丰富了幼儿的生活内容,也有利于幼儿主动性和创造性的发挥,它可以促进儿童语言的发展,可以提高智力,增强体质,形成良好的品德。福禄贝尔呼吁:"母亲啊,培养儿童游戏的能力吧;父亲啊,保卫和指导儿童的游戏吧!"①福禄贝尔还特地为儿童设计了一系列游戏活动的玩具及其教学方法,其中最著名的玩具是福禄贝尔"恩物"。所谓"恩物",按照福禄贝尔的看法,就是神恩赐给儿童的活动玩具,实际上,"恩物"是他专门设计的包括球状、立方体状和圆柱状的可分割的游戏玩具。此外,福禄贝尔还为幼儿设计了各种利用木、竹、纸、沙、粘土的制作活动,把它们作为幼儿园的一种教育活动形式,称之为作业。福禄贝尔认为,让儿童进行游戏和作业,应该具有一定的目的性,通过游戏来培养幼儿服从、忍耐、节制等品质。同时,在

---

① 张焕庭编.《西方资产阶级教育论著选》.人民教育出版社,1979.313页。

游戏中也可以使儿童了解社会生活的准则和规范，以使儿童适应社会。

此外，福禄贝尔还对幼儿教育进行了阶段分期，在各阶段中分别规定了不同的教育目标和内容以及方法，其论述可谓是十分详尽和深入，提出了许多独到的见解。

福禄贝尔的幼儿教育思想具有以下几个主要特点：

（1）重视学前教育。福禄贝尔把幼儿期看成是人的发展过程中一个极为重要的阶段，他主张把学前教育纳入整个教育体系，并第一个创建了新的幼儿教育机构——幼儿园。同时，福禄贝尔还在幼儿园长期的实践基础上，创立了幼儿教育学，并形成了独立而完整的幼儿园教育思想体系，对欧美国家的幼儿园发展产生了极大的影响。

（2）重视活动。福禄贝尔认为人生来就有一种活动的本能，游戏则是这种本能的表现。福禄贝尔强调了游戏对儿童发展的重要性，把游戏看作是发展幼儿自动性和创造性的最好的活动形式，呼吁家长和教师要学会保护和指导儿童的游戏，他还为儿童设计了一整套完整的游戏体系和游戏玩具——"恩物"。

（3）具有宗教色彩。福禄贝尔是一个泛神论者，使得他的幼儿园教育思想也蒙上了一层较为浓厚的宗教神秘主义色彩。如：他认为教育的目的是揭露蕴藏在人的身体内部的"神的本源"，认为儿童的发展决定于其天赋本能，把游戏玩具看成是上帝的恩赐（恩物）等。无疑，这些观点都是唯心主义的，不科学的。

总之，福禄贝尔的幼儿教育思想具有广泛的影响并有着积极的意义。它唤起社会重视入学前儿童的教育问题，在幼教实践方面建立了幼儿园，具有首创性。其思想中重视游戏与作业，重视儿童的主动创造性等内容至今仍有积极的意义和深远的影响。

第三节　外国近代教育思想的特征

外国教育发展史在经历了古希腊、古罗马以及中世纪的历程后，又过渡到了文艺复兴和宗教改革时期教育发展的新阶段，由此也开启了外国近代教育发展史的新历程。在外国近代教育数百年的发展中，政治、经济和文化思想都产生了许多飞跃性的变革，从而也引起了教育思想的发展变化，体现出鲜明的时代特征。具体说来，表现在以下六个方面。

1. 时代性　教育作为人类社会生活中的一种重要的社会现象，它与社会存在和社会关系之间有着不可割裂的密切关系。因为教育受社会的物质生活条件和一定的社会关系所制约,所以,不同的历史时代和不同的社会关系决定了各种不同的教育目的、内容和方法等。因此教育既是人类社会中一种永恒的存在,同时它又具体地表现为历史的现象,富有鲜明的时代特征。

在资本主义逐步发展的 17 世纪至 19 世纪,原有的封建主义经济基础和社会制度被瓦解和打破,形成了新的资本主义的生产关系,无论是在社会生活还是意识形态等方面,社会都发生了极大的变化。在这一时期,原有的封建传统教育已无法适应时代和社会发展的新需要,于是,新兴的资产阶级思想家、教育家开始探索教育和教学的新规律,在批判、揭露传统封建教育弊端的基础上,提出了关于教育内容、教育目的、教育管理和教育方法等方面的新观点,迎合了新兴资产阶级的利益和社会的需要,具有鲜明的时代气息。

例如,夸美纽斯提出的“泛智”教育思想比较全面地论述了改革经院主义旧教育和建立资产阶级新教育的主张,它的提出完全符合新兴资产阶级和平民群众的利益,适应了当时社会生产力发展的需要。可以说,是时代的需要促使了泛智教育思想的产生。夸美纽斯的“班级授课制”的提出和大机器生产带来的教育对象的扩大化密切相关,也是时代的产物。

2. 科学性 这一时期,人文科学、自然科学有着巨大的进步与辉煌的成就,这些成就与工业革命在西方国家的社会生活中产生了深刻的影响,改变了人们的精神面貌、思维方式,形成了一种对自然科学和文化知识的普遍信仰和对真理、科学的执著追求。

与此相关,一些教育思想家也在不断努力,力图将教育学科与哲学、心理学结合起来,把资产阶级的哲学思想和心理学科的最新研究成果作为教育学科的理论基础,努力实现教育学科的独立化和科学化。从夸美纽斯第一个试图发现教育的规律并设想出一种全面完整的教育体系,到裴斯泰洛齐提出的“教育心理化”的观点,再到赫尔巴特所建立的以哲学和心理学为基础的完整的教育理论体系,我们可以清楚地看到教育学科科学化的轨迹。

3. 民主性 西方近代教育思想受文艺复兴时期人文主义思想影响较深,尊重人并且尊重每个人接受教育的权利。随着资本主义大生产的逐渐发展,教育的规模扩大了,受教育的对象不再是封建社会贵族子弟和年轻僧侣,广大工人、平民的子女都有了受教育的机会和可能,教育日益广泛、普及。

这一时期,一些著名教育思想家的教育观点也表现出与时代相一致的民主色彩。例如,夸美纽斯的泛智教育就是针对所有人的,强调所有的人都有受教育的权利。他还提出了具有强烈民主性的普及教育计划,使得许多儿童接受教育有了可能与保障,这在当时无疑是具有进步意义的。又如,裴斯泰洛齐的要素教育思想,他的出发点是为了简化教学方法,使得所有的人甚至家庭主妇、农村妇女都有可能掌握教育孩子的方法,他的这种教育思想也带有浓郁的资产阶级民主色彩。

4. 实践性 这一时期的教育思想往往来自于教育的实践,同时又对教育的实践具有理论指导意义。例如,夸美纽斯曾亲自开办泛智学校,他的教育实践为泛智教育思想的形成提供了条件,同时他的教育理想又在这些学校的教育实践中得到实现。此外,赫尔巴特也曾开办过学校并在大学讲学,他在自己的实验学校对教学过程的各个环节进行了改革,提出并完善了著名的赫尔巴特"教学形式阶段"理论。福禄贝尔的幼儿教育思想也和他的幼儿教育实践活动紧密相关,他的教育思想也具有很强的实践性。

5. 多样性 从教育发展史来看,这一时期教育思想的多样和活跃是空前的。17世纪,有夸美纽斯的泛智教育思想,洛克的绅士教育思想;18世纪有卢梭的自然教育思想,康德的理性主义教育思想,裴斯泰洛齐的要素教育思想,还有本章未介绍的法国唯物主义教育思想;19世纪,有赫尔巴特的主知主义教育思想,福禄贝尔的幼儿教育思想,还有本章未介绍的新人文主义教育思想、"全人类教育"思想、俄国民族性教育思想、美国公共教育思想、19世纪空想社会主义教育思想以及19世纪科学教育思想和功能主义教育思想等,这一时期的教育思想可谓流派纷纭。

6. 继承性 这一时期教育思想继承了文艺复兴以来的人文主义传统,同时,由于这一时期的教育家同属一个时代和具有共同的阶级基础,因此,他们之间又相互影响,具有必然的历史继承和发展的脉络。如卢梭热爱儿童、尊重儿童的教育思想,直接影响了裴斯泰洛齐和福禄贝尔,裴斯泰洛齐的"教育心理学化"的观点也给了赫尔巴特以很大的启发,等等。

从17世纪到19世纪,众多的教育思想与学说丰富了教育学理论,使资产阶级的教育理论体系基本建立起来了。

思考题

1. 简述文艺复兴对西方近代教育思想的影响。

2. 为什么说夸美纽斯和赫尔巴特是世界教育思想史上两位划时代的人物？

3. 你认为在当今社会是否有必要进行绅士教育？为什么？

4. 根据你对自然教育思想的理解,你认为在我国小学教育中应当注意什么？

5. 请你谈谈福禄贝尔为什么被人们誉为"幼儿教育之父"？

┆推荐阅读书目┆

1.［捷克］夸美纽斯.《大教学论》.傅任敢译.北京:人民教育出版社,1984

2.［英］洛克.《教育漫话》.傅任敢译.北京:人民教育出版社,1985

3.［法］卢梭.《爱弥儿》.李平沤译.北京:商务印书馆,1978

4.［瑞士］裴斯泰洛齐.《裴斯泰洛齐教育论著选》.夏之莲等译.北京:人民教育出版社,1992

5.［德］赫尔巴特.《普通教育学》.李其龙译.台北:五南图书出版公司,1991

6.［德］福禄培尔.《人的教育》.孙祖复译.北京:人民教育出版社,1991

第九章 中国著名教育家的生平与学说

在中国教育发展史上,出现过许多著名的教育家。他们有的从宏观角度对教育现象进行深刻的剖析,并且尝试运用自己的哲学、政治思想来改革教育;有的在微观层面对教育实践进行大胆的创新,用自己的智慧和爱心去培育年轻的一代。在一定的意义上可以说,如果没有这些优秀的中国的教育家,人类的教育历史就会黯然失色。我们通过这些教育家的生平与学说,可以认识这些教育家教育思想形成的原因、背景及形成过程,甚至可以更深层面地把握这些教育家的人格特征及成长规律。

第一节 孔子的生平与学说

孔子(公元前551~前479年),名丘,字仲尼,春秋末期鲁国陬邑人。当时鲁国在政治、经济上已开始衰败,但在文化上仍很先进。在该国文化熏陶之下,孔子约7岁时就懂得了洒扫应对之节,开始学习五礼、六乐、五射、五御和九数之文。但他3岁丧父,17岁丧母,其家从一个贵族跌落到士族阶层,使他从小备尝贫贱之苦。20岁后他做过"委吏"(主管仓库)和"乘田"(主管畜牧),但始终怀抱着济世治乱的政治抱负。

孔子决心开辟"学而优则仕"的道路来实现理想,约30岁左右他开始教学生涯,"设教闾里"。后来,他的受业弟子日益增多,有门人三千,贤人七十二,使"学在官府"转变为"学在四夷"。他一边讲学授徒,一边勤勉治学,曾向郯子学礼,向师襄学琴,向老子学礼,向苌弘学乐。

鲁昭公时,鲁国发生内乱,季、仲、叔三家篡夺政权,于是孔子离鲁去齐。但齐景公奢侈柔懦,臣子扩张势力,孔子提出的"君君、臣臣、父父、子子"的政见不被采纳,齐大夫又欲加害于他。于是,在齐一年后,孔子又返回鲁国,重操旧业。他收集了鲁、周、宋、杞等各国文献,开始修订《诗》《书》《礼》《乐》《春秋》,并着手研究《易》,为弟子们提供了诵习的教材。这一时期,孔子的思想臻于成熟,"仁"的学说也已创立,门人学成出仕的也日益增多。

大约在孔子50岁左右,鲁定公和季桓子任用他为中都宰,因其政绩显著,后又升为司空(掌管建筑工程)、大司寇(管刑法),还代理过三个月的宰相职务。经过五六年的时间,由于孔子的雄才伟略,鲁国一度出现清平局面,但却遭到齐国的忌妒和担心,使女色诱于季桓子,使其不理政事。孔子愤而辞职,率弟子离开鲁国,开始周游列国。在 14 年的外游期间,他曾去过卫、陈、宋、蔡、楚等国,但到处碰壁,不被任用。大致在 68 岁时,孔子返回鲁国,继续从事教育工作,直到去世。

孔子的教育生涯长达 40 年之久,他以"得英才而教育之"为乐,诲人不倦,即使在逃亡危难之际也不中断,其德、其学令弟子们钦佩不已,孔子死后,弟子们服孝三年,后门人百余家迁往孔子墓地居住,足见其人格的高尚与精诚。

春秋时期,随着氏族宗法制度的瓦解,官学废弛,出现了私人讲学之风,而孔子创办的私学规模最大,收徒最众,时间最长,有"弟子三千,身通六艺者七十有二人"。孔子创办的私学规模之所以如此宏伟,是因为他贯彻了"有教无类"的招生原则,他说"自行束修以上,吾未尝无诲焉",即只要交一定的学费,就可以从师于孔子。这样,文化迅速下移于民间,"学在官府"走到了尽头。从孔子招收的学生来源看,大多出于社会中下层,且不受国籍限制,有吴、卫、蔡、宋、齐、鲁、晋、郑、陈等国。颜回身居陋巷,以一箪食一瓢饮度日,仲弓的父亲是贱人,公冶长曾是犯人,子路曾百里负米养母,曾参亲自耘瓜,他的母亲亲手织布,子张曾是鄙人,颜涿聚曾作过梁父大盗,只有孟懿子和南宫敬叔出身贵族,最富有的是做过生意的子贡。孔子的"有教无类"有两个特点:一是"布学"于四夷;二是播学于平民。这样,学术之风下至庶民,使他们靠自身的道德修养和学问智能,而不是靠宗族关系进入仕途。孔子开了平民教育之先河。

孔子将教育和"议政""干政"结合,提倡"举贤才""学而优则仕"。孔子讲学和言谈的一个核心内容就是议政,这也是他的教育目的。他认为,学习与做官相资以长,学习为做官从政作准备,而做官从政则是学习的目的。"学而优则仕"是孔子"举贤才"的政治主张在教育上的体现。当时在西周"亲亲"制度下,贵族子弟可以不学而仕,也可以学未成而仕。"学而优则仕"的提出,既是对西周教育宗旨的重大改革,又冲击了其世袭制度,推动了由"亲亲"到"举贤"的社会政治改革,为后世"用人唯贤"的选官制度尊定了理论基础。

孔子创建了儒家伦理道德教育学说体系。他充分肯定道德的重大作用,认为德治重于法治,只要统治者修德,就可使"四方之民襁负其子而至

矣,焉用稼?"这就是说德治比生产还重要。《论语·颜渊》有这样一段话:
"子贡问政。子曰:'足食,足兵,民信之矣。'子贡曰:'必不得已而去之,于斯
三者何先?'曰:'去兵。'子贡曰:'必不得以而去之,于斯二者何先?'曰:'去
食。自古皆有死,民无信不立。'"这段话不是说孔子不问民食和军事,而是
表明他认为道德教化更为重要。因此,孔子育人时,也是以德育为第一。学
生应先修德行,"学有余力,则以学文"。在他的伦理道德体系中,"仁"是核
心。何谓仁? 子曰:"爱人。"他又说:"夫仁者,己欲立而立人,己欲达而达
人"①;"己所不欲,勿施于人,在邦无怨,在家无怨"②;"老者安之,朋友信之,
少者怀之"③。可见仁的含义富有浓厚的人道主义精神,是一种纯粹利他的
行为,是由内及外、由己及人的过程。仁是指人内心的道德意识和道德情
操,包括各种高尚的品质,如恭、宽、信、敏、惠。"子张问仁于孔子,孔子曰:
'……恭、宽、信、敏、惠。恭则不侮,宽则得众,信则人任焉,敏则有功,惠则
足以使人。'"④此外,仁应与智、勇并举。"君子道者三……仁者不忧,知者不
惑,勇者不惧。"⑤孔子认为:君子去仁,恶乎成名,就谈不上是君子了;反之,
只要存心于"仁",做什么都是好的。在《论语》一书中,"仁"字出现了 104
次,可见孔子对仁的重视及它的核心地位。

　　《论语》一书是孔子弟子对孔子教育语录搜集整理而成的书稿,其中对
教育的地位、作用、对象、目的、内容、教学原则、为师之道、师生关系都有涉
及。关于教,孔子强调学而不厌,诲人不倦的精神;倡导启发式教学,"不愤
不启,不悱不发,举一隅不以三隅反,则不复也"⑥。另外,重视因材施教也是
孔子教学原则之一。他说,"柴也愚,参也鲁,师也辟,由也喭"⑦,"由也果",
"赐也达","求也艺"⑧。可见,孔子熟知每个学生的性格特点及智能水平,他
也因人而异施之教学:"求也退,故进之;由也兼人,故退之。"⑨关于学,首先,
孔子认为,学习的前提必须好学、乐学:"知之者不如好之者,好之者不如乐

---

① 《论语·雍也》
② 《论语·颜渊》
③ 《论语·公冶长》
④ 《论语·阳货》
⑤ 《论语·宪问》
⑥ 《论语·述而》
⑦ 《论语·先进》
⑧ 《论语·雍也》
⑨ 《论语·先进》

之者。"①其次,孔子提倡以约制博。他主张学生应"多闻"、"多见"、知识面要广,但须有一个中心加以贯穿。他说:"赐也,女以予为多学而识之者欤?对曰:然,非欤?曰:非也,予一以贯之。"②能够"一以贯之"就能以简驭繁,触类旁通。第三,孔子强调学与思、学与行必须紧密联系起来。他认为"学而不思则罔,思而不学则殆"③,但思必须以学为基础,所谓"吾尝终日不食终夜不寝,以思,无益,不如学也",而思又必须"四绝":"毋意,毋必,毋固,毋我"④。这种实事求是、不自以为是的态度,实在是很宝贵的。从学与行的关系看,孔子主要把"行"纳入伦理道德教育范畴,即"力行近乎仁";而对知识的多闻、多见、多问,也贯彻了"行"的原则。一言以概之,孔子的教学体系,既重诲人不倦的教,又重孜孜以求的学,教学相长,师生也可相互为师,所谓"三人行必有我师"。这种教学民主作风为古代沉闷的师生关系中吹了一股清凉的风。

孔子是中国古代教育史上详尽系统地阐述教育教学体系的第一人,更可贵的是他一生为贯彻自己的教育思想从不停辍,贫贱不移,精神可嘉。他的以"仁"为中心的伦理道德教育体系、在教学实践中总结的完备的教学方法论,对后来的教育者起了极重要的示范借鉴作用。

第二节　孟子的生平与学说

孟子,名轲,字子舆,战国中期邹(今山东邹城市)人。孟子生卒年大约在公元前372年(周烈王四年)至公元前289年(周赧王二十六年)。孟子是战国时期著名的思想家,也是先秦儒家的代表人物,与孔子齐名,世称"孔孟"。作为我国伟大的思想家,后世也尊称孟子为"亚圣"。

孟轲为鲁国贵族孟孙氏之后裔,其父早逝,幼年家境贫寒,全靠母亲仉氏通过纺纱织布维持生计。孟子受益于母亲良好的教育方法,最终走上成才之路。孟母教子的故事较多,"三迁""断机""杀豚""休妻"都是非常有名的。《三字经》中"昔孟母,择邻处;子不学,断机杼"就是讲的这些故事。

孟子的一生大体可分为五个阶段:幼年受益于母教;赴鲁求学阶段;兴学育才阶段;游说诸侯阶段;还乡著书立说阶段。孟子少年时期学成归来后

---

① 《论语·雍也》
② 《论语·卫灵公》
③ 《论语·为政》

　④ 《论语·子罕》

便回乡办学,虽然弟子盈门,也能够宣扬其儒家思想及学说,但是要想真正地做到"宣道救世",必须要说服那些握有实权的国君们实行"仁政",因此孟子便开始了周游列国之旅。他一生以聚徒讲学、游说诸侯为业。为推行"仁政"的主张,孟子辗转于齐、梁、宋等国,但因"仁政"与列国争霸的时代特征不合,所以在诸侯列国多不被采纳。最后,孟子晚年归邹,专心著述、讲学。孟轲一生热爱教育事业,以"得天下英才教育之"为人生的三大乐趣之一。孟轲众多弟子中,较为著名者有万章、公孙丑、乐正子等,其弟子公孙丑、万章等人记叙孟轲的言行录,编成《孟子》一书,也有说《孟子》系孟轲本人所著。

"性善论"是孟子的道德教育思想的心理基础。孟子的"性善论"的基本观点是:人生来就有"良知""良能",人人具有恻隐之心、羞恶之心、辞让之心、是非之心这四种善良的萌芽——"四端",并人人具有由这"四端"发展而成的"仁、义、礼、智"四种道德。孟子认为,人的本性是善的,教育的作用在于保持善性、培养善性,教育就是扩充"善性"的过程。孟子的"性善论"指出了教育是人的必须,教育要依循人的内在人性,发扬人的自觉。

孟子认为教育的目的在于"明人伦","设为庠序学校以教之。庠者,养也;校者,教也;序者,射也。夏曰校,殷曰序,周曰庠,学则三代共之,皆所以明人伦也。人伦明于上,小民亲于下。"①明人伦是孟子教育目的的最高概括,这也是孟子第一次明确地概括出中国古代学校教育的目的。"人伦"就是"人道"。具体说来,"人伦"就是五对关系:"父子有亲,君臣有义,夫妇有别,长幼有序,朋友有信。"②

孟子对传统文化的重要贡献,还在于他提出了"大丈夫"的理想人格。他说:"富贵不能淫,贫贱不能移,威武不能屈,此之谓大丈夫。"③意思是说金钱地位不能使自己迷惑腐化,贫苦穷困不会改变自己的志向,权势武力不能让自己屈服变节,这才是所谓"大丈夫",即坦坦荡荡的有志气有作为的人。孟子认为,只有这样的人,经得起富贵、贫贱和暴力的考验,才能自觉地为实现仁政理想而献身,才能把道德规范的认识转化为自己的坚强信念。孟子认为想要实现"大丈夫"这一人格理想,主要是靠人的内心修养,概括起来,主要有以下几条:

(一)持志养气

志,即人的志向、信念或追求;持志,即坚持崇高的志向,一个人有了志

---

① 《孟子·滕文公上》
② 《孟子·滕文公上》
③ 《孟子·滕文公下》

向和追求,就会有相应的"气"——精神状态。孟子认为人的精神境界是靠"养"出来的,是靠一件件日常的善言善行积累起来的,积累到了一定的程度,"浩然之气"就会油然而生。

(二)动心忍性

孟子比较重视意志锻炼,尤其强调人要在逆境中得到磨砺。孟子说:"天将降大任于斯人也,必先苦其心志,劳其筋骨,饿其体肤,空乏其身,行拂乱其所为,所以动心忍性,曾(增)益其所不能。"①

(三)存心养性

孟子认为虽然人人生来就有善端,但是人的贤与不贤,决定于他对先天的善端能否"存""养"和"扩充",所以不可放荡,放了心就要收回来。孟子认为存养的障碍来自人的耳目之欲,所以,孟子主张寡欲,"养心莫善于寡欲"②。

(四)反求诸己

反求诸己,就是反省检查自己,不断提高自我的道德修养。孟子说:"爱人不亲,反其仁;治人不治,反其智;礼人不答,反其敬。行有不得,皆反求诸己。"③总之,凡事须严于律己,时时反思。

在引导学生如何学习上,孟子认为除了专心致志、坚持不懈、由博返约外,还强调了"深造自得"的教学思想。孟子指出,深入的学习,必须要有自己的钻研、见解和收获。读书不要拘泥于表面的文字和词句,而应该通过思考去切实地体会深层意蕴。孟子还注重循序渐进的原则在教学中的运用。他说,教学过程如同流水一样,必须"盈科而后进",意思是说流水遇到坎坷时,必须等水盈满之后才能继续往前进行。他还通过"揠苗助长"的寓言告诫人们:必须注意到教学是一个自然有序的过程,人们应当关注并促进教学过程的实现,但决不能用"揠苗"的方法去助长,否则,"非徒无益,而又害之"④。

孟子作为儒家思想的重要代表人物,其教育思想对后世的影响是极为深远的。孟子对于教育作用、教学过程及教学方法的见解,无不体现了对人的能动性的提倡。他的"性善论",开创了中国教育史上强调个体理性自觉的"内发说"。他以历史唯物主义的态度,批判地继承儒家思想学说和儒家

---

① 《孟子·告子下》
② 《孟子·尽心下》
③ 《孟子·离娄上》
④ 《孟子·公孙丑上》

教育遗产,对于我们目前建设具有中国特色的现代教育理论具有重要意义。

第三节　墨子的生平与学说

　　墨子(约公元前 468～前 376 年),名翟,春秋战国时期杰出的思想家和重视躬行实践的教育家,师出儒家,后来"学儒者之业,受孔子之术,以为其礼烦扰而不悦,厚葬靡财而贫民,久服伤生而害事,故背周道而用夏政"①,转对儒学进行继承与批判,创立了与儒学抗而对之又并称"显学"的墨家学派。

　　关于墨子的籍贯,或谓鲁国,或谓宋国,迄今无定论。他自称"贱人",擅长手工技艺,且与"农与工肆之人"稔熟,概出身手工劳动者阶层,但"上无君上之事,下无耕农之难",读书又多,后又成为士阶层中一员。墨子是继孔子之后第二个带领弟子游说列国的思想家,一生备尝艰辛,奔走于诸侯国之间,以实现他"兼爱""非攻"的政治理念。30 多岁时,曾"起于鲁,行十日十夜而至于郢",战胜了公输般的云梯攻城之术,迫使楚国放弃对宋的攻击。楚惠王时,墨子在郢献书惠王,被认为"良书"。后又游于楚,用"非攻"的道理,劝阻鲁阳文君攻郑。宋昭公时,墨子曾仕官作大夫,后因子罕专政被囚。在游说过程中,多国诸侯都礼遇墨子,以封地赏之,他都不受而去。不论被囚或受赏,他都未动摇过施教的决心。弟子们一直跟随其侧,与之同心协力,如墨子救宋时有弟子禽滑厘等 300 人为宋守城。孟胜为阳城君守城,185 人全部战死。墨子对弟子管教甚严,有严格的纪律,其弟子胜绰曾助项子牛三侵鲁国,违背了墨家道义,墨子"请而退之"。

　　墨子在其政治主张和教育实践中,都贯彻了利功实在的原则,对国家政事进行说教,他提出了"尚贤""尚同""节葬""节用""非乐""非命""天志""明鬼""兼爱""非攻"10 项内容。他说:"凡入国,必择务而从事焉:国家昏乱,则语之尚贤尚同;国家贫,则语之节用节葬;国家喜音湛湎,则语之非乐非命;国家淫僻无礼,则语之尊天事鬼;国家务夺侵凌,则语之兼爱非攻。故曰择务而从事焉。"②可见,墨子主张的教育,完全是针对各国的不同政治情况提出来的,他把自己的政治主张同教育紧密地结合起来,明确提出教育必须为解决各国的实际问题而服务。

　　在对"农与工肆之人"的教育中,为使他们成为"兼相爱,交相利"的为民

---

① 《淮南子·要略》
② 《墨子·鲁问》

谋福利的"兼士",他特别强调劳动教育和自然科学知识教育。墨子充分肯定劳动对于人生现实意义和基本价值,"赖其力者生,不赖其力者不生"①,同时也鞭笞了那些不劳而获坐享其成的社会寄生虫。他认为"民无食则不可事,故食不可不务也"②,只有赖其力,亲自劳动,才能保障物质生活基本所需,才能创造社会财富。他教育弟子要掌握一定的生产技术和技能技巧:"凡天下群百工:轮车鞄、陶冶梓匠,使各从事其所能。"③墨子本人就是优秀的技师,他能用木制成飞鸢,用咫尺之木,不须一天工夫,做成车,能负三十石之重,行走远路,多年不坏。

《墨经》是墨子教学的主要教材,其中记载了自然科学知识和生产机械的原理及其具体操作,有关于几何学的点、线、面、体、方、圆、比、平行、相交、相切、重合、全等的说明;有关于力学的运动、静止及动力学、弹性力学的描述;有光学的阴影、倒影、平面镜、凹面镜、凸面镜的实验,比较著名的是他做了小孔成像的实验,并解释了其原理,这比近代物理学的实验要早二千余年。西方关于光学研究的最早记录出于欧几里德(约公元前330~前275年),但只是设想到光沿直线进行,并无实验证明。《墨经》上记录的不满百字的关于光学的文字,是两千多年前最伟大的光学论述,也是当时最先进的科学知识。

墨子还将科技知识运用于军事防御上,他根据声音共鸣的原理,利用陶瓮辨别敌人的方向。墨子善用器械,在止楚攻宋时,他与公输般口舌论战,接连用九种防御办法破了公输般的进攻之术,使得楚王终于放弃原有计划,传为千古佳话。

在墨子思想的体系中,值得一提的是他的认识论,其中含有唯物主义因素。他认为,人类的知识是由客观事物通过人们的感觉器官而获得的。他把感官、感觉、思维和理解作为构成知识的不可缺少的四个组成部分;认为感官接触外界事物,是知识的直接来源,但又必须通过"以知论物",才可以得到明确的认识。就检验认识是否正确,墨子提出了"三表法"。何谓"三表"? 他说:"有本之者,有原之者,有用之者。于何本之? 上本之于古者圣王之事。于何原之? 下原察百姓耳目之实。于何用之? 废以为刑政,观其中国家百姓人民之利。"④第一个标准是检验是否根据圣王的业绩或历史所

---

① 《墨子·非乐上》
② 《墨子·七患》
③ 《墨子·节用中》
④ 《墨子·非命上》

载的间接经验;第二个标准是考察是否来自广大群众所接触的直接经验;第三个标准是看是否可用于国政、利于人民。他的"三表法"是唯物主义经验论的方法论,但有时会得出不合实际的结论,如他根据乡人见过鬼神便相信鬼神的存在,反映了他方法论的局限性。

墨子的不少其他教育言论也值得重视。在教学方法上,他主张"叩则鸣,不叩亦鸣"的积极态度,注重创造性教学,反对儒家"述而不作"的精神,提倡"述"且"作";在招生上,他在孔子来而不拒的做法上更进一步,主张来的固然要教,不来的也可以去教;他还强调环境教育的作用,如著名的《所染》:"染于苍则苍,染于黄则黄。"对后世许多教育家都有启发。

墨子一生"上说下教",他的教育事业取得了很大的成功,后人称誉他"盛誉流于北方,义声振于楚越",实在是很客观的评价。

第四节　荀子的生平与学说

荀子(约公元前 313～前 238 年),名况,被称为荀卿,又称孙卿,战国后期赵国人。生卒年月不详。据考证,他的政治、学术活动约在周赧王十七年(公元前 298 年)到秦王政九年(公元前 238 年)之间。他发展了孔子思想中的唯物主义因素,是与孟子齐名的儒学大师。

荀子年轻时代十分崇拜孔子,研习儒术很有造诣。他曾两次游学于齐国稷下学宫,深受墨、道、兵、名、农诸家思想影响。他在此讲学,曾三为祭酒(学宫中在祭祀时举酒祭神的老师,名望较高)。他一边讲学,一边游说列国,如孔子、墨子等一样推销自己的政治主张。在齐缗王时(前 85 年),荀子向齐相进言要齐国"处胜人之势,行胜人之道",重用儒家,但不为采纳,后又受谗言攻击,只得离齐去楚。中年时,荀子西游于秦,希望秦王能采纳他"节威而反义"的建议,说"儒者在本朝则美政,在下位则美俗。"但也未被重用。楚考烈王八年(前 255 年),荀子离秦至楚,受楚相春申君黄歇器重,委之以兰陵县令。后遭谗言,一度至赵,又对赵孝成王说明"以不敌之威,辅服人道"的道理,被任命为上卿,但未上任又被春申君请回,复任兰陵令。到公元前 238 年春申君为楚李园所杀,荀子亦被解职。晚年荀子讲学著书,终老兰陵,"推儒、墨道德之行事兴坏,序列著数万言而卒,因葬兰陵"[①]。

荀子生活的时代,处于战国后期,奴隶制开始瓦解,新兴地主开始建立

---

① 《史记·孟子荀卿列传》

政权,列国诸侯长期割据争雄的局面难以维持,出现了封建大一统的趋势。荀子一生笃信儒学,热心游说于诸侯之间,从理论上为大一统制造了舆论。

荀子对孔子的六经进行了继承和改造,并将之作为教材教授学生。清人汪中在《荀卿子通论》一书中说:"荀卿之学出于孔氏,而尤有功于诸经……六艺之传,赖以不绝者荀卿也。"在讲授六经时,荀子尤其重视"礼","礼论"是荀子思想的中心,也是他教育思想的出发点。他认为,从政治上说,"礼"是"强国之本""威行之道""功名之总",是治国的最高准则;从伦理上说,"礼"是"人道之极""道德之极"。他强调礼的教育作用:"凡用血气、志意、知虑,由礼则治通,不由礼则勃乱提;食饮、衣服、居处、动静,由礼则和节,不由礼则触陷生疾;容貌、态度、进退、趋行,由礼则雅,不由礼则夷固避违,庸众而野。"①从本质上看,荀子讲的礼与孔孟所讲的礼无甚区别,但荀子赋予了"礼"新的时代内容,他所指的登记制度乃是新兴地主阶级的封建社会制度。孔子讲礼以"仁"为核心,孟子讲礼以"义"为根本,而荀子讲礼则体现了"法"的精神,他说:"《礼》者,法之大分,群类之纲纪也。"②"礼义者,治之始也。""人无礼不生,事无礼不成,国家无礼不宁。"③礼是社会用来维护政治秩序和规范人伦的客观需要,而法是它的依据和手段。

要使民众懂得礼义,荀子认为必须通过教育。他把社会成员分为三类,即圣人、中庸之人、元恶之人。圣人可制作法度来修己治人;中庸之人能学礼义知法度,接受礼义之化,是礼义教育的主要对象;元恶之人极其有限,不能接受礼义之教,只好通过刑罚去管治他们。因为要学习,就要有教师,荀子极大地发展了儒家尊师重教的传统。他特别强调教师的地位与作用,第一次把"师"与天地君亲并列。"天地者,生之本也;先祖者,类之本也;君师者,治之本也。"④他认为没有教师,民众无以知礼,"礼者,所以正身也;师者,所以正礼也。无礼何以正身? 无师,吾安知礼之为是也?"⑤此外,他认为是否尊师重教,关系到国家的政治命运:"国将兴,必贵师而重傅……则法度存。国将衰,必贱师而轻傅……则法度坏。"⑥荀子对教师地位的重视,在古代教育史上可谓"前无古人,后无来者"。荀子认为,教师在教学过程中具有

---

① 《荀子·修身》
② 《荀子·劝学》
③ 《荀子·大略》
④ 《荀子·礼论》
⑤ 《荀子·修身》
⑥ 《荀子·大略》

主导作用,教师若能采用合适的方法、手段,恰当地讲解、阐述儒家经典,学生可以大大缩短学习过程,他说:"人有师有法而知则速通。"①

　　教师的教固然重要,荀子也没有忽视学生的主动学习。《劝学》较好地表述了荀子关于学习的观点。首先,他注重后天学习的重要性,他开宗明义地阐述:"君子曰:学不可以已。青,取之于蓝,而青于蓝;冰,水为之,而寒于水。"荀子借自然中的事物经人为加工而更胜于前者的事例,来说明后天教育在人的成长过程中的作用,而在此过程中,要注意外界环境的影响:"蓬生麻中,不扶而直,白沙在涅,与之俱黑。兰槐之根是为芷,其渐者然也。"而作为君子,也应主动慎重地选择学习和生活环境:"君子居必择乡,游必就士,所以防邪僻而近中正也。"其次,他强调学思行结合。他说:"吾尝终日而思矣,不如须臾之所学也。"学是思的基础,思是学的深入,学思精通则知明,"知明则行无过矣",荀子认为思是学与行之间的关键,学不思者则不明。第三,在教学过程中,他提倡应循序渐进,锲而不舍。学习是一个不断积累的过程,人的道德情操的培养和提升也有一个发展的过程。"积土成山,风雨兴焉;积水成渊,蛟龙生焉;积善成德,而神明自得,圣心备焉"。在此进学修德的过程中,荀子认为有效的方法是用心专一,锲而不舍。学习如同雕刻,"锲而舍之,朽木不折;锲而不舍,金石可镂"。蚯蚓虽然柔弱,但"上食埃土,下饮黄泉",因为"用心一";螃蟹却很浮躁,虽有"八跪而二螯",也不肯自己挖穴居家,只是寄宿在蛇蟮的洞穴里。在学习上,他规劝我们要像前者而勿效仿后者。他还认为,治学要虚心求实,埋头钻研,"无冥冥之志者,无昭昭之明;无之事者,无赫赫之功"。《劝学》一篇,微言大义,劝诫后人,许多文人从此笃志修学。

　　《荀子》是荀子著作文集,其中《大略》等七篇据考证为其他人评介或附议之作。该书阐述了荀子一生教学中贯穿的教学思想及他崇尚的教学言论和他的哲学、政治观点,他的"人定胜天"的朴素唯物主义思想,"化性起伪"的教育作用说,以法治国的治国论,都足可为后世之表。荀子虽与孟子齐名,但因其弟子韩非、李斯帮助秦始皇统一天下,有背儒道,本人为儒学家们所恶,不被后世儒家赞誉。

---

① 《荀子·儒效》

第五节　颜之推的生平与学说

颜之推(公元531～595年?),字介,梁朝建业(今江苏南京)人。生于梁武帝中大通三年,经历了梁、北齐、北周、隋四朝,逝于隋文帝开皇十五年左右,经历了改朝换代的动乱社会。他是当时著名的历史学家、文字音韵学家、教育思想家。他一生从未从事过教育活动,但他以丰富而又复杂的社会生活经历为基础,提出了一些有自己见解的教育主张,他为教育子孙写就的《颜氏家训》,对以后封建地主的家庭教育产生了重大影响。

颜之推早年随湘东王萧绎听受玄学,但他对儒家经传更感兴趣,并爱好文学写作,其文词情典丽,很受萧绎赏识。他自19岁起开始在梁朝做官,侯景叛乱时他曾被俘,后又被梁元帝萧绎任以官职,校订史籍。554年,西魏遣兵伐梁,攻陷江陵,颜之推与梁朝士大夫成为亡国的俘虏,被遣送至魏弘农都督军事李远属下掌书翰。自26岁至47岁在北齐任官,官至黄门侍郎,成为北齐学术机构文林馆的主持人之一。其精力主要放在著述方面,主编了《修文殿御览》《续文章流别》《文林馆诗府》等。577年,周兵平齐,三年后,50岁的颜之推被北周任为御史上士。51岁时,杨坚建立隋王朝,颜之推也转为隋王朝效力。60岁左右,被隋太子召为学士,甚为重用。颜之推一生经历四朝,晚年深为自己的朝秦暮楚而内疚。对当时儒、道、释思想的相互斗争、相互吸收,内心也是充满了矛盾。对他的居官不忠,治学不纯,也有人寄予同情。顾炎武曾在《日知录》中感叹道:"嗟乎!之推不得已而仕于乱世。"

在二十篇《颜氏家训》中,颜之推把家庭教育置于首位。他主张教育应自胎教起,宜尽早施教。他要求孕妇怀子三月以后,即应在举止行动、声音滋味上,处处"以礼节之","目不视恶色,耳不听淫声,不出乱言,不食邪味"。子生后,自孩提时起,便应由明白孝仁礼义的人"导习之"。他认为婴幼期是认识接受教育的良好时机,因为婴幼儿能够"识人颜色,知人喜怒",应即加以教诲,这样教育下去,自可"少成若天性,习惯如自然"。颜之推还以自己为例,说他7岁时背诵《灵光殿赋》,以后每十年温习一遍,至老不忘。可是20岁以后学的经书,只要一个月不理它,就荒芜了。为什么呢?他说这是因为"人生小幼,精神专利,长成以后,思虑散逸",所以必须"早教",勿失良机。

在教育方法上,颜之推主张把爱子之情与教子之方结合起来,不能溺爱孩子,对孩子应严格要求,勤于督导,爱得其所,爱得其法。颜之推 9 岁丧父,由长兄负责教养。长兄"有仁无威,导示不切",由于家教的放松,他为一些师傅的风气所陶染,"肆欲轻言,不修边幅",成年后很是后悔少年时的放纵,觉得自身存在的问题,是没有一贯严格的家庭教育造成的。他认为,不管是建功立业,还是杀身败家,早期父母所施的家庭教育已埋下了种子。

对孩子进行教育,也要注意环境的影响。人处一环境中,就如染丝,"染于苍则苍,染于黄则黄"。少年自己也应"慎交游",与相友好的人在一起,言笑举止,虽无意学习,自然像他,因此,与善人居,如入芝兰之室,久而自芳;与恶人居,如入鲍鱼之肆,久而自臭。这种慎交游的思想,也是对士大夫避祸谋生、明哲保身的一种建议。

颜之推提倡终身学习。他认为世人刚进入成年或刚结婚,"便称迟暮",声称为时已晚,"因循面墙",实在是愚蠢。他说:"荀卿五十,始来游学,犹为硕儒",可见没有时间晚不晚的问题。他还打了个很生动的比喻:"幼而学者,如日出之光;老而学者,如秉烛夜行,犹贤乎瞑目而无见者也。"[1]活到老,学到老,比闭目不视的人要强多了。颜之推提出的晚学的思想直到如今仍有较强的指导意义。

在学习内容上,颜之推反对士大夫饱食终日、轻视技艺、不学无术的做法,提倡"实学"。他认为原来的玄学教育造就空谈家,他们"清谈雅论,剖玄析微,宾主往复,娱心悦耳,非济世成俗之要也"[2]。原来的儒学教育造成一些死抱经书的章句博士,也是无益于世。要改变这种状况,必须培养对国家实际有用的人才。他认为国家需要六种人才,"一则朝廷之臣,取其鉴达治体,经纶博雅;二则文史之臣,取其著述宪章,不忘前古;三则军旅之臣,取其断决有谋,强干习事;四则藩屏之臣,取其明练风俗,清白爱民;五则使命之臣,取其识变从宜,不辱君命;六则兴造之臣,取其程功节费,开略有术"[3]。这六种人,即我们现在所说的政治家、理论家和学者、军事家、地方官员、外交官、管理者和工程技术专家等。

颜之推关于早期教育的思想,关于勤学、勉学和晚学的主张,关于重技艺及慎交游的见解,都有独到之处,今天仍值得我们深思和借鉴。

---

① 《颜氏家训·勉学》
② 《颜氏家训·勉学》
③ 《颜氏家训·涉务》

第六节　韩愈的生平与学说

韩愈(公元 768～824 年),字退之,河南南阳人,世称昌黎先生,中唐伟大的文学家、教育家、思想家。

韩愈出生于官僚地主家庭,3 岁时父母双亡,由伯兄韩会抚养,10 岁随兄在外,韩会死后,由寡嫂郑氏养育成人。早年的不幸,使他养成了勤奋好学、自强不息的精神。

韩愈 25 岁擢进士第,29 岁后曾任推官、县令、刺史等地方官,也做过唐代中央政府的监察御史和刑部、兵部、吏部的侍郎。公元 819 年,他因谏阻迎佛骨事而获罪,被贬潮州刺史。唐穆宗继位后又奉诏回京。在教育方面,他做过两次国子博士,一次四门博士,一次国子祭酒。他支持地方教育,捐资创办乡学,当时其门人众多,都自称"韩门弟子"。

《师说》是韩愈的代表作,也是他教育思想的重要体现。他写这篇文章时任四门博士,已从事了六年的教育活动,教授了无数的学生。时人非议颇多,焦点则是师道问题。有感于此,他借给学生赠文之机,写了《师说》一文。

在《师说》中,韩愈指出"人非生而知之者",肯定"学者必有师"。在唐代中期"不闻有师"的社会条件下,这种观点是有重要意义的。"人非生而知之者"的论点,直接否定了"生而知之"的唯心主义先验论,强调了后天学习的重要性,从而使"学者必有师"这个观点有了充分牢靠的理论依据。

《师说》提出"传道、授业、解惑"是教师的基本任务。所谓"传道",是《原道》一文所论述的儒家的仁义之道,要求按儒学仁义之道去修养,以达到治国平天下的目的。所谓"授业",是儒家的"六艺经传"与古文。所谓"解惑"是解决学"道"与"业"过程中的疑问。三项任务中,最主要的是"传道","授业"和"解惑"都要贯穿"传道",为"传道"服务。

《师说》提出求师的标准是"道",主张"学无常师"。韩愈认为,教师教学的主要任务在"传道",学生求学的主要任务在学道,能否当教师也以"道"为标准来衡量。不论年龄大小,只要闻道在先,都可拜他为师,一切以道为基准,"道之所存,师之所存"。社会上有道的人不少,皆可为师,不能因其位卑而感到羞耻。他举了孔子向郯子、苌弘、师襄、老聃学习的事例,说明应向一切"术业有专攻"的人学习。他甚至指出师生之间也可以"相师","弟子不必不如师,师不必贤于弟子",教师与学生可以相互学习,教学相长。韩愈提出的以道为师、学无常师的主张,在当时对打破士大夫们妄自尊大的心理,促进思想和文化的交流,具有一定的积极意义。

除《师说》一文外,韩愈还有许多阐发其教育思想的论述,如在《原人》、《原性》两文中,他认为人性具有三个等级、五种道德内容,皆受之于天命。"形于上者谓之天,形于下者谓之地,命于其两间者谓之人。""性也者,与生俱生也。……性之品有三,而其所以为性者五也。"人性的等级,决定了教育所起的作用及权利。"上之性就学而愈明,中焉者可导而上下,下之性畏威而寡罪。"教育可使上性之人的仁义善性得以发扬,使之为圣君忠臣,以知识来管理国家和人民;中品之人具有可塑性,可上可下,关键在于教育的引导;下品之人难以接受教育,可以用刑罚去对付这些劳力者,使之避免犯罪。三种人受教育的权利亦不同。"上者可教,而下者而制也。"在《进学解》一文中,韩愈强调学习要勤学善思。"业精于勤,荒于嬉;形成于思,毁于随。"在《马说》一文中,韩愈认为人才培养中要重视因材施教。人才总是有的,关键在于教育者要善于识别和培养。他说:"世有伯乐,然后有千里马;千里马常有,而伯乐不常有。"只有像伯乐那样有识别能力,千里马才不至埋没,反之,"策之不以其道,食之不能尽其材,鸣之而不能通其意",千里马自然难以"才美外见",人才就如千里马一样,既要善于识别,又要善于培养,才会大量涌现出来。

他在整顿国学、提倡乡学方面所做的具体措施不得不让人折服于他的正气与勇气。他注重道德修养,提倡"学而优则仕",注重教学方法,倡导古文运动。他的教育思想及活动,在当时就成为议论的中心,但在后世看来,其积极意义是明显的。

韩愈的论文诗赋颇多,收于《韩昌黎集》中。

第七节　朱熹的生平与学说

朱熹(公元 1130～1200 年),字元晦,号晦庵,祖籍婺源(今江西婺源县),南宋时期理学思想的集大成者,又是南宋时期最著名的教育家。

朱熹从小聪颖过人,家教甚严,加之他求知欲极强,10 岁左右就日读"圣贤之学",立下做圣人的宏愿。14 岁时,其父病逝,朱熹按父遗愿,从师三位儒学名家。22 岁时,朱熹被授左迪功郎,泉州同安县主簿,24 岁赴任后,着手整顿县学,"选邑之秀民充弟子员,访求名士以为表率,日与讲说圣贤修己治人之道",并在公务之余研究佛学。同安任满后两年,他从理学权威李侗专攻"圣贤言语","觉得贤圣言语渐渐有味",抛弃了佛学。绍兴 32

年(1162年),孝宗即位,下诏朝臣进谏,朱熹上述陈事被拒,从此对仕途灰心丧气,退居武夷山寒泉精舍授徒讲学,著书立说。其后15年间,他逐渐形成完整的理学体系,编撰著作20种,主要有《论语要义》《论语训蒙口义》《近思录》《论语集注》《孟子集注》等。从1179年起,朱熹曾任职南康,知福建漳州,知湖南潭州,还做过46天的侍讲,但主要精力还是在授徒讲学。知南康军时,他修复了白鹿洞书院,直接参与管理和教学,还亲自拟订教规。他在崇安故里建"竹林精舍",因学生众多,又扩建为"沧州精舍"。知潭州时,他修复岳麓书院,扩建学舍,求学者曾达数千人之众。1200年,朱熹病逝于福建建阳。

朱熹把学校教育分为小学和大学两个阶段,划分的依据是人的年龄和心理特征。8到15岁为小学教育阶段,以后则是大学教育阶段。不同的教育阶段,教育内容也各有其侧重点。他说:"古者初年入小学,只是教之以事,如礼乐射御书数及孝弟忠信之事。自十六七入大学,然后教之以理,如致知、格物及所以为忠信孝弟者。"①在这两个阶段中,他特别重视小学阶段的教育。他把小学教育比作"打坯模","古者小学已自养得小儿子,这里定已自是圣贤坯璞了,但未有圣贤许多知见。及其长也,令入大学,使之格物致知,长许多知见"②,打好做圣贤的坯模至关重要,大学只须在此基础上加些工夫,就可成圣了。朱熹还专为儿童教育编写了教材、读物,拟定了儿童训练的规程,又编定《童蒙须知》,内有衣服冠履、言语步趋、洒扫涓洁、读书作文、杂细事宜六节,详细规定伦理道德规范、行为细则、日常生活习惯、待人接物的礼节,甚至连读书写字的常规训练也有。立宏远之志,而从微小处着手,这样才易培养儿童良好的行为习惯和高尚的道德品质。

朱熹的整个教育指导思想都强调道德伦理教育。在白鹿洞书院的教规中,他明确指出教育目的是使"父子有亲,君臣有义,夫妇有别,长幼有序,朋友有信",又说"圣贤教人,只是要诚意、正心、修身、齐家、治国、平天下。所谓学者,学此而已"。教育内容应该有"道德政理之实",以明"政事之本","道德之归"。朱熹把他的理学思想与道德教育紧密地联系在一起,他提出,道德教育的基本任务就是"存天理,灭人欲"。他说:"修德之实,在乎去人欲,存天理。""人之一心,天理存,则人欲亡,人欲胜,则天理灭,未有天理人

---

① [宋]黎靖德编.《朱子语类》(卷7).中华书局,1986.124页。
② [宋]黎靖德编.《朱子语类》(卷7).中华书局,1986.124页。

欲夹杂者。"①他主张学生要"居敬""持志",学生从小立下宏远志向尤为重要,这样才有可能在将来成为圣人,"今之朋友,固有乐闻圣贤之学,而终不能去世俗之陋者,无他,只是志不立尔。学者大要立志,才学,便要做圣人是也。"②这或许也是他自己的写照。

朱熹一生研习学问,读破万卷书,对于读书方法,他有自己独到的见解。他的弟子将他的读书经验归纳为六条:一、循序渐进。循序而有常地读书,自然会有极大成就。朱熹说:"读书,只凭逐段仔细看,积累去,则一生读多少书!"③ 二、熟读精思。朱熹认为,只有"熟读""精思",读书才有效果,所谓"读书千遍,其义自见","看文字……须要透:击其首则尾应,击其尾则首应,方始是"④。三、虚心涵泳。朱熹说:"看文字须是虚心。莫先立已意,少刻多错了。……虚心,方能得圣贤意。……虚心则见道理明。"⑤ 四、切己体察。朱熹认为:"读一句书,须体察这一句,我将来甚处用得。""学者当以圣贤之言反求诸身,一一体察。""读书,不可只专就纸上求理义,须反来就自家身上推究。"⑥ 五、着紧用力。朱熹说:"为学极要求把篙处着力。……为学正如上水船,方平稳处,尽行不妨。及到滩脊急流之中,舟人来这上一篙,不可放缓。"⑦ 六、居敬持志。朱熹认为,"读书之法,莫贵乎循序而致精,而致精之本,则又在于居敬而持志"。也就是读书时必须精神专一,注意力集中。

朱熹是继孔子、孟子、荀子等儒学大师之后在教育理论上和实践上作出重大贡献的教育家,其教育思想有可取之处,亦有流弊,我们应审而辨之。

第八节　王守仁的生平与学说

王守仁(公元 1472～1528 年),字伯安,明代中叶浙江余姚人。尝筑室故乡阳明洞中,自号阳明子,世称阳明先生。

王守仁出身于官僚地主家庭,一生除了从事政治活动外,大部分时间用

---

①　[宋]黎靖德编.《朱子语类》(卷 7).中华书局,1986.(卷 13).224 页。

②　[宋]黎靖德编.《朱子语类》(卷 8).134 页。

③　同上.(卷 10).166 页。

④　同上.《朱子语类》(卷 10).163 页。

⑤　同上.(卷 11).179 页。

⑥　同上.(卷 11).181 页。

⑦　同上.(卷 8).137 页。

以从事教育实践活动。弘治十八年(1505年),在北京做官时,即招收门徒,正式开始讲学活动。武宗正德三年(1508年),因上疏抗宦官刘瑾,被谪贵州龙场驿丞,创龙冈书院,当时条件艰苦,仍坚持讲学。次年11月,受贵州提学副使席书的聘请,到贵阳书院讲学,阐述"知行合一"学说。谪居两年后,刘瑾死,他返归内地,仍然一面做官一面讲学。武宗正德年间(公元1517~1518年),王守仁为南赣巡抚,建立社学,聘请教师教于乡里,并为社学特颁教条。正德十三年(1518年)修建濂溪学院,供师生教学之用。1521年5月召集门生于白鹿洞书院讲学。3年后又在稽山书院讲学,环坐听者达300余人。1528年,他出征广西思田,兴建思田学校,后在南宁兴设南宁学校。王守仁从34岁起开始讲学,直至病逝,有23年之久。他著作中含有教育思想内容的主要有《传习录》《大学问》等。

王守仁承袭了孟子和陆九渊的主观唯心主义学说并加以发展。他有句名言曰:"破山中之贼易,破心中之贼难。"他一生的意愿和精力就集中在"破心中之贼",并认为这才是"大丈夫不世之伟绩"。他重视心,倡导"心学"。他认为"心即理",理在"心",在内不在外,所以"无心外之理,无心外之物"。①教育可使人"不假外求","求理于吾心"。他认为,作为人心的一部分,"天理"也即"良知"是"心"的本质,一切事物及其发展规律、一切道德观念和品质都包含其中。良知不会丧失,但可能为私欲所蒙蔽,所以教育的作用正是去掉后天的与外物接触所产生的各种"昏蔽",从而使"良知"充分发挥出来,"见父自然知孝,见兄自然知弟,见孺子入井自然知恻隐;此便是良知,不假外求"②。所以说,教育的作用正是去人欲,致良知,去掉"物欲"的"昏蔽",使人心的"良知",即人内在的道德行为能重新端正起来,自觉地遵守封建社会的统治秩序和伦理纲常。

为实现"致良知"的教育目的,王守仁提倡"知行合一"的道德教育论,反对"知行脱节"和"知而不行"。他认为"知"与"行"是相互渗透的,"行之明觉精察处便是知,知之真切笃行处便是行"。他说:"知是行的主义,行是知的工夫。知是行之始,行是知之成。""知行合一。"③"知行体段亦本来如是。吾契但著实就身心上体履,当下便自知得,今却只从言语文义上窥测,所以牵制支离,转说转糊涂,正是不能知行合一之弊耳。"④在知行合一的过程中,他

---

① 《王文成公全书(卷1)·传习录上》.《四部丛刊初编》(257).上海书店,1989.
② 《王文成公全书(卷1)·传习录上》.《四部丛刊初编》(257).上海书店,1989.
③ 《王文成公全书(卷1)·传习录》
④ 《王文成公全书(卷6)·答友人问》

也提出了一些具体的做法：① 省察克治；② 静处体悟；③ 戒绝骄傲；④ 事上磨练。

王守仁很重视儿童教育。他主张给儿童以"歌诗""习礼"与"读书"三方面的教育，陶冶儿童的思想与性情。他制定《教约》，要求学校教师和学生遵守执行，其中规定："每日工夫，先考德，次背书、诵书，次习礼，或作课仿，次复诵书、讲书，次歌诗。凡习礼、歌诗之类，皆所以常存童子之心，使其乐习不倦，而不暇及于邪僻。"在如何进行歌诗、习礼和读书方面，还规定了一套具体的教学方式方法。对教歌诗与习礼，不仅分班（组）轮教，以相互观摩，还有汇演比赛等各种方式，既有分组又有全体"会歌"和"会习"，对儿童具有相观而求进的作用，并"使其乐习不倦"。在读书方面，主张授书要"量其资禀"，不在徒多，但"贵精熟"，要常使儿童精神力量有余，而无厌苦之患，却有自得之美。教学务使儿童"专心一致"，口诵心惟，字字句句，反复思考。最后，要能使儿童得其"义理"，掌握书中的精神，使儿童"聪明日开"，智力得到发展。

王守仁认真地总结了历史上社会教育的经验，把创立社学和实行乡约的教育形式结合起来，并加以理论化和制度化，使社会教育成为为明朝封建政治服务的重要工具。1517 年，王守仁在南赣颁布了关于"十家牌法"的一系列文告。其中说："凡十家牌式，其法甚约，其治甚广，有司果能着实举行，不但盗贼可息，词讼可简，因是而修之，补其偏而救其弊。……则风俗可淳……道以德而训以学，则礼乐可兴。"①1520 年，他又颁布《南赣乡约》，要求全乡人民共同遵守。按王守仁的看法，良好的封建统治应当以良好的封建道德教化为基础，而良好的教育又是以严密的行政管理组织为基础的。这成为他推行社会教育的指导思想。

王守仁所提出的教育内容、教学原则和方法等一些主张对当时的教育改革起了积极作用，对后世的影响也是很大的。

第九节　王夫之的生平与学说

王夫之（公元 1619～1692 年），字而农，号姜斋，湖南衡阳人。明亡后，隐居湘西石船山，故被称为船山先生。他出生于以"诗礼传家"的小地主家庭，7 岁即读完《十三经》，人称"小神童"，14 岁考入衡阳县学，20 岁就读于

---

① 《王文成公全书（卷 17）·申谕十家牌法》.《四部丛刊初编》(258)

岳麓书院,24 岁考取举人,但因张献忠起义,未去参加会试。

王夫之鄙视农民起义军,张献忠曾招其入军,遭拒绝。义军劫其父王朝聘相挟,王夫之自残肢体,假意投降,但又于半夜逃跑。他忠君思想很重,有极强的抗清之志。1644 年,清军占领北京,南下湖南,王夫之即在衡阳起兵"反清复明",败至桂林后又助瞿式耜拥立桂王,谋划抗清,但遭大学士王化澄排挤,几乎被杀。后清兵攻下桂林,瞿式耜被俘杀害。王夫之感慨永历朝腐败无能,决意"退伏幽栖,俟曙而鸣",于是隐姓埋名,归隐山林。为躲避清政府的追杀,他流落到湖南宁山区,自称瑶人,研经讲学。1675 年,移居石船山下,建"湘西草堂",潜心著述,教授生徒,度过了生命中的最后 17 年。

王夫之一生著述极丰,有 400 多卷,后人编有《船山遗书》问世。他没有专门论述教育问题的著作,但是在《黄书》《读四书大全说》《礼记章句》《张子正蒙注》及《姜斋文集》等书中,有许多关于教育和心理问题的论述,值得我们重视和研究。

在坚持唯物论思想的基础上,王夫之对基本教育理论问题,阐述了自己的独到见解。

在中国古代教育史上,教育对个性形成的作用,一直是争论的焦点。王夫之认为,个性是后天学习而形成的,主张人性日生日成,性与习成。他说,人性"未成可成,已成可革"[1],教育则是"革的力量",他认为人有"先天之性"和"后天之性",通过教育,可使先天潜在的认识能力得到增强和发展,并取得知识才能,改革因教不当而形成的"恶习",从而形成"后天之性"。他说:"习成而性与成",这里的"习"指习染(环境影响)和主观学习两个过程。王夫之的"性日生"的观点,是与形而上学、命定论者"生而不移"说针锋相对的。他基于人类天赋平等的观点,强调教育在人性形成中的作用。若教育能"尽人材",则"人人皆可以为尧舜"。

为了发展人性,王夫之认为,要重视人的合理需要与欲望的满足。他反对理学家"存天理,灭人欲"的道德观,主张将天性和人欲结合起来,认为"天理"即在"人欲"之中,"终不离人而别有天,终不离欲而别有理也"[2],强调理与欲皆然而非人为。

王夫之一直以"明朝遗臣"自居,认为明亡的根本原因在于统治者笃信王守仁所倡导的唯心主义理学,理学家们"其穷也,以教而锢人之子弟,其达

---

① 王夫之.《尚书引义》(卷 3).中华书局,1976.
② 王夫之.《读四书大全说》(卷 3).《孟子·梁惠王下》.中华书局,1975.519 页。

也，以势而误人之国家"①。他主张应提倡"经世致用"之学，学用应结合，主张"废古今虚缈之说，而反之实"②，要士子学习"天人治乱、礼乐、兵刑、农桑、学校、律历、吏治之理"，"非此则浮辞靡调"不革，国家不能有"可用之士"。此外，文武也应结合起来，"纳天下于揆文奋武之治"是国家的总政策；学生应能文善武，能士、能工商桑农。他晚年在教育子孙时说："能士则士，次则医，次则农、工、商贾，各惟其力。"

在教学方面，王夫之有他的独到见解。他把教学看作是一个过程的两个方面，并明确区分了教与学的不同任务和特点，认为只有教与学配合得当，教学才有成效，这与现代教学论思想吻合。他强调教师必须在实际行动与道德行为上能做学生的榜样，所谓"圣人有独至，不言而化成"。教师还应"不泥于古"，那种抱残经书的俗儒是不可取的，他说："夫欲使人能悉知之，能决信之，能率行之，必昭昭然知其当然，知其所以然。由来不昧而条理不述。贤有于此，必先穷理物以致其知，本末粗晓然具著于心目，然后世之教，随人之深浅而使之率喻于道，所以遵其教，听其言，皆去所疑，而可以见于行……欲明人者先自明，博学评说之功，其可不自勉乎。"③在学生方面，他反对"学，效也"的消极被动的做法，认为"学，贤也"，学习是一个积极主动的自觉的认识过程。学习中要善于思考，学与思是"致知"的两个途径，他说："致知之途有二：曰学，曰思，……学非有碍于思，而学愈博则思愈远；思正有功于学，而思之困则学必勤。"④二者同时并重，互相促进，才可使学习日有长进。其次，学习是一个不断获取知识的过程，但知识也会遗忘，只有不断复习巩固，细水长流，才能牢固地掌握知识。王夫之批评一些学者"学而不习，习而不时"，认为教学既要"有序"，又要有恒心。由此，他提出了教学五步骤。他说："于事有大小精粗之分，于理有大小精粗之分。乃于大小精粗之分而又有大小精粗之合。"因此，教师应该分清事物之序，"始教之以粗小之事，继教之以粗小之理，继教之以精大之事，继教之以精大之理，而终以大小精粗理之合"。⑤此外，王夫之还发展了孔子的因材施教理论。他认为，每个人"质有不齐"，有"钝敏之差""志量不齐"，教师应了解和承认学生的这些差别，从他们的实际出发，"各如其量"地进行教学，做到人无不可教，教无不可

① 王夫之.《读通鉴论》(卷17).山西人民出版社，1994.
② 王敔.《姜斋公行述》
③ 《四书训义》(卷38)
④ 《四书训义》(卷6)
⑤ 《读四书大全说》(卷7)

施。要正确地做到"因材而教",关键的问题是了解学生,"深知其心",然后才能"洞知其所自蔽,因其蔽而通之"①。教师不仅应认识到学生的问题所在,水平如何,更应充分发挥它们的认识潜力,使之突破原有水平,引之以知,勉之以行,从而更上一层楼。

王夫之一生不得志,但潜心研经授徒,积累了丰富的教学实践经验。他是中国古代教育思想的批判继承者,他的教育思想反映了当时资本主义生产关系萌芽时期新兴市民阶层的进步要求,具有积极意义。

第十节　蔡元培的生平与学说

蔡元培(公元 1868～1940 年),字鹤卿,号孑民,中国近代著名的民主革命家和杰出的教育家。1868 年 1 月 11 日出生于浙江绍兴。

蔡元培少年时尊崇宋明儒学,学作八股文,为文奇古博雅,17 岁即中秀才,次后连中举人、进士,28 岁官至翰林院编修。他沿着旧式的科举之途,可谓一帆风顺,步至巅峰,但他无意作官,其京师寓所书斋中写着的"都无作官意,惟有读书声",就是这种思想的写照。

戊戌变法后,蔡元培痛感清政府的无能与国势日危,"浩然弃归故里,主持教育,以启发民智"。1898 年 9 月,32 岁的他毅然"携眷出都",开始了开辟中国新教育的道路。是年冬,他出任绍兴中西学校监督(即校长),这是他"服务于新式学校的开始"。次年,迫于旧势力的无理干涉,蔡元培愤而辞职。后来,蔡元培曾担任嵊县剡山书院院长、诸暨丽泽书院院长。1901 年 1 月起在南洋公学任教。在南洋公学任职期间,蔡元培发起成立中国教育会和爱国女学,并组织了爱国学社。1904 年发起光复会,他任会长;1905 年,加入同盟会。1907 年赴德留学,在莱比锡大学研究哲学、美学、心理学等。1912 年 1 月,回国后就任中华民国南京临时政府教育总长,半年后,因不满袁世凯独裁统治,辞去总长职。在此期间,他创建了中国第一个教育部,废止清朝忠君尊孔读经的教育宗旨,提出新的教育方针,并主持制定颁布了中国第一个资产阶级性质的教育制度——"壬子癸丑学制"。1913 年,他又游学欧洲,并推动华法教育及勤工俭学。1916 年底,他应黎元洪政府教育总长范源濂之召回国,次年 1 月就任北京大学校长,历时 10 年之久。1927 年后,历任大学院院长、中央研究院院长、国立北平图书馆馆长、中国民权保障

---

　　① 王夫之.《张子正蒙注(卷 6)·三十篇》.古籍出版社,1956.

同盟副主席、中央博物院理事长、陕甘宁边区自然科学研究会名誉主席等职。蔡元培于 1940 年 3 月 4 日在香港病逝,举国沉痛悼念。

　　1912 年蔡元培就任南京临时政府教育总长时,发表了《对教育方针之意见》,提出五种教育并举,即军国民教育、实利主义教育、公民道德教育、世界观教育和美感教育。军国民教育指军事训练与体育方面的教育,这是清末由国外传人的一种教育思潮,强调强健国民,以御外侮。实利主义教育是指"以人民生计为普通教育之中坚"的智育。公民道德教育简称德育,尤为蔡元培所重视。他认为,仅有军国民教育和实利主义教育还不够,必须"教之以公民道德","军国民教育及实利主义,则必以道德为根本"。公民道德教育的具体内容,是资产阶级自由、平等、博爱的三大观念。所谓世界观教育,蔡元培认为是一种哲理的教育,意在培养人们的科学世界观,使之具有远大眼光和高深见解。美感教育又称美育,也是蔡元培"愿出全力以提倡"的。他认为,美育是进行世界观教育最重要的途径,是人们从现象世界通向实体世界所必经的桥梁。他指出:"纯粹之美育,所以陶养吾人之感情,使有高尚纯洁之习惯,而使人我之见,利己损人之思念,以渐消沮者也。"因此,他给美育下的定义是:"美育者,应用美学之理论于教育,以陶养感情为目的者也。"①

　　主张五育并举,"皆今日之教育所不可偏废",是蔡元培教育思想的一个显著特点,也是他对中国近代教育理论的重大贡献。但在他的整个教育思想体系中,大学教育的思想占了最突出的地位。他认为发展教育的关键在于办好高等教育。他任北京大学校长历 10 年之久,积累了丰富有效的办学经验,是中国教育史上第一个较长时间从事高等教育实践并系统地阐述高等教育理论的思想家。

　　蔡元培的高等教育观首先表现在他对高等教育性质的认识上。早在1912 年,他以教育总长身份出席北京大学开学典礼时就提出:"大学为研究高尚学问之地。"在担任北大校长之后,更是反复重申这一思想。1917 年 1 月 9 日,他在就任校长的演说中明确指出:"大学者,研究高深学问者也。"他如此强调大学的性质在于研究高深学问,在当时是为了扭转上大学为做官的陈腐观念。他认为要改革旧北大,"第一要改革的,是学生的观念。"他指出,大学不应只限于教学,还必须开展科学研究。为此,他主张大学要创办研究院和研究所,这对于师生都有益。1917 年底,他即成立了文、理、法三

科研究所,还鼓励学生组织各种学术研究团体。在办学原则上,蔡元培始终贯彻思想自由、兼容并包的方针。在《北京大学月刊》发刊词中,他写道:"大学者,囊括大典,网罗众家之学府也。"在教学内容上,他"囊括大典",融汇中外先进的科学文化,英语系外增设法、德、俄及世界语方面的语言文学课程,物理系主要讲授居里夫人在巴黎大学时的教材,中国文化涵盖词曲、小说、小说史等课程,如此等等,不一而足。而在聘任教师上,他真正做到了"网罗众家"。思想、学术、主张、风格迥异甚至相互冲突的教员在北大群英荟萃,有拖着长辫子、挂着鼻烟壶、持复辟论的辜鸿铭,也有针砭时弊、提倡文学革命的胡适、鲁迅、钱玄同、刘半农;有拥护袁世凯的刘师培,也有马克思主义的宣传者陈独秀、李大钊。由于蔡元培不拘一格网罗人才,北大教师队伍迅速年轻化。据 1918 年统计,北大教授中 35 岁以下者占 56.6%,50 岁以上的仅六人。最年轻的教授仅 25 岁,而当时的北大本科学生的平均年龄为 24 岁。

正是蔡元培提倡思想自由、兼容并包,使北大不仅成为全国学术科研中心,也成为马克思主义在中国最早的传播所,成为五四运动的发源地。

另外,在学科设置上,蔡元培把偏重文理变为沟通文理,废科设系;在教学制度上,他首先实行了选科制;在行政管理上,他实行教授治校,从而试图实现教育独立,这些都是很有见地的创见,并且也取得了卓著成绩。

蔡元培执掌北京大学期间,将一个封建主义的旧北大改造成为资产阶级民主主义的、具有现代意义的新北大,形成了颇有创见的系统的大学教育思想,为近代高等教育发展开辟了新篇章,开拓了中国近代新式教育之途,毛泽东称其为"学界泰斗,人世楷模",实不为过。

蔡元培的主要著作有《蔡元培选集》《蔡元培教育文选》等。

第十一节　黄炎培的生平与学说

黄炎培(公元 1878～1965 年),号楚南,字任之,别号抱一,江苏川沙县(今属上海市)人,中国近现代著名的爱国主义者、民主革命家、政治活动家和民主主义教育家,中国近代职业教育的创始人和理论家。

黄炎培出生于世代书香之家,早年父母双亡。9 岁起到外祖父家读私塾,接受传统教育,还常常利用姑父沈肖韵家丰富的藏书广读博览,收获甚大。十八岁时获读英国赫胥黎著、严复翻译的《天演论》,自是始知有西学。父母去世后,黄炎培迫于生计,年未弱冠,即在家乡任塾师。1899 年时在松江府以第一名考中秀才。1901 年,他考入南洋公学特班,受业于中文总教习蔡元培,受其影响至深。1902 年后又中江南乡试举人。1903 年返乡办新教育,创办川沙小学堂和开群女学。因鼓吹反清,他一度被捕入狱,亡命日本。1905 年,加入同盟会。辛亥革命前,先后创办和主持广明小学和师范讲习所、浦东中学,曾在爱国学社、城东女学等新教育团体和学堂中任教,并参与发起江苏学务总会。辛亥革命后,他被任为江苏都督府民政司总务科长兼教育科长,后任江苏省教育司长,全力以赴改革地方教育,全面规划建设了省立高等、中等学校和县立小学。

1913 年,他发表《学校教育采用实用主义之商榷》一文,提倡教育与学生生活,学校与社会实际相联系。1914 年 2 月至 1917 年春,他以《申报》记者身份在安徽、江西、浙江、山东、北京、天津等地考察了五个月,并随中国游美实业团体在美国考察了 25 个城市 52 座学校,广泛接触各界人士,尤注重考察美国的职业教育。1915 年 4 月,黄炎培随农商部"游美实业团"赴美报道,考察教育,撰写《旅美随笔》。此外,黄炎培还到日本、菲律宾、南洋各地考察。他认为办教育如同治病,知病源才能开好药方,做到对症下药。"外国考察,读方书也;国内考察,寻病源也。方书诚不可不读,而病所由来,其现象不一,执古方治今病,执彼方治此病,病曷能已"①。他认为,中国的教育"乃纯乎为纸面上之教育。所学非所用,所用非所学",改良之道"不独须从方法上研究,更须在思想上研究"。② 他的结论是采取实用主义,发展职业教育。1917 年 5 月 6 日,黄炎培在上海联络教育界、实业界知名人士发起成立了"中华职业教育社"。次年,创建中华职业学校。此外,他还创办《教育与职业》杂志,并筹办了一系列职业学校。1931 年"九一八"事变后,黄炎培积极投入抗日救亡运动。1945 年应邀访问延安,后与人联合发起成立"民主建国会",从事民主运动。新中国成立后,任政务院副总理兼轻工业部部长。1965 年病逝于北京。

关于职业教育的作用,黄炎培把其放在教育、政治、经济和社会发展的全过程中加以考察,认为沟通职业与教育是必需的。他认为,职业教育的功能在于:"谋个性之发展";"为个人谋生之准备";"为个人服务社会之准备";"为国家及世界增进生产力之准备"。③ 黄炎培对职业教育目的的认识是随

---

① 黄炎培.《黄炎培考察教育日记 第 1 集》.商务印书馆,1914.1 页。
② 黄炎培.《黄炎培教育论著选》.人民教育出版社,1993.37 页。
③ 黄炎培.《黄炎培教育文选》.上海教育出版社,1985.273 页。

着社会变化而不断深化的。20 世纪 20 年代后,他将职业教育的终极目的概括为"使无业者有业,使有业者乐业"①。这一概括,集中反映了他对职业教育本质的认识。所谓"使无业者有业",是指通过职业教育为资本主义工商业发展造就适用人才,同时解决社会失业问题。所谓"使有业者乐业",是指通过职业教育使人胜任其职并热爱其职,进而创造出社会价值并实现个性的和谐发展。

黄炎培在数十年的职业教育实践中,形成了社会化、科学化的职业教育办学方针。所谓社会化,在他看来就是"各种教育都应以社会需要为出发点,职业教育尤应如此。所以办理职业教育,事前必须有缜密调查,以决定社会需要,职业趋向,环境要求。事后尤须有详细考察,以占所造就人才是否能适应职业的环境,切合职业界的要求。"②1926 年,他提出"大职业教育主义",认为"办职业学校的,须同时和一切教育界、职业界努力的沟通联络;提倡职业教育的,同时须分一部分精神,参加全社会的运动"③。所谓科学化,是指"用科学来解决职业教育问题"④,他把办理职业教育的工作归纳为两类:一类是物质方面的工作,如农业、工业、商业、家事等各专业课程的设置、教材的选择编写、教学训练原则的确定、实习设施的配置等;二是人事方面的工作,包括教育管理的组织、机构自身的建设等。这两方面的工作都需要遵循科学原则。⑤

黄炎培根据职业教育的特点,提出"手脑并用""做学合一""理论与实际并行""知识与技能并重",作为职业教育最基本的教学原则。黄炎培指出,就中国清末兴办实业学堂以来的经验教训看,以往"所谓实业教育,非教以农工商也,乃教其读农工商之书耳"⑥。虽名为实业教育,但是其课堂教学却是重理论轻实习的读书教育,造成学生富于欲望而贫于能力。他认为:"职业教育的目的乃在养成实际的、有效的生产能力,欲达此种境地,需要手脑并用。"⑦黄炎培职业教育思想体系的另一重要特色是他的职业教育道德思想。黄炎培把职业教育的基本要求概括为"敬业乐群"四个字,并以之为中

---

① 黄炎培.《黄炎培教育文选》.上海教育出版社,1985.321 页。

② 黄炎培.《断肠集》.生活书店,1936.54 页。

③ 黄炎培.《黄炎培教育文选》.上海教育出版社,1985.155 页。

④ 黄炎培.《黄炎培教育文选》.上海教育出版社,1985.168—169 页。

⑤ 孙培青.《中国教育史》.华东师范大学出版社,2008.465 页。

⑥ 黄炎培.《中华职业教育社宣言》《教育杂志》.1917 年第 9 卷第 7 号。

⑦ 黄炎培.《断肠集》.生活书店,1936.54—55 页。

华职业学校的校训。所谓"敬业",即要热爱自己的职业,对自己的职业尽职尽责,鞠躬尽瘁,为所从事的职业和全社会作出贡献。所谓"乐群"是指具有高尚的道德情操和团体协作的精神,强调学生要有奉献社会、合作互助的精神。"敬业乐群"的职业教育道德思想,贯穿于黄炎培职业教育的实践,不仅在中华职业学校以之为校训,而且在教育和教学的每一个环节都尽力体现。

在黄炎培的积极倡导下,职业教育席卷全国,很快演变成为职业教育思潮。这股思潮在中国近现代教育舞台上,活跃了20年左右,对20世纪30年代中国教育改革产生了巨大影响。作为中国近现代职业教育的先行者,黄炎培及其职业教育思想开创了我国的职业教育事业,其提出的实用化、科学化、社会化的职业教育办学方针丰富了我国的职业教育理论,其提出的"敬业乐群"的道德目标为我国的职业道德教育明确了方向,其提出的大职业教育理论对目前我国职业教育的发展仍有重要的借鉴意义。

黄炎培的代表作有:《黄炎培考察教育日记》《新大陆之教育》《东南洋之新教育》等。

第十二节　陶行知的生平与学说

陶行知(公元1891～1946年)于1891年10月18日生于安徽省歙县,他自幼聪敏好学,但因家贫,无力上学,后入该地基督教会所办的崇一学堂读书,接受了西方文化科学的教育。1908年,他抱着学医救国的思想进入杭州广济医学院学习,后因不满学校歧视不信教学生而退学。崇一学校的校长爱其才学,伸出援助之手,经其介绍入南京金陵大学文学系就读。1914年,陶行知以优异成绩毕业于金陵大学,获得美国纽约州立大学文科学士学位。他筹借资金赴美留学。该年秋,入伊利诺大学攻读,1915年秋获政治硕士学位,后转入哥伦比亚大学研究教育,以杜威、孟禄为师。1917年获哥伦比亚大学师范学院"都市学务总监"资格文凭。秋天,他怀着"要使全中国人都受到教育"的宏愿回国。

回国后,他历任南京高等师范学校教授、教务主任和中华教育改进社主任干事等职。1923年至1926年期间,是他主要从事平民教育运动的时期。他和朱经农合编《平民千字课》,还亲任北平中华教育改进社四个平民读书处的劝导员及负责人。

1926年下半年,他到南京附近考察乡村教育,成立乡村教育研究会。翌年3月,他筹建晓庄师范学校。1930年,学校被蒋介石政府解散,他亦因带领学生举行示威而遭通缉,被迫流亡日本。这一时期,他的主要精力投注在乡村教育运动中。他以晓庄学校为基点,先后创办了小学师范院、幼稚师范院、晓庄小学,后来又发展中心小学 8 所、中心幼稚园 5 所、民众学校 3 所、中心茶园及乡村医院、联村救火会、中心木匠店、石印工厂各 1 所。晓庄毕业生后又在浙江创办了湘湖师范,在苏北创办了新安小学等。1929 年 12 月,上海圣约翰大学为表彰陶行知对中国教育科学的贡献,授予他科学博士的学位。

20 世纪 30 年代前半期,陶行知从事普及教育运动。他把生活教育和民族民主革命斗争相结合,创办了山海工学团,后又创立晨更工学团、报童工学团、女工读书班等,组织了普及教育助成会、生活教育社、国难教育社。

1936 年 7 月,他受全国各界救国会委托,以国民外交使节身份赴欧、美、亚、非 28 个国家和地区,宣传中国人民抗日救国的主张,1938 年回国。1939 年 7 月,他在重庆创办育才学校,一时聚集了众多专家、学者和进步青年,培养了很多革命战士和专业人才。

1945 年 10 月,陶行知加入中国民主同盟,并当选为中央常务委员兼教育委员会主任委员,主编《民主教育》和《民主》星期刊,积极推进民主教育运动。1946 年 4 月,他来到上海。7 月 25 日,李公仆、闻一多相继被害后,他因刺激过深,又劳累过度,猝然病逝,年仅 55 岁。

周恩来在他逝世后称他为"一个无保留追随党的党外布尔什维克"。毛泽东在悼词中则称他是"伟大的人民教育家"。

人们一般把陶行知的生活教育运动划分为六个时期,即乡村教育运动(1927~1930 年)、普及教育运动(1931~1935 年)、国难教育运动(1935~1937 年)、战时教育运动(1937~1939 年)、全国教育运动(1940~1945 年)和民主教育运动(1945~1946 年),而其早年的平民教育运动也不容忽视。

陶行知在青年时期即立志于改革旧教育,投身人民大众的新教育。1923 年他在致妹妹的信中这样写道:"我的中国性、平民性,是很丰富的;……经过一番觉悟,我就像黄河决了堤,向那中国的平民的路上奔流回来了。"他作诗:"人生天地间,各自有禀赋,为一大事来,为一大事去。"正是有着这样的抱负与热忱,陶行知终身为中国的教育事业辛苦地奔波,直至生命最后一刻。

他的生活教育理论主要由三大教育原理组成:"生活即教育""社会即学校"和"教学做合一"。

"生活即教育"和"社会即学校"的理论是把杜威的学说"教育即生活"

"学校即社会"翻了个筋斗。陶行知说："生活教育是给生活以教育,用生活来教育,为生活向前向上的需要教育。从生活与教育的关系上来说,是生活决定教育。从效力上说,教育要通过生活才能发出力量而成为真正的教育。"他认为自有人类以来,哪里有生活,哪里就有教育,教育没有时间和限制。"学校即社会,就好像把一只活泼泼的小鸟从天空里捉来关在笼里一样,他要以一个小小的学校去把社会上所有的一切东西都吸收进来,所以容易弄假。社会即学校则不然,他是要把笼里的小鸟放到天空中去,使他能任意翱翔,是要把学校的一切伸张到大自然里去。"①陶行知创作了许多贴近人民大众的诗歌,如《锄头舞歌》《洗衣歌》,以召唤民众在田头、在屋前、在真实的生活中获取知识。

在教学方法上,陶行知主张以"教学做合一"为基础。最初他在《教学合一》一文中把"教授法"改为"教学法",并指出："先生的责任不在教,而在教学,而在教学生学","教的法子必须依据于学的法子","先生不但要拿他的法子和学生学的法子联络,并须和他自己的学问联络起来"。1927年,他又写成《教学做合一》,他说："教学做是一件事,不是三件事","做是学的中心,也是教的中心。"

由于"教学做合一"的教学方法不同于传统的教学法,教材自然也要革新。他批判中国的教科书"不但用不好的文字做中心,并且用零碎的知识"。他提出："我们要活的书,不要死的书;要真的书,不要假的书;要动的书,不要死的书;要用的书,不要读的书。总起来说,我们要以生活为中心的教学做指导,不要以文字为中心的教科书。"②

实行"小先生制"是陶行知的又一创新。早在1923年,他编写《平民千字课》后,即大力推行平民教育。他要使教育、知识成为像空气一样普通的东西,而小先生制正是最好的途径,为什么呢?"因为小先生便是小先生,他早上学了两个字,晚上便可以把这两个字拿去教人,此刻学了一件知识或一种技能,彼时即可以把这一件知识或一种技能去教给别人,他不像大先生一样要领薪水。所以,我们可以不化经费把教育普及出去"。③ 同时,小先生制对于中国最难普及的女子教育尤其有用。

陶行知的一生,是为使中国千千万万劳苦大众受教育鞠躬尽瘁的一生,

---

① 《生活即教育》.董宝良编选.《陶行知教育论著选》.人民教育出版社,1991.294页。

② 《教学做合一之教科书》.《陶行知教育论著选》.人民教育出版社,1991.354页。

③ 《小先生与民众教育》.董宝良编选.《陶行知教育论著选》.人民教育出版社,1991.403页。

他教育越办越低,官衔越来越小,而为他的教育所觉悟、所奋发的民众如大江之浪,冲撞出了中国近代教育史的最强音。

陶行知著述颇丰,可参考《陶行知全集》(湖南教育出版社,1984 年版)、《陶行知教育论著选》(董宝良主编,人民教育出版社,1991 年版)、《陶行知文集》(江苏教育出版社,1981 年版)等。

思考题

1. 简述孔子及《论语》在世界教育史上的历史地位。
2. 结合韩愈《师说》的教师理论,谈谈你的教师观。
3. 阐述陶行知"生活教育"理论对现代教育的借鉴意义。
4. 黄炎培的职业教育思想对当前我国职业教育的发展有何启示?

推荐阅读书目

1. 许美德、周勇等.《思想肖像:中国知名教育家的故事》.北京:教育科学出版社,2008
2. 张圣华编.《蔡元培教育名篇(悦读版)》.北京:教育科学出版社,2013
3. 杨斌.《教育照亮未来·民国八大教育家经典文选》.上海:华东师范大学出版社,2013
4. 朱永新编.《陶行知教育箴言》.福州:福建教育出版社,2014

第十章　外国著名教育家的生平与学说

在外国教育发展的进程中,出现了许多的著名教育家。这一章,我们将介绍外国教育史上不同国家和不同时期具有代表性和重要影响的 10 位著名教育家的生平及其主要学说,力图通过对这些教育家的成长轨迹的分析,来研究这些伟大教育家的生活历程与他们所创立的理论和学说之间的关系,也就是说,把这些教育家所处时代、生活经历以及他们的教育实践和他们的教育思想以及著作联系起来。

第一节　苏格拉底的生平与学说

苏格拉底(Socrates)是古希腊唯心主义哲学大师和教育家,公元前 469 年出生在雅典一个贫民之家。苏格拉底的父亲弗罗尼斯科斯是一个雕刻匠,母亲法伊纳列特是一个接生婆。

苏格拉底的童年时期正值雅典的奴隶制民主制度形成和发展时期,公元前 457 年的伯里克利改革使得苏格拉底这种平民家庭得到了许多的政治权利,从而使苏格拉底也能有机会接受学校的教育。苏格拉底从小看到了雅典的民主制度带来的社会进步,带来的生活的许多益处。所以,苏格拉底对雅典充满着热爱之情,为雅典的进步繁荣而感到自豪,对雅典的未来充满信心。苏格拉底提出:"不论在战场上,在法庭上,还是在其他任何地方,你都必须服从你母邦和国家的命令……不能伤害你的国家。"[①]后来在苏格拉底的教育思想中,他把造就治国人才作为其教育目的,这一方面的原因可能是苏格拉底从伯里克利民主改革的成功中,认识到一个优秀的治国人才对于国家发展的重要意义。另一方面原因可能与苏格拉底对祖国的热爱之情有着一定的关系。

年轻时苏格拉底继承了他父亲的手艺,学习雕刻技术,当过雕刻师。他

---

① 柏拉图.《苏格拉底的最后日子——柏拉图对话集》.余灵灵,罗林平译.上海三联书店,1988. 100 页。

在这一时期广泛学习了各科知识,听过哲学家阿那克萨哥拉的讲演,听过著名智者罗底柯斯的讲学,可谓是接受了全面的教育。后来,苏格拉底又专门钻研哲学,成为哲学教师。

苏格拉底具有的渊博知识使他充分认识到知识的重要性,他认为,人天生是有区别的,但不管这种区别有多大,教育都可以使人得到改进,每一个人都必须接受教育。因此,苏格拉底的教育对象十分广泛,无论是年轻人还是老年人,无论是有钱人还是穷人,都可以向他求教,苏格拉底来者不拒,甚至主动与人交谈。他教育的对象不仅有本国公民,还有外国人。为使人们有机会接受教育,尽管自己生活很贫困,苏格拉底从不收取学费。苏格拉底上课的时候喜欢采取比较自由的方式,他的教学没有固定地点,有时在体育馆,有时则在广场上、街上、商店里或作坊中,任何地方都可以成为他的教育场所。苏格拉底在课堂上喜欢无拘无束,他的谈话生动活泼,并带有很强的逻辑性,学生在这种轻松的气氛下,很愿意与苏格拉底进行交流,可以自由地表达自己的观点和见解,同时又能从苏格拉底的循循诱导中,掌握知识。后来苏格拉底将这种教学方法进一步发展,形成了自己独特的教学方法,即"苏格拉底法",又称"产婆术"。

"产婆术"教学方法是苏格拉底的精神助产术在教学中的具体运用。在教学中,苏格拉底并不直接向学生传授各种具体的知识,而是通过回答、交谈或争辩的方法来表明自己的观点。他先向学生提出问题,学生回答错了,也不直接指出错在什么地方和为什么错,只是提出暗示性的补充问题,使学生不得不承认答案的荒谬和处于自相矛盾的地步,这样交相争辩,最后,迫使对方承认无知,并从苏格拉底的引导和暗示中,得出苏格拉底认为是正确的答案。"产婆术"教学方法是一种比较好的思维训练方法,它能使人克服思维的混乱,学会逻辑地思考问题,这种方法能促发学生自己主动地去求得知识和发现知识。苏格拉底创立的"产婆术"教学方法可谓是他教育思想中的精华部分。

在苏格拉底聚徒讲学、四处游说之时,也正是智者派积极活跃于雅典的时期。由于苏格拉底从不收取学费,而且在教学内容和教学方式等许多方面都与智者派存在很大差别,所以智者派一直与苏格拉底之间存在着争论和斗争。尤其是针对智者派收取高额学费,玩弄诡辩的行径,苏格拉底提出了激烈的批评,因此,苏格拉底也经常遭到智者派的讥讽和攻击。

公元前 449 年,雅典在希波战争中获得了胜利,这标志着雅典的民主制度战胜了波斯的专制制度,从而使雅典在希腊各邦中的地位抬到了最高的位置。"可是当雅典人沉浸在胜利、权威、荣誉、财富、文明的欢乐中而自满自足的时候,深藏在欢乐背后的危机正暗暗滋长。法制观念的淡化,道德的沦丧,追逐金钱和权利的引诱"①,使苏格拉底认识到雅典社会的文明发展正在受到威胁,而这一切又主要归于人们道德观念的淡化,再加上智者派在社会中专门以诡辩术来骗取人们的钱财,在雅典社会中也造成了很不好的影响。苏格拉底在这时深深认识到加强公民道德教育的重要意义,因此,在苏格拉底的教育思想中十分注重人们的道德教育,这也是苏格拉底教育思想的一个特色。苏格拉底把培养人们的美德作为教育的首要任务,甚至还把知识的学习也作为培养道德的一种重要而有效的途径,提出了著名的"智慧即道德"的命题,这都与当时社会背景和苏格拉底的生活经历有着直接的关系。

苏格拉底不仅在其教育思想中全面提出了道德教育的观点,而且他在实际的生活中,也是良好道德的示范者。他自己认为他具备多方面的美德,如智慧、公正、节制、勇敢、不贪财以及不追逐权力等等,在与人交往的过程中,他态度十分和蔼,从来不自以为是。苏格拉底一生曾三次参加作战,在这三次作战中,更是把苏格拉底高尚的道德情操全面显示了出来:在伯罗奔尼撒战争中,他英勇顽强,曾多次拯救过战友的生命;在色雷斯的波提代亚的一次战斗中,他看见阿尔其比亚德受了伤,便不顾自己生命的危险,把阿尔其比亚德救出敌人的重围;在波奥底亚的一次战斗中,他也是冒着生命的危险救出他的学生色诺芬。

在苏格拉底的教育思想中,苏格拉底还十分重视人们的体育训练,认为体育锻炼无论对人的身体健康,还是对于参加战争,都有着十分重要的意义,并提出一些身体锻炼的方法。他自己每天早上都要到广场上去进行体育锻炼,培养自己忍受饥渴、酷热、严寒和疲劳的能力。苏格拉底如此重视体育锻炼,一方面与他参加战争的经历有关,另一方面还因为受到斯巴达教育中重视体育的影响,同时也是苏格拉底对雅典的人们因希波战争的胜利而忽视军事体育锻炼所提出的忠告。

苏格拉底除了三次奉命参加战争,一次被选入 500 人议会,一次与 30 僭主发生冲突外,基本上没有再卷入政治生活。他在一生中,基本上也没有离开过雅典,一直从事他的教学活动。苏格拉底用他兢兢业业的奉献精神和独特的教学方法,培养了许多卓有成就的学生,如伊索克拉底和柏拉图

---

① 赵祥麟主编.《外国教育家评传》(一).上海教育出版社,1992.33 页。

等人。

由于苏格拉底不信雅典国家的神,也由于他在教学和其他方面敢于冲破旧的传统,从而引起一些人的嫉恨。公元前 399 年,雅典的民主派政治家安尼图斯和诗人墨勒图斯以及雄辩家李康三人联名以苏格拉底不信国家之神以及毒害青年的罪状控告苏格拉底,经陪审团表决,苏格拉底被判处了死刑。后来,苏格拉底在狱中饮毒死亡,时年 70 岁。

苏格拉底一生好谈论而无著述。他的学说大多是由他的弟子以及再传弟子在他们的著作中加以记载的,如其中有与柏拉图的对话的著述,《克里多篇》《自辩篇》《卡米底斯篇》《斐多篇》《拉基斯篇》等,还有色诺芬的《苏格拉底言行回忆录》等。

第二节 柏拉图的生平与学说

柏拉图(Plato)是古希腊著名的哲学家、教育家。他于公元前 427 年出生在一个奴隶主贵族的家庭。柏拉图原名叫阿里斯托克勒斯(Aristocles),即"美好"之意。"柏拉图"是他的别名,传说是因为柏拉图当时生得一副很宽的肩膀,当然还有传说是因为他长了一个宽额头。

柏拉图的父母都是贵族,其父亲阿里斯顿是雅典最后一个国王高德鲁斯王族的后裔。母亲佩里克蒂娥尼与著名的立法家梭伦系同一家族。柏拉图幼年丧父,他母亲佩里克蒂娥尼后来改嫁给他的表叔里兰佩斯,里兰佩斯也是贵族世家。柏拉图的青少年时期,基本上都是在他的继父家度过的。

由于优裕的家庭条件,使柏拉图从小就接受了非常良好的教育。柏拉图从小对体操、文学和音乐有着浓厚的兴趣。尤其在体育方面,柏拉图对各项体育项目都很擅长,曾取得许多优异的成绩,这也许是他在后来创办的学园教育计划中,把体育列为必修课的一个重要原因。在音乐和美术的学习方面,柏拉图曾跟从对音乐和美术有很深造诣的葛老孔进行过专门的学习,并产生很浓厚的兴趣,学习成绩十分优秀。因此,在他后来的教育思想中,除一般教育家强调的德育和智育两方面的教育外,还十分强调体育和美育,即柏拉图所主张的和谐教育思想。除受当时雅典的教育环境的影响外,其年轻时对体育和音乐及绘画的偏好也是一个十分重要的因素。

柏拉图最初跟从智者学习,后来又师从苏格拉底,跟随苏格拉底学习了8 年的时间。柏拉图笃信其师的学说,是苏格拉底的得意门生之一。柏拉图早年还参加了苏格拉底的哲学团体,在哲学思想上也深受苏格拉底的影响,对平民政体和激进的民主派运动充满了仇视。柏拉图尽管是苏格拉底最忠实的追随者,但在学术上,又不完全束缚在苏格拉底的观点和理论之中,他深入研究过他的前辈几乎所有著名哲学家的著作,例如赫拉克利特、埃利亚学派以及毕达哥拉斯等等。柏拉图在苏格拉底唯心思想的影响下,在研究其他人的观点和理论基础上,形成了自己的唯心主义思想体系。其唯心思想对其教育观点和思想也产生了很大的影响,如在教育目的和对象上,柏拉图根据他的唯心主义的人性论和社会观,认为上帝把人分为三等,即金质、银质和铁质三种人。金质的人,其天性特点是理性发达,应该接受最高层次的教育,并成为上层统治者,即柏拉图所追求的最高教育目的——培养"哲学王";而银质的人的特点是意志刚强,勇敢好斗,应该接受一般的教育,最终成为军人;而铁质的人,富有感情和各种欲望,应该节制,主要从事农业、手工业。

在苏格拉底被判处死刑以后,柏拉图在希腊再无立足之地,被迫逃出雅典,先后到过埃及、克里特岛、意大利和西西里等地。在柏拉图的游历过程中,他一面从事教学,一面宣传他的政治主张。他在各地的所见所闻,对他后来的政治思想及教育思想的形成产生了很大的影响。如柏拉图对埃及世袭的等级政治制度、森严固定的职业和职业的严格分工、强制推行的教育制度以及天文学、数学等学科的成就等留下了深刻的印象。后来,柏拉图在《理想国》一书中所提出的等级分明的社会阶级结构、教育制度以及确立数学、天文学在学校教育中的重要地位,可能都与在埃及的所见所闻有一定的联系。本来,柏拉图是在迫不得已之下而出逃的,但是柏拉图却把这一次的出逃看作是一次难得的学习和研究机会。柏拉图对各国的社会、政治、法律、宗教、教育制度进行了详尽的考察,对各派哲学学说、数学、天文学、音乐理论等进行了深入的研究和探讨,这就为他后来集中精力办学和广泛著述奠定了基础,对柏拉图世界观、哲学体系、政治思想以及教育理论的形成发展,也起了非常重要的作用。

柏拉图在四处游历中,有一次曾被西西里岛的叙拉古人作为奴隶送到爱琴岛的奴隶市场出售,后来因朋友的帮助,才重新获得自由。后来,柏拉图又回到了雅典,在纪念传奇英雄阿加得谟的花园里开办了"阿加德米"学院,开始了他后半生的教育生涯。

柏拉图创办的"阿加德米"学院有着十分优美的环境和优越的学习条件。学院不仅是柏拉图从事教育活动的场所,也是他从事重要的学术活动和政治活动的场所。学院的创建在欧洲学术思想发展过程中起到了非常重要的作用。可以说,学院是欧洲最早出现的综合性的传授知识、研究学术以及培养上层统治者的最高学府。

柏拉图创办的学院在教学内容上非常广泛,有自然学科和人文学科,具体包括算术、几何学、天文学、音乐理论,以及文法、法律、历史、伦理学等,甚至还涉及动物、植物、地理以及宇宙等学科领域的研究和探讨。除了自然学科和人文学科以外,柏拉图把体育甚至军事操练也列为学生的必修课。在这些学科中,柏拉图尤其重视数学,这一方面与他从小所受到的良好的数学教育有着直接的联系,另一方面还因为柏拉图认为,通过数学的学习,可以训练学生对变化无常的现象世界的感知,使学生认识永恒不变的实在理念世界,从而接近善的理念。

在柏拉图创办的"阿加德米"学院里,不仅教学内容十分广泛,而且在教学形式上,也是丰富多样。柏拉图主要继承了老师苏格拉底谈话教学法的思想,主张在教学中使用回答、对话、诘难、考问、雄辩以及论证等教学方法,根据不同的教学内容和教学需要,选择不同的教学方法。而且,柏拉图还提倡学生自己钻研和探究,通过自学来获得各种知识。

为了提高"阿加德米"学院的教学质量,柏拉图还邀请了许多学识渊博的学者前来参与管理和讲学,如学院的主要成员泰阿泰德是立体几何的创始人,欧多克苏是当时最杰出的数学家和天文学家,还包括斯彪西坡、色诺克拉底等人。在"阿加德米"学院里同时也培养出了一批成绩卓越的学生,如亚里士多德、阿里斯托尼谟等。

可以说,柏拉图创办"阿加德米"学院的目的,一方面是为了教书育人,另一方面则还是为了宣扬他所主张的政治理想,而且后者可能是主要目的,甚至前者也是为后者服务的。在柏拉图主持"阿加德米"学院的 40 年之中,柏拉图曾经三次前往西西里的叙拉古城邦拜见僭主狄奥尼修,柏拉图想借助狄奥尼修,在这个国家实现他的政治理想,但是均被狄奥尼修所拒绝,甚至最后一次狄奥尼修不给柏拉图任何交通工具,并要加害柏拉图,后来由于毕达哥拉斯派的人出面交涉,才幸免于难,柏拉图不得已又回到雅典。

柏拉图在创办"阿加德米"学院的 40 年中,撰写了大量的有关哲学、政治学、伦理学,以及教育、法律、宗教方面的著作,可以说,这些著作是柏拉图思想比较完整的体现。其著作大多是以对话的形式写成的,主要包括《斐多篇》《巴门尼德篇》《智者篇》《泰阿泰德篇》《蒂迈欧篇》以及 13 封书信。他的教育理论大多反映在《理想国》和《法律篇》两部著作中。

第三节　夸美纽斯的生平与学说

扬·阿姆司·夸美纽斯(Johann Amos Comenius)是 17 世纪著名的教育家,近代资产阶级教育学的奠基者之一。夸美纽斯一生坎坷、动荡,但始终奋斗不息。他的思想对当时西方甚至对整个世界的教育发展都起到了非常特别的作用。

夸美纽斯 1592 年出生在一个"捷克兄弟会"会员的家庭中,父亲是一个磨坊主。夸美纽斯 12 岁时失去了双亲及两个姐姐,只身一人过着孤苦伶仃的生活。迫于生计,夸美纽斯只好去学手艺、当牧童。在这时,夸美纽斯得到兄弟会和亲友的资助,才得以维持生计,继续学业。

当夸美纽斯上中小学的时候,他就对当时的学校教育产生了强烈的反感,深深感受到在各类不同的学校中,都存在着许多的弊端,尤其是针对当时学校中令人厌倦的教学方法,夸美纽斯更是愤慨万分。夸美纽斯曾把学校比喻成令儿童恐怖,扼杀儿童才智的屠宰场。正是在自身的深刻体验基础上,夸美纽斯在后来的《大教学论》中,对当时的教育制度提出了一系列改革的建议和主张,尤其在教学方法上,夸美纽斯针对传统教学方法存在的弊端,提出了直观性、主动性和自觉性、系统性,以及循序渐进性、巩固性、量力而行性等若干原则。夸美纽斯强调,各种教育活动必须遵循宇宙万物和人的活动中普遍存在的自然的"秩序"和规律,依据人的自然本性和儿童年龄特征进行教学。

1611 年夸美纽斯中学毕业后,被选送到纳骚的赫波恩学院学习神学。夸美纽斯在大学学习期间,十分勤奋和努力,系统地学习和研究了许多古代思想家的著作和教育思想。同时,夸美纽斯对当时大学中封建的经院主义教育十分厌恶,由此使夸美纽斯产生了用捷克语编写百科全书的愿望,以便在祖国人民中广泛地传播知识。在赫恩波的两年学业结束后,夸美纽斯又进入了海德堡大学学习。在这一阶段,夸美纽斯更是珍惜这样的学习机会,博览群书,甚至还设法阅读了被天主教视为异端邪说的哥白尼的《天体运行论》。大学期间,夸美纽斯到西欧各地旅行,在广泛吸收前人思想的基础上,他的哲学和教育思想日趋成熟,这为他后来在教育理论上的著书立说和实践中的教育改革奠定了良好的基础。

1614 年夸美纽斯离开海德堡大学后,又回到了他的出生地摩拉维亚,担任"兄弟会"的牧师,并主持"兄弟会"学校的工作,担任拉丁学校的校长。

在 1618 年至 1648 持续 30 年之久的捷克和德国的战争中,夸美纽斯被迫流亡。他的妻儿在战后的瘟疫中死去,他的藏书和手稿也在战争中毁于一旦。夸美纽斯忍受着巨大的悲痛和挫折,仍然满腔热忱地为反对异教统治、争取民族独立和改革教育而积极活动。夸美纽斯在这期间用捷克语写了政治系列著作《世界迷宫》和《心的天堂》。在书中他一方面谴责了大国欺侮小国的卑劣行径,痛斥了人世社会的罪恶与腐败,另一方面也号召人们积极起来抗争。由于捷克在战争中的失败,沦为哈布斯堡王朝的一个行省。当时统治捷克的德国皇帝在 1627 年发布了一条命令,宣布以天主教为惟一合法宗教,所有国民必须信仰天主教,否则将被驱逐出国境。夸美纽斯和他的"兄弟会"会员坚持自己的宗教信仰,不得不离开了他们的家园,开始了背井离乡的流浪生涯。

从 1628 到 1641 年,夸美纽斯一直定居在波兰的黎撒,并在此地主持了一所兄弟会主办的古典中学,研究改革经院主义教育的理论和实践问题,并撰写了许多著作。1628 年夸美纽斯编写了学龄前儿童教育手册《母育学校》,1631 年编著了拉丁文教科书《语言学入门》,1632 年撰写了世界教育史上第一部系统的教育学理论巨著《大教学论》。这些教育著作使夸美纽斯获得了极大的声誉。在这些著作中夸美纽斯全面地阐述了自己的教育主张和思想。其中,"泛智教育思想"占据了核心地位。夸美纽斯的"泛智教育思想"以"泛智论"和"教育适应自然"为思想基础。"泛智论"的要点是要求把一切知识教给一切人。夸美纽斯在《泛智学校》中强调:我们希望所有的人都能接受教育,使得每一个生来为人者能预防危险,不致因在通向死荫地的路上误入歧途而永世毁灭,因为这一点是对每个人至关重要的,这是所有的人最最要提防的⋯⋯我们希望知识的新兵将学习一切知识,即首先要使头脑为知识之光所照亮,而缺乏这种知识是有害的⋯⋯①。夸美纽斯结合自己的成长经历以及祖国衰落沦亡的教训,高度评价了教育的作用,多方面地对比了有教养的民族和没有教养的民族的差别,以说明教育对于开发自然资源,发展生产,增进人类幸福和加强国家实力的重要意义,并在《大教学论》最后一章,详细讨论了合理的教育与人才的培养、经济建设以及国防建设的关系问题。对于教育在个人发展方面的作用,夸美纽斯则提出,人人都有一定的天赋,天赋发展如何,关键在于教育。应该说,夸美纽斯的教育功能观在当时有着非常重要的进步意义。夸美纽斯泛智教育思想中的教育适应自

---

① 任钟印选编.《夸美纽斯教育论著选》.人民教育出版社,1990.234 页。

然的原则就是要求教育应该以自然界及其普遍规律法则为依据,教育要根据人的天性,适合人的年龄。根据这一原则,夸美纽斯把人的受教育阶段划分为婴儿期(出生至 6 岁,母育学校)、儿童期(6 岁到 12 岁,国语学校)、少年期(12 岁到 18 岁,拉丁语学校)以及青年期(18 岁到 24 岁,大学)四个时期,夸美纽斯为各阶段规定了不同的学习内容和方法。

在《大教学论》中,夸美纽斯还详细论述了学年制和班级授课制。他主张学校的开学、放假、上课、考试等都要有明确的规定,这样才能使学校的工作富有成效地按序进行。在班级授课制思想中,夸美纽斯主张通过集体教育的方式,不仅能使教师省力,同时学生也可相互激励、相互帮助,使学习愉快而有效。

夸美纽斯把培养德行作为学校的主要任务之一,在智育和德育之间,夸美纽斯更注重德育。在夸美纽斯思想中,德育不仅包括一般意义上的道德品质教育,还包括宗教教育。他针对封建贵族和天主教会僧侣的腐化和堕落,提出了培养明智、节制、勇敢、公正四种道德品质,反映了新兴资产阶级的要求。在道德教育方法上,夸美纽斯反对口头说教,主张以练习来培养儿童的道德行为。

夸美纽斯非常重视纪律在学校工作中的作用。他认为,学校没有纪律就无法正常有序地工作,夸美纽斯还提出了维护纪律的原则方法。他说:"为了使得学生畏惧和尊重,而不是嬉笑或憎恨纪律,就应当经常严格地、坚决地,但不是戏谑地或狂怒地来维持学校纪律。因此在领导青年时,应当温和而不轻浮,在处分时容许斥责而不尖刻,在惩罚时要严格而不残酷。"[①]夸美纽斯提出了维护纪律的三种方法,一是不断的监视,二是谴责,三是惩罚。

除以上几方面内容外,夸美纽斯还在他的泛智主义教育思想中论述了教育的原理、原则、内容和方法以及学校管理等方面的内容,他在这一时期所形成的泛智主义教育思想的内容是十分全面和丰富的。

夸美纽斯为推进他的泛智主义教育思想,后来还出版了《泛智论》提要以及修改后的《泛智的先声》,世界上许多学者对此产生了很大的关注和兴趣。英国国会在 1641 年通过一项关于组织学术委员会专门研究泛智论的决议,热情地邀请夸美纽斯前往帮助英国完成这样的研究,并指导教育实践。在夸美纽斯踌躇满志,欣然前往英国时,英国爱尔兰发生了叛乱,所以夸美纽斯又很快地离开了英国,接受旅居瑞典的荷兰人盖尔的邀请,前往瑞

---

① 任钟印选编.《夸美纽斯教育论著选》.人民教育出版社,1990.345 页。

典进行研究,得到了瑞典政府的大力支持。夸美纽斯以瑞典帮助其祖国独立为条件,留在了瑞典大约两年的时间,实施他的泛智教育研究和实践。但是,在夸美纽斯离开瑞典时,捷克又被划归德国管辖,夸美纽斯的救国愿望没能实现。后来,夸美纽斯只好又回到了逃亡地波兰,然而也就在此期间,夸美纽斯的第二位夫人又不幸去世,只留下五个孩子与他相依为命。

1650年5月,由于捷克兄弟会大主教去世,经兄弟会代表的推荐,夸美纽斯成为兄弟会的大主教。这年10月,夸美纽斯接受了匈牙利政府的邀请,前往匈牙利担任常年教育顾问。夸美纽斯之所以接受这样的邀请,一方面是为实验他的教育思想,另一方面则是想借助匈牙利政府之力,使捷克得以独立和复兴。他在此期间作出两方面的重要成就。一是为匈牙利政府制定了一份《泛智学校蓝图》计划,二是构思并完成了著名的教科书《世界图解》,在这本书中,夸美纽斯贯彻了自己的教学思想,使这本书在编排上图文并茂,内容上丰富多彩,生动有趣,并加之以拉丁语和民族语的解说,十分适合儿童的身心特点和学习规律。

1654年,夸美纽斯离开匈牙利,又回到了列什诺,但由于列什诺在波兰和瑞典的战争中被毁,夸美纽斯只好又流亡到荷兰首都阿姆斯特丹,并在此走完了他人生的最后历程。

晚年,夸美纽斯一直致力于《人类改进通论》这部巨著的写作,由于种种原因,这部著作没能完成。在已完成的手稿中,夸美纽斯一方面总结并发展了自己泛智教育思想,另一方面,他还试图在这部著作中全面地勾画出改造世界和改造人类的宏伟蓝图。

1670年11月15日,夸美纽斯在阿姆斯特丹逝世。夸美纽斯的一生给人类留下了丰富的思想瑰宝,完成了近265种著作,包括教育、哲学、政治以及神学等等,其中教育方面的代表著作有《母育学校》(1628年)、《语言与科学入门》(1631年)、《大教学论》(1632年)、《泛智的先声》(1637年)、《论天赋才能的培养》(1650年)、《泛智学校》(1651年)、《组织良好学校的准则》(1653年)以及《世界图解》(1658年)等等。

第四节　洛克的生平与学说

约翰·洛克(John Locke)是17世纪英国的哲学家、政治家和教育家。洛克1632年出生在一个富裕的律师家庭中,父亲是一位乡村律师,也是一个清教徒。洛克从小就在父亲的启蒙下接受了良好的教育。洛克的父亲是一个十分严厉的人,他对洛克从不纵容,并使自己与子女间保持一定的距离,所以洛克非常畏惧父亲。深受父亲这种培养子女的观念和行为的影响,洛克后来在《教育漫话》有关家庭教育的论述中,就极力主张父母在对子女的家庭教育中,绝不能采取自由和纵容的态度,必须使子女服从约束和纪律,否则会使子女缺乏判断力。

洛克在家庭中接受了多年的教育,直到 1647 年才被送到伦敦威斯敏斯特学校就读,开始了他正式的学校教育生活。应该说,洛克的整个求学阶段还是比较一帆风顺的。

由于洛克的学习勤奋和努力,他在 1650 年就获得了一项国王奖学金,这样使洛克又获得了在校免费寄宿的权利和取得牛津及剑桥两所大学主要奖学金的资格。洛克充满着对未来的美好设想,更加发奋用功,除应修课程外,还增修了许多额外课程,终于在 1652 年,洛克被牛津大学的基督教会学院录取。洛克在牛津大学广泛学习了经典著作、修辞、逻辑、伦理和几何、数学、天文、历史、自然哲学、医学以及化学等许多学科领域的知识,分别于 1656 年和 1658 年获得了文科学士学位和硕士学位。洛克在大学对知识的大量吸收和猎取,为他以后从政从教以及著书立说都奠定了十分坚实的知识基础。

尽管洛克在学校的学习中受益匪浅,并获得了许多的荣誉,但对当时的学校教育洛克有许多不满,如学校管理不严,严酷的体罚以及男生普遍存在的放纵行为等,这些使得洛克对学校产生了强烈的反感。在后来的绅士教育思想中,洛克对当时学校教育持明确的否定态度,而极力提倡家庭教育。这一方面表明了洛克对当时处在教会控制下的经院主义教育的不满,同时也与洛克受当时的资产阶级偏见影响有着很大的关系。这里需要说明的是,英国在 1649 年和 1688 年爆发了两次新兴资产阶级革命,两次资产阶级革命在反对封建专制方面所提出的改革思想,对洛克产生了深刻的影响,使洛克后来的教育思想表现出强烈的资产阶级的性质和特点。

洛克在牛津大学获得硕士学位以后,曾被聘为希腊语讲师,1662 年又被聘为修辞学讲师,1663 年被选为伦理哲学学监,这是该学院的高级管理职位之一。这一阶段是洛克事业十分顺利和辉煌的时候。然而,使他感到痛苦的是,在 1663 年,他的双亲和两个兄弟均先后去世,这使他把大部分时间和精力都投到对学生的关心上。

1667 年,洛克结识了自由主义政治家、辉格党领袖沙夫兹贝科伯爵,当了他的秘书、家庭教师兼医生,这是洛克一生中极其重要的事情,也是他人生事业的一大的转折点,使他有机会参与了政治界和外交界的活动。但是在 1683 年,因伯爵反对国王而被贬黜,洛克随伯爵逃往荷兰达数年之久,直到 1688 年英国"二次革命"结束后才回到英国。

由于洛克在大学和私人家中以及在四处旅行中担任了许多贵族和绅士后代的家庭教师,使他获得了许多的教学经验和名气。后来,洛克应一英国友人和远亲爱德华·克拉克之邀,在 1684 年到 1687 年期间,一直以不断通信的方式对克拉克的孩子指导教育问题。1689 年从荷兰回到英国后,经克拉克一家人和其他人的敦促,洛克对这些信件进行了大量的修改,并把这些信件公开发表。后来在 1693 年结集成《教育漫话》。在《教育漫话》中,洛克作为新兴资产阶级的代表,系统地表达了英国资产阶级对新的教育的要求,从教育的目的、作用、内容和方法等方面提出了与封建制教育不同的观点和思想。可以说,《教育漫话》是洛克教育思想的全面反映。

在教育作用方面,洛克提出了有名的"白板说"观点。洛克认为,人的一切知识都来自于经验,教育对于经验的形成至关重要,在人的个性形成中起决定性作用,这一观点有力地打击了天赋知识的谬论,完全符合新兴资产阶级的需要,也为资产阶级夺取政权和教育权利提供了理论依据。但是,洛克在肯定教育作用的同时,他所关心的只是少数资产阶级新贵族的教育,而不是广大劳动者子女的教育,充分体现了其资产阶级教育观的阶级性和狭隘性。

洛克提出了"绅士教育"的教育目的论,即要求培养的是有德行、有才干并善于处理自己事务的绅士。在洛克的绅士教育思想中,绅士也就是资产阶级化的新贵族的实业家。洛克要求这些人既要具有封建贵族的道德、礼仪和风度,又具有新兴资产阶级的事业感和贪婪性;既具有强健的体质,合乎高贵身份的习惯,又要有一定的文化修养。为实现这样的教育目的,洛克主张只能让资产阶级子女在家里接受教育,而不能送到公共教育机关。

洛克根据绅士教育的目的,从健康、德行、学问三个方面系统地论述了自己的观点和方法。

在洛克的绅士教育中,身体健康被放在第一位,认为健康是人生事业和幸福的基础。洛克说:"我们要能工作,要有幸福,必须先有健康;我们要能忍耐劳苦,要在世界上做个人物,也必须先有强健的体格;这种种道理都很明显,用不着任何证明。"[1]洛克还详细论述了保持身体健康的方法,如儿童

---

① 洛克.《教育漫话》.赵荣昌,张济正主编.《外国教育论著选》.江苏教育出版社,1987.52 页。

每天用冷水洗脚,养成良好的饮食和睡觉习惯,等等。

洛克也非常重视绅士教育中道德品质的培养问题,他说:"我认为在一个人或者一个绅士的各种品行之中,德行是第一位的,是最不可或缺的。他要被人着重、被人喜爱,要使自己也感到喜悦,或者也还过得去,德行是绝对不可缺少的。如果没有德行,我觉得他在今生来世就都得不到幸福。"①根据洛克的意见,道德教育的主要任务在于锻炼儿童的意志和培养儿童的性格、名誉观念、羞耻心、克制能力以及养成绅士的礼仪和风度。

洛克把知识看成是促进道德提高的一种辅助的手段,在学习内容上,洛克为学生规定了非常广泛的学习计划。但是,洛克又主张学生不宜对各门学科"学得太深",认为学习的任务主要是发展学生的思维,培养学生清晰地、有逻辑地、循序渐进地进行判断和概括的能力,并提倡在愉快中学习,而不是强制学生去学习。

1699 年,洛克曾被任命为英国驻法国大使,但洛克以身体不好而推辞。1700 年,洛克从政界退出,隐居在阿兹,身体状况一直不好,双腿肿大,两耳失聪,但是洛克的思维仍然十分敏捷,笔耕不辍。1704 年 10 月 28 日,洛克在阿兹因病与世长辞,终年 73 岁。

洛克的一生有着丰富的生活经历,在政治、教育、哲学等许多领域都给后世留下了宝贵的思想财富,其中与教育有关的著作就是其代表作《教育漫话》一书。除此以外,还著有《政府论》《人类理解力论》等。

第五节　卢梭的生平与学说

让·雅克·卢梭(Jean Jacques Rousseau)是法国启蒙运动思想家、哲学家、教育学家、文学家。他于 1712 年出生于瑞士日内瓦的一个钟表匠家庭,出生后不到两周母亲就去世了。父亲是共和主义者,性格耿直不阿,而且酷爱读书。卢梭自幼受到父亲的强烈影响,卢梭 3 岁识字,7 岁可读一些历史和文学书籍,父亲常与他一起讨论书中的内容。卢梭 10 岁时,父亲由于与一名军官发生冲突被迫远走他乡。从此,卢梭的生活陷入不稳定的状态。他先是被舅父送至波塞学习拉丁文、绘画和数学,这是他一生中接受的唯一的正规教育。两年后,卢梭先后学习过公证业务和雕刻术,终因不符合兴趣而开始流浪生活。他在流浪中读了培根、洛克、伏尔泰、笛卡尔、莱布尼茨等

---

①　洛克.《教育漫话》.赵荣昌,张济正主编.《外国教育论著选》.江苏教育出版社,1987.67 页。

英、法、德著名思想家的著作,自学了数学、史地、天文、生理、解剖等科学知识。在旅居巴黎时,结识许多启蒙思想家,参加了《百科全书》的撰写工作,深受进步思想的启发。

1749年,第戎学院以《科学和艺术的进步对于道德的影响》为题举行征文活动,卢梭的应征论文列为榜首。卢梭在论文中,痛斥了封建社会及其文化。这次获奖,大大鼓励了卢梭的自由思想和写作欲望。1753年,第戎学院再次征文,卢梭以《论人类不平等的起源和基础》应征,文中揭穿了社会不平等的根源在于私有制度,鼓吹自由平等为不可剥夺的"天赋人权"的资产阶级政治思想。这篇论文对后世产生了深远影响。正是这部充满批判精神的杰作,奠定了他在整个欧洲思想史上的崇高地位。

此后,已经声名远播的卢梭隐居乡间致力于著书立说,1762年出版了《社会契约论》。《社会契约论》所表达的主要思想是:人是生而自由平等的,国家不是用来统治人民的工具。国家的产生是由于全体人民都让渡了自己的权利达成协议的产物,因此,国家主要功能就是保证人民的自由与平等,维护全体人民的福利。如果人民的自由被国家强力剥夺,那么国家就违背了人民的初衷,在这种情况下,人民有革命的权利,可以通过暴力夺回自己的自由。[①] 在卢梭所有著作中,《社会契约论》影响最大,它是阐述卢梭政治哲学的代表作。《社会契约论》所表达的思想达到了资产阶级思想家所能达到的最激烈、最革命的程度。卢梭的自由、平等、博爱的社会政治追求激励了法国大革命时期整整一代人。

同年,卢梭又出版了教育哲理小说《爱弥儿》,继续阐发其社会政治思想,并且尖锐批判腐朽的封建教育,提出追求个性解放的资产阶级教育思想。《爱弥儿》一书斥责天主教会和传教士为骗子,否定原罪观念,赞扬人性的善良与美好,持有"自然神论"的观点,得出了教育上哥白尼式的革命结论。但教育历来是欧洲教会控制的重要领地,因而卢梭大大惹怒了天主教会,教会动员各地的势力向卢梭进攻。《爱弥儿》被巴黎大学神学院列为禁书,甚至巴黎大主教亲自出面宣布焚烧《爱弥儿》。卢梭本人受到通缉,被迫流亡瑞士、普鲁士和英国,最后不得不以假名隐居于法国乡村。他虽然身心受到极大的迫害,但仍坚持写作,在流亡中完成了自传《忏悔录》的第一部。1770年卢梭获赦返回巴黎,结束流亡生涯。1773年,卢梭应邀写出了《关于波兰政治的筹议》一文,为波兰政府描绘了复兴祖国的宏伟蓝图。在这个计

---

　　　① 朱家存,徐瑞主编.《外国教育史》.山东人民出版社,2008.151页。

划中,卢梭提出了他理想中的国家形象。在其中,卢梭把教育看作政治建设之根本。马克思评价"卢梭曾为波兰人草拟过最好的政治制度"①。1778年,卢梭在巴黎与世长辞。16 年后,巴黎举行隆重仪式将他的灵柩迁葬于巴黎国葬所。

卢梭关于人性本善的观点是他整个社会发展观的一部分。他认为,自然是善的,人性是善的,只是社会把人变坏了。他在《爱弥儿》开篇就说"出自造物主之手的东西都是好的,而一到了人的手里就全变坏了"。卢梭认为,在人的善良天性中,包括两种先天存在的自然感情,即自爱心和怜悯心。自爱心是为了生存而具有的原始的、内在的、先于其他一切的自然欲念。因为它只涉及自我保存,所以它本身并不邪恶。相反,只要顺其自然发展,就能达到高尚的道德。② 怜悯心则是一种与受苦者产生共鸣的感情,它调节着人的自爱心,看到同类遭受痛苦总是想帮其摆脱,怜悯心可以使人的自爱心扩大到爱他人及爱社会。卢梭对于人的善良本性的肯定具有反禁欲主义的启蒙作用,也为教育顺从天性提供了思想依据。

自然主义教育理论是卢梭教育思想的主体。1762 年出版的《爱弥儿》集中阐述了这一思想。歌德称这本书是教育的自然福利,康德因阅读《爱弥儿》而忘记了十几年定时散步的习惯,席勒则称卢梭为新的苏格拉底,是耶稣拟造的人。卢梭认为,人的教育的来源有三种,即"自然天性""事物"和"人为",只有三种教育良好的结合才能达到预期的目的。自然教育的最终目标是"自然人",自然人并不是回复到原始社会的退化之人,而是生活在社会中的自然人,即身心两健、体脑并用、良心畅旺、能力强盛的新人。卢梭自然教育的一个必要前提就是改变对儿童的看法。人们既不要把儿童当成待管教的奴仆,也不能把孩子当做缩小的成人,应当把成人看做成人,把孩子看做孩子。

在自然教育的基础上,卢梭根据他对儿童发展的自然进程的理解,将儿童的教育划分为四段:初生到 2 岁的婴儿期,身体柔弱,教育以身体的养护和锻炼为主;2 岁至 12 岁的童年期,感觉发达,教育以身体锻炼和感官训练为主;12 岁到 15 岁为青年期,儿童体力最旺盛,理性开始发达,教育以智育和劳动教育为主;15 岁到 20 岁是青春期,已经意识到社会关系,是实施性教育、道德教育和宗教教育时期。卢梭认为教育既要适应受教育者身心成

---

① 《马克思恩格斯全集 第 4 卷》.人民出版社,1958.348 页。
② 吴式颖主编.《外国教育史教程》.人民教育出版社,1999.263 页。

熟的阶段,又要适应众多受教育者的个性差异和两性差异,这对心理科学的发展起了一定推动作用。

另外,卢梭对女子教育也有一些看法。他认为,女子天赋低于男子,不适合学习更深的知识,生儿育女、体贴丈夫、勤俭持家是她们应尽的自然义务。女子教育应以培养贤妻良母为目标,女子为了教育子女和愉悦家人才受教育,应擅长治家之道、讲究贞洁,应有顺从、节制之美德,而不能妄想作学者或社会活动家。

卢梭的公民教育思想主要表现在 1773 年写的《关于波兰政治的筹议》中,其中专列"教育"一章,阐明他的共和制下的儿童教育观,这些观点体现出卢梭浓厚的爱国主义思想。

卢梭一生著述颇多,主要著作有《论科学与艺术》《论人类不平等的起源和基础》《社会契约论》《爱弥儿》《忏悔录》《新爱洛漪丝》等。

第六节　裴斯泰洛齐的生平与学说

约翰·亨利赫·裴斯泰洛齐(Johann Heinrich Pestalozzi)是瑞士著名的教育理论家和教育实践家,曾以"贫苦人之父""贫苦者之友"的美名而称誉世界。

裴斯泰洛齐于 1746 年出生在瑞士的苏黎世,他的父亲是一个医生,在裴斯泰洛齐 6 岁时因病去世。裴斯泰洛齐的启蒙教育是在母亲和一位忠实女仆的教养下进行的。裴斯泰洛齐的幼年时代,长期住在农村外祖母家,从小目睹了在封建主义、资本主义双重压榨下的农民的悲惨生活,对农民的悲惨处境深表同情。后来,由于种种原因,裴斯泰洛齐自己家的生活也很艰难。童年时对贫苦人民生活的所见所闻以及自身艰苦的成长经历,是后来裴斯泰洛齐一生热心于贫苦人民教育事业的一个非常重要的原因,他甚至不惜花费自己的全部家财和精力去研究教育理论以及进行孤儿教育实验。

中学毕业后,裴斯泰洛齐进入具有人文主义倾向的加罗林学院学习语言学和哲学。在学习期间,裴斯泰洛齐深受卢梭思想的影响,同情资产阶级革命,并加入了当时进步的青年学生组织"爱国者"小组,从事进步活动,积极探讨有关社会、政治和教育问题,发表了一些抨击政局的意见。因此,裴斯泰洛齐曾一度被当局拘留。

裴斯泰洛齐被释放后,放弃了继续上大学的机会,开始在实践中寻求"拯救农村,教育救民"的途径。裴斯泰洛齐认识到,农民之所以贫困主要是由于缺乏教育,不善于从事农业生产和安排生活所造成的。因此,裴斯泰洛齐主张一方面要通过教育的办法改善人性,普遍提高农民的智力和教育水平,帮助农民改进耕作技术和方法,提高生产技能,消除各种恶习。另一方面,裴斯泰洛齐又把希望寄托在少数"贤明"的统治者身上,要求开明地主、官吏以至最高的统治者发善心,来帮助和教育农民,使之安居乐业。正是抱着改善农民生活状况的愿望,裴斯泰洛齐在一个叫涅伊霍夫的地方购买了一块土地,取名"新庄",开办示范农场,想以此来影响和帮助农民改进农业技术、改善生活,裴斯泰洛齐的这一想法和做法在当时得到了许多人的赞同和支持。但是,由于经营不善、供给不足,最终使庄园负债累累,实验以失败而告终。

　　1744 年,裴斯泰洛齐又利用自己的结余财产在庄园里创办了一个"贫民儿童教养院",收容约 50 个孤儿。裴斯泰洛齐一方面让这些儿童参加生产劳动,以学习生产劳动的技能。另一方面又组织儿童参加读、写、算等初步的知识,力图在这些孤儿身上实现他的最终教育目的,即有组织地帮助和激发儿童的天赋,使儿童的各种内在的能力得到"和谐发展",使每个儿童都能各尽其才,成为符合于他们社会地位的完善的新人。在创办孤儿院的过程中,裴斯泰洛齐与这 50 多个孤儿同甘共苦,亲如父子。但是后来,由于经济困难,裴斯泰洛齐只好停办了这个孤儿院。

　　之后,裴斯泰洛齐开始集中精力从事著述,先后发表了大量有关社会和教育问题的著作,如 1780 年完成的《隐士的黄昏》,1781 年到 1787 年写成的《林哈德与葛笃德》等。通过这些论著,裴斯泰洛齐阐发了自己的教育思想和社会观点,因此赢得了很大的声誉,于 1792 年被法兰西立法议会授予"共和国公民"的荣誉称号。裴斯泰洛齐并没有陶醉在这些荣誉之中,反而更加激发了他为贫苦人民办教育的热情。在 1798 年瑞士资产阶级革命后,裴斯泰洛齐接受了新政府的重托,在斯坦兹办了一个孤儿院,招收因战争而失去双亲的孤儿。裴斯泰洛齐一个人全面负责 80 个 5～10 岁儿童的生活和教育工作。在这次创办孤儿院的过程中,裴斯泰洛齐更是全身心地投入,把自己全部的时间和精力都扑到了这些孤儿的身上,和这些孤儿朝夕相处,同吃同睡,教给这些孤儿以各种生活技能和文化知识,这些孤儿和裴斯泰洛齐建立了非常深厚的感情,也使裴斯泰洛齐的教育实验获得了初步的成功。后来,由于法国和瑞士之间的战火不断,伤兵很多,所以这个地方被改作医院,孤儿院被迫停办。

　　第二年,裴斯泰洛齐为了继续他的教育实验,实现他的教育理想和目标,他又到布格多夫一所私立幼儿学校工作。后来,他又与朋友创办了一所伯格多夫中学,1805年裴斯泰洛齐又把该校迁移到伊弗东,改称伊弗东学院。在这里,裴斯泰洛齐全面实施了自己的教育计划和思想。由于裴斯泰洛齐和他的助手勤奋的工作态度,再加上优美的校园环境和卓越的教学成绩,使这所学校闻名全欧,也吸引了许多著名的哲学家、教育家和学者前来参观学习,后来因学生的成分发生了显著的变化,贵族和富裕家庭出身的学生日益增多,而贫苦人民的子弟越来越少,这与裴斯泰洛齐当初创办学校的初衷相违背,再加上学校管理不善以及教师之间的矛盾等原因,使伊弗东学院逐渐衰落,最终于1825年停办。伊弗东学院的停办使裴斯泰洛齐十分悲痛,他怀着失望的心情又回到了他最初从事教育活动的地方——涅伊霍夫。在这里,裴斯泰洛齐完成了他最后的一部著作《天鹅之歌》,书中全面总结了他的全部教育经验。

裴斯泰洛齐认为,教育的目的在于发展一切天赋力量和能力,形成完善的人。从他的民主主义思想出发,他提出人人具有天赋能力,人人需要发展,所以人人应该接受教育,尤其是那些贫穷家庭的孩子。他极力提倡应该使教育成为全民的财富。裴斯泰洛齐对当时的等级性的教育制度提出了尖锐的批评,他说:"就我所知,教学正如一座大厦,大厦的上层宽敞明亮,艺术高超,但是为少数人居住。这座大厦中层居住的人,比上层多得多,但是这里并没有上升的阶梯使他们能够合乎人性地爬到上层去……最后,在下层住着无数的人群,他们和上层的人们一样,有享受阳光和新鲜空气的同等权利,但是,他们不仅是被放在令人作呕的昏暗中和没有光亮的洞穴里,而且被蒙住了双眼,他们即使仰望大厦的上层,也是不可能的。"[①]因此,裴斯泰洛齐大声疾呼:"让人类崇高的太阳,也照耀着小小的茅舍。"

为实现自己的教育目的和目标,裴斯泰洛齐提出了著名的"和谐发展"和"要素教育"思想。裴斯泰洛齐接受了卢梭"自然教育"和莱布尼兹"单子论"思想的影响,相信人生来就具有一种渴望得到发展的能力,包括人的眼睛、耳朵、手脚、心灵以及头脑等各个器官。所以裴斯泰洛齐提出,教育应该遵循自然的规律,必须使学生在体育、劳动教育、德育、智育和美育几个方面得到和谐发展,使这"五育"在相互结合中进行,这样才能达到所要追求的教育目标。

裴斯泰洛齐是第一个在教育史上建立了初等教育的理论(如分科教学

① 张焕庭主编.《西方资产阶级教育论著选》.人民教育出版社,1979.177页。

法)的教育思想家。他认为,知识的基本要素是数、形、词。初等教学要以发展学生测量、计算以及说话能力为主要目的。他还提出了一系列原则,如直观性原则、循序渐进原则、由近而远的原则、由易而难原则等。在《论教学法》中,他第一次提出了使教育心理学化的启蒙思想。裴斯泰洛齐认为,直观是一切知识的出发点,也是一切教学的基础,这一见解对教育心理学的发展作出了重要贡献,对后来教育家如赫尔巴特等的教育思想的形成产生了很大的影响。

应该说,裴斯泰洛齐的教育生涯是与贫民儿童的教育事业分不开的,这主要是与裴斯泰洛齐的生活经历以及他的社会政治观点直接相关的,这也是裴斯泰洛齐教育思想和实践的特色所在。

1827 年,裴斯泰洛齐因病逝世,终年 81 岁。由于裴斯泰洛齐在瑞士及世界人民的心中享有很高的声誉,人们在他的纪念碑上写着这样的字句:"涅伊霍夫贫苦者的救星,《林哈德与葛笃德》的人民传道者,斯坦兹孤儿之父,人类的教育者。……一切为人,毫不为己。"这正是裴斯泰洛齐一生献身贫苦人民教育事业的真实写照和评价。

裴斯泰洛齐一生著述很多,除了《林哈德与葛笃德》《天鹅之湖》之外,还有《葛笃德怎样教育他的子女》《与友人谈斯坦兹经验的信》《观察初阶》《母亲读物》《数的直观教学》等等。

第七节　赫尔巴特的生平与学说

约翰·弗里德里希·赫尔巴特(Johann Friedrich Herbart)是欧洲资本主义上升时期德国著名的教育家。赫尔巴特于 1776 年 5 月 4 日出生在德国的奥登堡。他的祖父是奥登堡文科中学的校长,曾连续任职 34 年,在德国教育界颇有声望,这使赫尔巴特后来对教育产生了很大的兴趣。赫尔巴特自幼身体羸弱,所以童年时期一直在家中接受母亲的启蒙教育和初等教育。他的父亲是奥登堡的律师和议员,母亲勤劳贤淑,善理家务,她非常重视家庭教育,对赫尔巴特虽疼爱至深,在学习上却是管教极严。在母亲慈爱而威严的教育下,赫尔巴特在家庭教育中受益匪浅,母亲的教育方式对他后来教育思想中关于家庭教育的观点有着很大的影响。赫尔巴特在母亲和家庭教师精心辅导和引导下,从小就在许多方面表现出很大的兴趣,尤其在音乐方面,赫尔巴特能谱曲演奏,11 岁时曾参加钢琴演奏会,受到了听众的一致好评。

赫尔巴特 8 岁开始进入奥登堡拉丁古典文科中学学习,学习十分刻苦认真,尤其对哲学和物理表现出浓厚的兴趣,为他以后哲学思想的形成奠定了初步的基础。同时,赫尔巴特还十分擅长演说。1794 年,赫尔巴特以优异的成绩从中学毕业。中学毕业后,赫尔巴特升入耶拿大学学习法律,但是赫尔巴特对法律并不感兴趣。这时的耶拿大学是德国哲学思想的发展中心,各种思潮非常活跃,这对赫尔巴特产生了很大的影响。于是,赫尔巴特把学习的精力转到哲学的研究上,阅读和研究了许多有关康德、费希特和莱布尼兹等人的哲学著作,深受这些哲学家思想的影响,为赫尔巴特以后从事教育和哲学理论的研究打下了基础。

赫尔巴特在 1797 年大学毕业后,前往瑞士。之后,赫尔巴特在一个耶拿大学时的同学的帮助下,找到了一个担当私人家庭教师的工作,从此开始了教育生涯。

赫尔巴特当时承担着三个年龄分别是 14 岁、10 岁和 8 岁的男童的家庭教师工作,不仅要给三个男孩教授古典语言、历史、数学和自然科学等学科知识,同时还要给三个男童进行其他方面的教育和引导。在教学中,赫尔巴特努力激发学生多方面的兴趣,与他们建立融洽的师生关系,一起探讨学习材料和方法,共同生活在一起。赫尔巴特产生了一个设想,就是把教学建立在伦理学和心理学基础上,对学生进行道德和知识的教育,力图“通过教学进行教育”。赫尔巴特在担当家庭教师工作时所获得的经验对他后来教育理论的形成起到了很大的作用。但是,青年时期的赫尔巴特当家庭教师所取得的经验,还不是他教育理论的惟一源泉,“费希特和裴斯泰洛齐二人的教育思想也启发了他,并很快形成了赫尔巴特这位才华出众的思想家的个人特色”[①]。

赫尔巴特在担任三个男孩家庭教师的过程中,于 1799 年与学生一起到瑞士教育家裴斯泰洛齐办的学校中学习,受到了裴斯泰洛齐的热诚接待。这一次的访问,使赫尔巴特更加全面和深刻地了解了裴斯泰洛齐的教育思想,同时也更加坚定了赫尔巴特从事教育的信心。回来以后,他还不断与裴斯泰洛齐保持着个人的联系,并开始发表一些文章来推动和宣传裴斯泰洛齐的教育思想。同时,赫尔巴特也开始在三个学生的家庭教学中,注意实施自己的教育思想,在许多感性的教学实践中,使赫尔巴特在理论上进一步加深了他对“教育性教学”概念和理论的认识。

---

　　① 扎古尔.摩西主编.《世界著名教育思想家》(二).中国对外翻译出版社,1995.185 页.

　　赫尔巴特一边工作，一边在大学中学习，于 1802 年在哥廷根大学获得了博士学位，并担任了教授，讲授教育学、逻辑学、心理学和哲学等课程。这期间，赫尔巴特继续他的教育理论研究，个人的教育思想逐步形成。此时，他写了《裴斯泰洛齐直观教学入门》，1804 年又写了《对于裴斯泰洛齐教学方法的批判》等文章。由此可见，赫尔巴特在继承和吸收裴斯泰洛齐教育思想的同时，又在自己的教育实践和理论研究基础上，使自己的教学思想表现出个人的特色。1806 年赫尔巴特写成了他的教育思想的代表作《普通教育学》。

　　应该说，赫尔巴特在 1806 年所撰写的《普通教育学》主要还是来自于担任家庭教师的经验。但是由于私人家庭教师工作方式与学校教师的工作方式有很大不同，使赫尔巴特意识到他所提出的教育性教学能否在正规学校中同样可行的问题。赫尔巴特决定在学校中通过实验来证明其教育理论和思想。1809 年赫尔巴特接受柯尼斯堡大学的邀请，担任康德哲学讲座的主持人。但他要求，不仅仅要讲授哲学和教育学课程，而且还希望能成立一个小型的实验学校。赫尔巴特的建议得到了普鲁士王国许多人的支持。后来，在柯尼斯堡成立了一所教育学院，这所教育学院开始时规模较小，其宗旨是通过以赫尔巴特的教育学为基础的教学实习，为文法学校培养教师。到 1818 年，由于条件许可，赫尔巴特又在该学院附设了·所小规模的寄宿学校，教学主要在附设的实验学校中进行，赫尔巴特开始全面进行他的教育性教学实验。这时，赫尔巴特在实验学校中的教学工作基本上还是按照他在担任私人家庭教师时所采取的教学计划进行的。经过一段时间的实验，赫尔巴特确认这一方法也同样适用于一般学校的教育，并补充了其他一些革新措施。赫尔巴特在这一时期，曾写了《哲学概论》《心理学教科书》《科学的心理学》《关于心理学应用于教育学的几封信》等著作，来阐明他的教育思想。

　　但是随着拿破仑战争的结束，普鲁士的改革热情也逐渐消退。因此，赫尔巴特的教育革新思想没有得到普鲁士王国的接受，其制定的一套文法学校教学方法也未在全国推行。

　　1832 年，赫尔巴特回到哥廷根大学任教，他又把《美学表现》和《普通教育学》中阐明的教育性教学观点糅合在一起，即把"理论性"和"实践性"教育教学问题相结合，撰写了《教育学讲授纲要》。后来赫尔巴特分别在 1840 年和 1841 年又写了《心理学研究》《哲学词典》两部著作。1841 年 8 月 11 日，赫尔巴特因病逝世于大学城哥廷根，终年 65 岁。

综合赫尔巴特所发表的文章和著作,其教育思想的要旨在于主张教育学要建立在伦理学与心理学的基础之上,重视教学的教育性原则等。其教育思想概括起来,主要体现在以下几个方面:

赫尔巴特教育理论体系的核心是教育目的问题,他把培养真正"善良"的人,形成完全符合"完善"和"正义"观念的人作为教育的目的,把内在自由、完美、善意、正义、公平五种道德观念作为教育任务。为实现他的教育目的和任务,赫尔巴特在管理、教学和道德教育方面提出了自己的见解。这也是赫尔巴特的教育学三个基本组成部分,即管理论、教学论和德育论。

赫尔巴特第一次把对儿童的管理作为教育的独立课题来加以论述。他认为,"儿童管理的目的是多方面的:一方面是为了避免现在和将来对别人与自己造成危害;一方面是为了避免不调和斗争本身;最后一方面是为了避免社会参与,它没有充分权力参与却被迫要参与的那种冲突"①。赫尔巴特把管理看作是教育过程的前提,赫尔巴特提出的管理的方法有威吓、监督、命令、禁止和处罚等,其辅助管理办法还有父亲的威严以及母爱。

赫尔巴特认为,教学是教育的最基本的手段,教学应该以多方面的兴趣为基础,包括经验的、思辨的、审美的、同情的、社会的和宗教的六类。他把任何兴趣都分为注意、期待、探求和行动四个阶段。在多方面兴趣的基础上,为了使教学能够对学生进行充分的知识训练,赫尔巴特指出,必须设立内容广泛的课程,使教学变成多方面的教学,如根据经验的兴趣,设立了自然科学、物理、化学、地理等学科;根据思辨兴趣,设立了数学、逻辑学、文法等学科;根据审美兴趣,设立了文学、歌唱、图画等学科;根据同情兴趣,设立了外语、国语等学科;根据社会兴趣,设立了历史、政治、法律等学科;根据宗教兴趣,设立了神学学科。在具体的教学过程中,赫尔巴特还根据儿童的心理活动规律,建立了一种合理的教学程序,即"教学形式阶段"理论。在这个理论中,他把教学过程分为明了、联想、系统和方法四个阶段,认为这四个阶段同儿童的心理发展过程是一致的,教师应该按照上述四个阶段进行教学,才可能达到预期的目的。所谓明了就是学生的观念在静止状态时对教材的深入钻研,这一阶段教学的主要任务是提供新教材,把教材分解成各个构成部分,从而使学生掌握新教材,形成新观念。所谓联想就是学生的观念在动态中对教材的深入钻研,这一阶段教学的主要任务是使学生将上一阶段所

---

① 赫尔巴特.《普通教育学》.赵荣昌,张济正主编.《外国教育论著选》.江苏教育出版社,1987.193页。

获得的新观念和原有的旧观念联系起来,形成一般的观念。所谓系统就是学生的观念在静止状态时对教材的理解,这一阶段教学的主要任务是使学生通过静止的审思活动能看到事物之间的关系,把每个个别事物看成是这种关系的一部分,并处于适当的位置。所谓方法就是学生的观念在动态中对教材的理解,这一阶段教学的主要任务是使学生把已经获得的系统化了的知识应用于实际,应用到个别情况中去,以检验其是否正确理解知识的主题思想。赫尔巴特还根据这四个教学阶段,提出了相应的教学方法。

赫尔巴特把德育看作是全部教育的核心,认为必须贯彻于教育过程的始终。他提出道德教育方法有:约束学生、限定学生、规定明确的行为规则以及对学生的劝告等。此外,赫尔巴特还非常注意对儿童进行宗教教育。

赫尔巴特一生著述很多,除上面提及的外,还有《导源于教育目的的教育学科学》《学校与生活的联系》《理想主义对于教育的关系》《逻辑学概要》《形而上学概要》等著作。

第八节　蒙台梭利的生平与学说

玛丽亚·蒙台梭利(Maria Montessori)是 20 世纪意大利著名儿童教育家、第一位女医生、第一位女医学博士。她也是蒙台梭利教育法的创始人,她所创立的幼儿教育法,风靡了整个西方世界,深刻地影响着世界各国,特别是欧美先进国家的教育水平和社会发展。她因在儿童教育方面的贡献,曾三次获得诺贝尔和平奖提名。

1870 年,蒙台梭利出生在意大利的小镇基亚拉瓦莱。父亲是一个开明的军人,母亲端庄文静。她自幼就受到严谨、良好的家庭教育。13 岁时,她选择了多数女孩不感兴趣的数学,进入米开朗基罗工科学校就读,且于1886 年以最优秀的成绩毕业,奠定了良好的数学基础。蒙台梭利中学毕业后,进入国立达芬奇工业技术学院,学习现代语言与自然科学。16 岁进入工科大学,专攻数学。因蒙台梭利后来发现对生物有兴趣,于 1890 年进入罗马大学读生物。读了生物,蒙特梭利又觉得对医学有了浓厚的兴趣,于是,她做了一个前所未有的决定——改学医学。当时欧洲社会非常保守,没有女子学医的先例,她的决定受到家人的反对且也不被当时的体制所允许,但蒙台梭利凭锲而不舍的精神终于获准进入了医学院。1890 年秋,蒙台梭利到罗马大学注册,1892 年转入该校医学院学习。1896 年,26 岁的蒙台梭利获得罗马大学医学博士学位,成为意大利第一位女医学博士。

毕业后的蒙台梭利成为一名精神病临床医生,在罗马大学附属医院治疗残疾和智障儿童。在治疗过程中,她认为这些儿童不该被关在医院或者被遗弃,他们所受到的粗暴对待是使得他们智力下降的重要原因。1898年,在都灵召开的教育会议上,蒙特梭利发表了以《精神教育》为题的演讲,阐述了对智障儿童教育的思想和方法。她指出:"儿童的智力缺陷主要是教育问题,而不是医学问题。"[①]她向社会呼吁,智障儿童应当与正常儿童一样享有同等受教育的权利,指出"低能儿童并非社会之外的人类,他们即使无法得到比正常儿童更多的教育,也应和正常儿童所得到的教育一样多"[②]。为此,蒙台梭利通过对智障儿童的身体感官训练来发展他们的智力。通过对智障儿童的帮助,使她对正常儿童教育发生了浓厚的兴趣,并决心将儿童教育作为自己今后的研究领域。

1907年由蒙台梭利设立的第一所"儿童之家"在罗马开张,这里招收3—6岁的儿童加以教育。她运用自己独创的方法进行教学,那些普通的、贫寒的儿童几年后发生了巨大的转变,被培养成了一个个聪明自信、有教养的、生机勃勃的少年英才。蒙台梭利崭新的、具有巨大教育魅力的教学方法,轰动了整个欧洲。人们仿照蒙台梭利的模式建立了许多新的"儿童之家"。1909年出版的著作《蒙台梭利教学法》在两年内被译成20多种文字并在世界范围内形成蒙氏风潮,欧洲、美国还出现了蒙台梭利运动。到20世纪40年代,蒙台梭利学校已遍布世界各地。

1936年出版的《童年的秘密》,是蒙台梭利的代表作之一,比较全面地阐述了她的儿童教育观。蒙台梭利首次提出了以儿童为中心的新教育,开创了幼儿教育的新纪元,形成了科学研究儿童心理发展规律和特点的新方法。她在书中将儿童的生理和心理特征进行了详细的分析,初次提出了儿童成长过程中有"敏感期"的观念:"儿童有秩序的敏感期,细节的敏感期,行走的敏感期,手的敏感期和语言的敏感期。"在敏感期,儿童能轻松学会相应的事情。家长应及时捕捉到儿童去敏感期,顺着敏感期学习的特征加以引导,会得到最大的学习效果。反之,如果儿童没有到达相应敏感期,逼迫儿童去学习,则无法达到学习的效果。如果延误了"敏感期"的学习时机,则会对儿童的成长造成阻碍。在心理分析的基础上,蒙台梭利提出了幼儿教育的两大原则:"重复练习"和"自由选择",同时要为儿童提供一个自由发展、

① 蒙台梭利:《蒙台梭利方法》,1964年英文版,第46页。
② E.M.斯坦丁:《蒙台梭利的生平与工作》,1962年纽约英文版,第29页。

有秩序、愉快和生气勃勃的环境,而且这种环境必须由理解和了解儿童内在需要的教师来准备。教师必须摒弃自己内心的傲慢及诸如发怒等坏脾性,使自己沉静、谦虚和慈爱,引导儿童去进行活动,并提供必不可少的帮助和指导。①

蒙台梭利认为,儿童是独立的不断发展着的完整个体,儿童在出生之前就孕育出"心理胚胎",儿童具有的"内在潜力"通过自身的发展而逐渐成长。他们具有蓬勃向上的生命力,有着主观能动性,他们不是成人和教师被动灌注的容器,而是随着"心理胚胎"的发展不断成熟的个体,因此需要依靠吸收其周围环境中的营养。她反对教育者把教育内容强加于儿童,而是让他们的生命如一幅潜能不断彰显和展开的画卷。儿童的"内在生命力"具有无限的力量,教育的任务是激发和促进儿童"内在潜力"的发展。蒙台梭利指出,儿童的成长发展也需要纪律,但纪律不可能通过命令、说教和任何一般的维持秩序的手段而获得,只有建立在儿童自由活动的基础上。

蒙台梭利很重视活动的重要性和儿童的自我教育。她认为,3—7岁儿童的教育要以活动为主。各种丰富活动是儿童内在生命力的外部表现。在儿童的早期教育中,需要儿童运用各种感官去感知、研究和探索他们周围的环境,在探索中激发儿童的潜力。蒙台梭利强调感官训练必须由儿童自己控制某些教具来进行。她设计了一整套独特的教具,这些教具有不同的大小、长短、轻重、粗细、颜色、体积、厚薄等,儿童通过辨别能够培养他们的听觉、视觉、感知能力。正是在儿童独立操作教具及自行矫正错误,并可能有多次反复的过程中,提高了他们在观察基础上的分析和推理能力。蒙台梭利认为这是一种"自我教育"。"自我教育"是体现蒙台梭利方法的一个十分重要的原则。她一再强调:"人之所以成人,不是因为教师的教,而是因为他自己的做。"②

蒙台梭利终生未婚,将毕生的精力奉献给儿童教育事业。1952年5月,82岁的她在荷兰去世。蒙台梭利一生著作甚丰,主要有《童年的秘密》《教育人类学》《蒙台梭利方法》《新世界的教育》《儿童的发现》《有吸引力的心理》《童年的教育》《对人类潜能的教育》《教堂中的儿童》《教育和和平》等。

---

① 顾明远主编.《世界教育大事典》.江苏教育出版社2000年版,第662页。
② 吴式颖:《外国教育史教程》,人民教育出版社1999年版,第496页。

第九节　福泽谕吉的生平与学说

福泽谕吉,日本明治时代资产阶级的启蒙思想家和教育家。1835 年出生在大阪一个下级武士家庭。父亲是一个低级财政官员,是收入低微的世袭职位,母亲是本藩一个士族家庭出生的有教养的女子。福泽谕吉父亲由于出生低微,终身不得志,45 岁时就抑郁而死。所以,福泽谕吉的母亲只好带着五个孩子从大阪回到藩地中津。由于家中收入很少,生活贫困,福泽谕吉自很小起就开始在家做事,以增加一些收入。直到 14 岁,福泽谕吉才有机会到学校去上学。在学校,由于低微的身份经常受到同学的欺侮,使福泽谕吉在少年时期就认识到社会制度的不平等。当时的小学教育有两种,一种是为武士家庭的男孩所办的;另一种则是为平民的子女所办的。后来从 18 世纪中期,大多数的藩还设立了藩学校。但是,下级武士子女是不能进入这种学校的,这更使福泽谕吉感到不平等和不满,这也是后来福泽谕吉教育思想中极力提倡教育平等和普及教育的一个重要原因。

福泽谕吉在 19 岁以前一直学习汉语,主要包括四书五经方面的内容。他对书中所宣扬的封建伦理道德和当时的封建等级制度内容十分不满,非常希望能有机会外出求学,学习自己所需的知识。1854 年,已继承父亲袭位的福泽谕吉的哥哥要福泽谕吉到长崎去学习荷兰语,希望他学成后能为藩主服务。于是,福泽谕吉抓住了这个机会,离开了自己的家乡。到了长崎以后,福泽谕吉成了中津议员儿子的仆人兼学生,根本学不到什么知识和技能。尽管如此,议员的儿子却对福泽谕吉充满着妒意,这位议员的儿子编造了福泽谕吉母亲病重的谎言,想让福泽谕吉离开长崎。福泽谕吉知道真相后,感到在长崎并不能寻求到自己所需的知识,就毅然离开长崎,前往江户(今东京)继续求学。

在路过大阪时,福泽谕吉的哥哥又劝福泽谕吉留在大阪学习兰学(即荷兰语),以为荷兰语是学习西方文明的一种学问。因此,福泽谕吉开始在日本著名的“兰学”家绪方洪庵的学塾就学,学习十分勤奋,成绩也特别优异。1856 年,福泽谕吉的哥哥因病去世,他接替了哥哥的袭位。这时,福泽谕吉理应回家做家长,但是为了继续学业,他说服了母亲,同时也得到了官方的批准,最终又回到大阪继续学习。福泽谕吉在这里共学习了 3 年时间,集中精力阅读了大量荷兰文的物理学、生理学、化学以及医学等学科领域的书籍。

1858 年,福泽谕吉应邀到江户一所名叫"庆应义塾"的新兰学学塾当教师。在这所学塾里,福泽谕吉倾注了大量的心血。在福泽谕吉宣讲兰学和接触外国人的过程中,他很想亲自到国外考察一番,以增加自己的感性认识。恰逢 1860 年 1 月幕府要派遣一个全权使节团赴美,所以福泽谕吉通过许多关系,最终作为一名随员一同赴美。在美国的 5 个多月的时间中,福泽谕吉对美国社会的政治、经济等方面作了详尽的考察,使他深刻体会到西方资本主义的近代文明所带来的社会的巨大进步,同时也深深认识到日本的落后。这一次的出访,坚定了福泽谕吉向西方文明学习的决心。所以,回国后,福泽谕吉由以前教授兰学改教英文。同时,福泽谕吉又接受"外国方"的聘任,从事翻译英、美各国公使送到幕府的外交文书的工作。后来,幕府也看中福泽谕吉的才能,把福泽谕吉招进幕府。作为大名的家臣,福泽谕吉可以自由阅读外务省方面的文件和书籍,这样的工作环境更为他学习和研究西方文明提供了非常有利的条件。

1861 年,幕府派一个旅欧使团同欧洲五国商谈 1858 年缔结的条约中关于延期开放港口的事宜,福泽谕吉这次被任命为随员翻译,一同出访。这次共出访了法国、英国、荷兰、德国、俄国、葡萄牙六国的首都,福泽谕吉又利用这次机会详细考察了欧洲的政治、经济和社会问题。在考察时,福泽谕吉就开始考虑,日本如何在接受西方冲击的同时,通过义化教育使日本接近西方文明,这种"教育救国"的思想,成为他后来致力于著述和教育事业、宣传"文明开化"思想以及培养人才的指南。

1867 年,福泽谕吉又一次有机会出国随访。但是,由于福泽谕吉与赴美使节团委员长发生冲突,并因为他大量购买图书,而招上司的不满,以致回国后,受到了幕府的处分。从这件事情中,福泽谕吉改变了对幕府的看法,对幕府能否承担起救国救民、振兴日本的重任感到怀疑。在这种情况下,福泽谕吉为把"文明开化""教育救国"思想传播到社会上,他决定开始集中精力兴办私塾和著书立说。在 1866 年、1867 年以及 1870 年先后出版了《西洋事情》初、中、下三编。在这三部书中,福泽谕吉全面地向国人介绍了西方社会历史以及当今的社会制度和状况等内容,同时还在书中谈了自己的感受和见解,使国人在了解外面世界的同时,加强了紧迫感和危机感。除《西洋事情》外,他还出版了《来福枪操法》《西洋导游》《条约十一国记》《西洋衣食住》等。

1868 年,福泽谕吉开始认真创办学塾,他把原有的学舍扩大,并扩大招生,后来又把学舍迁移到新钱座地方。为办好这座学塾,福泽谕吉整顿塾风,制定了严格的塾规,并制定了作息时间、课程表、卫生值日制度、食堂制度和课外活动制度等,这些规定和制度大都是模仿外国而制定的。而且在学塾中,福泽谕吉让学生学习外国原著,学习的科目主要包括修身、经济、历史、地理、物理、算术以及文章典故等。由于办学富有特色,符合社会潮流,福泽谕吉的"庆应学塾"在社会上引起了很大的反响,学生人数激增。后来又增加校舍,使规模不断扩大,在1868年到1872年间,学校规模由18人扩大到302人。

福泽谕吉在一边积极办学的同时,还专心从事写作,以把知识传给更多的人。在1868年到1871年,他先后出版了《启蒙穷程图解》《兵士怀中便览》《洋兵明鉴》等著作,这些书大量介绍了西方各国的政治、经济、军事、历史、文化和科学技术等内容。这些知识的广泛传播,在日本国民中产生了很大的震动和反响,使刚刚从闭关自守状态中解放出来的日本人认清了世界发展的形势以及日本与发达国家的差距。总之,福泽谕吉的这些著作在当时国民思想中起到了十分重要的启蒙作用。

明治政府建立以后,进行了自上而下的资本主义改革,其中许多措施都与福泽谕吉的思想相一致。因此,在19世纪70年代,福泽谕吉为帮助日本解决一系列问题,又写了大量的文章和论著,其中影响较大的是《劝学篇》和《文明论概略》等,这些文章和论著的发表,使福泽谕吉名声大振。在1879年,福泽谕吉被推选为学士会院首任会长等职。

1890年,福泽谕吉在以自己毕生心血培育的庆应义塾中成立了大学部,开设文学、财经和法律三科,并在大学部中进行了若干项的教育改革,对后来教育的发展产生了很大的影响。在福泽谕吉临终前三年,他开始将他所有的文章和著作进行整理,并打算出版全集,并于1899年完成《福泽谕吉自传》。1901年1月25日,福泽谕吉因脑溢血病发而去世,终年66岁。

福泽谕吉生活的时代,正是欧美列强疯狂向东方进行殖民扩张的时期。因此,福泽谕吉教育思想的主线就是教育救国,同时对教育的民主化以及教育中的德、智、体诸要素的发展提出了自己的见解。

福泽谕吉从日本的实际情况分析,看到了日本与西方强国的差距,同时也分析了日本文明发展的有利条件。主张在日本文明化的过程中,通过文化教育的熏陶,以提高国民的素质。在学习西方文明的过程中,要择其善者而从之,弃其糟粕,决不能盲目照搬。在知识的学习上,他主张要学习实学,即对日常生活有用的学问。

福泽谕吉对教育在个人发展中的作用持有很高的评价。他认为,人的遗传因素是有限的，一个人只有通过学习，才会更加智慧，反之，就会愚昧。正是由于非常注重教育的作用，所以福泽谕吉极力提倡实施普及教育，主张教育机会均等。他说："我说的以学问之毒控制中毒症……即尽力普及教育，使学者更加高尚，最后促使本人自感贫穷，自己悟悔，天下有许许多多的后进生，谁能早日悔悟，谁就能早日成为谋生者。其决心的先后足以预卜其人的智愚。"[①]明治初期，他积极主张日本政府实施强迫教育。创办私立学校成功的经历，使他对私立学校的教育更加重视。他认为，通过私立学校可以为国家培养大批人才，为国家的富强作出贡献。福泽谕吉反对大力发展官办学校。

在学生德、智、体三方面的教育中，福泽谕吉特别强调道德和智慧的重要性。认为，一个国家文明水平的高低可以以人民的德智水准来衡量。要促进文明，必须首先提高人民的道德和智慧。福泽谕吉认为，道德就是内心的准则，也就是指一个人内心真诚。在道德教育方法与途径论述中，福泽谕吉强调"道德教育必须顺乎人情""道德教育应尊重人们的自由""匡正道德教育的方法在于示范""德育贵在身教不在言教"等一些很有指导意义的见解。智育方面，福泽谕吉极力批判了封建主义教育存在的种种弊端，尤其反对封建时代的'空谈虚谈'和脱离现实生活的儒学教育，提倡智育应该向西方文明学习，把对学生有实际用处的知识传授给他们。因此，福泽谕吉在庆应义塾的教学改革计划方案中，大力提倡职业教育，主张培养资本主义近代化所需要的实业家。

除德育和智育外，福泽谕吉对体育也很重视。他不赞成把体育活动当作消遣或游戏，而是应通过体育，使学生健康无病，精神活泼愉快，以排除社会上的各种艰难，达到独立生活的目的。他认为，在体育活动方式上也不要力求一致，应根据各自习惯和爱好，选择相应的方式，如打猎、赛马、划船、柔道等。

除以上一些教育观点和思想外，福泽谕吉还在家庭教育、社会教育方面也提出了卓有见解的观点。

福泽谕吉一生著述非常多，其中具有代表性的著作有《劝学篇》《西洋事情》《西洋导游》《文明论概略》《童养教训》以及《帝室论》等。

---

① 福泽谕吉.《福泽谕吉教育论著选》.王桂译.人民教育出版社,1991.78 页。

第十节　杜威的生平与学说

约翰·杜威(John Dewey)是美国实用主义哲学家的代表人物以及实用主义教育的创始人。杜威于 1859 年 10 月 20 日出生在美国佛蒙特州柏灵顿市郊区的一个村镇里。他的父亲是个零售商。杜威 8 岁时,开始接受学校的正规教育。当时的教育都是传统的强迫记诵和读写算的教育,给杜威留下了很深的印象。童年时的学习经历为他后来反对传统教育,提倡实用教育提供了很好的感性体验。杜威 15 岁时,进入了中学,并于 16 岁进入佛蒙特大学。

大学毕业后的杜威在宾夕法尼亚南方石油城一个中学里教了两年书,主要是教授拉丁文、代数和自然科学。这时的杜威并没有把全部的精力用于教学上,而是投入了很大一部分精力研究自己感兴趣的哲学问题。后来,杜威又回到柏灵顿,在查罗附近的一个乡村学校当教师。在教书的同时,杜威还跟随佛蒙特大学的托里教授继续学习哲学。在托里教授的指导下,杜威阅读了许多哲学史上的古典著作以及德国哲学家的著作。由于对哲学的偏好,杜威打算放弃工作,一心从事哲学研究。所以,杜威于 1882 年进入约翰斯·霍普金斯大学学习研究生课程。杜威第一学年学习了历史和政治理论,第二学年学习了生物学和动物学、生理学等学科,但真正对杜威影响较大的要算是霍尔的心理学课程和莫里斯教授的哲学课程。杜威系统地学习了霍尔教授开设的“生理心理学”“实验心理学”以及“心理学与伦理学理论”等课程,还参加了霍尔教授为将来从事教学工作的学生开设的“科学教育学”讨论课,并在霍尔建立的心理实验室独立进行实验。通过这些课程的学习和参与一些实践性的工作,杜威认识到实验心理学的重要地位,并主张倾向哲学的“理性心理学”让位于“实验心理学”,这对他后来重视心理学在教学中的作用产生了很大的影响。

杜威读完研究生课程后,于 1884 年担任了密执安大学的哲学教授,除在明尼苏达大学工作一年外,杜威在密执安大学一直教书到 1894 年。这一时期,杜威参与了中等学校师资的培养工作,从而也激发起他对普通教育的兴趣。他意识到,中等学校的质量决定于儿童在小学里所受的训练。于是杜威开始着手研究初等学校的教学计划。当然,导致杜威对普通教育感兴趣的另一个原因则是杜威与艾丽丝·奇普曼的结婚,“艾丽丝·奇普曼的活力、独立精神和对社会问题的强烈兴趣,对杜威的思想起着一种理智的激发作用"①。后来,杜威自己有了 3 个孩子,为改变传统的教育模式对子女的影响,杜威对普通教育研究发生了兴趣。后来杜威创立和指导了芝加哥实验学校。

1894 年,杜威接受了芝加哥大学哲学教授的职位,并担任了哲学、心理学和教育学系的系主任,教授研究生课程。应该说,杜威真正的教育活动是在这个时期开始的。杜威到了芝加哥大学后,立即对原有的教育结构进行改革,加大了教育学在大学中的地位,增加大学本科和研究生的哲学和心理学课程。为了实验自己的教育主张和理论研究,杜威向大学的行政官员建议成立一所学校,通过这所学校,使教育学系的理论研究和实际需要结合起来。他的建议得到了哈珀的支持。1896 年 1 月,芝加哥大学实验学校成立,并对外招生,该校最初规模较小,只有 16 个学生和两个教师。后来,到 1903 年在校学生达 140 人,教师有 23 人,研究生助教 10 人,学生大多数来自专业技术人士家庭,许多学生都是杜威同事的子女,因为这所实验学校接受检验的完全是杜威的实用心理学和民主道德观的理论假设,不久该校被人称为"杜威学校"。在芝加哥实验学校,杜威首先对课程内容、课堂组织方式等方面进行了革新,突出了杜威的实用主义教育思想,而且芝加哥"实验学校虽然是检验杜威的实用心理学和实用主义的重要园地,但却是他的道德标准和民主理论的更为重要表现形式……他说,要把教育的社会内容放在首位"②。

杜威从自己的教育实验中获得了许多的实践经验,为把自己的感性认识上升到理论高度,杜威开始总结整理自己的做法和成果,并写成了许多方面的著作,如《我的教育信条》《学校与社会》《儿童与课程》等,构成了杜威教育思想的基本观点和体系,杜威的实用主义教育思想初步形成。后来,由于对实验学校的管理和经费问题意见不一,杜威于 1904 年 5 月辞去芝加哥大学的职务,转到哥伦比亚大学担任哲学教授,直到 1930 年退休。在这期间,杜威进一步探讨了实用主义教育理论,发表了《明日之学校》《民主主义与教育》《进步教育与教育科学》等重要著作,其中《民主主义与教育》一书,被西方教育家誉为是与柏拉图《理想国》和卢梭《爱弥尔》有同等地位的重要著作。

---

① 赵祥麟主编.《外国教育家评传》(二).上海教育出版社,1991.501 页。
② 扎吉尔·摩西主编.《世界著名教育思想家》(一).中国对外翻译出版社,1994.230 页。

　　杜威的教育思想不仅对当时的美国教育产生了很大的影响,对整个世界都产生了很大的冲击。杜威先后到过日本、中国、土耳其、墨西哥和苏联等国家进行教育考察,宣传他的实用主义教育主张。由于杜威实用主义教育思想的影响,在许多国家也形成了"实用主义"教育的思潮。

　　杜威1930年退休以后,继续从事著述写作,先后出版了《教育与社会变动》《经验与教育》《教育与社会秩序》等哲学和教育学著作。杜威不仅致力于写作工作,还担任了许多学术组织和机构的领导职务,如曾担任过美国心理学联合会会长、哲学学会会长、美国大学教授联合会会长等职务。1952年6月,杜威因病逝世于纽约,终年93岁。

　　杜威一生的教育活动和理论研究,共同构成了一个完整又严密的实用主义理论大厦,成为资本主义现代教育理论发展的一个重要阶段和重要派别。

　　杜威把经验论、民主主义和心理学作为其创立实用主义教育思想的理论基础。在教育本质问题上,杜威提出了"教育即生活""学校即社会"的主张,这也是他创立的实用主义教育思想的最基本的观点。所谓"教育即生活"也就是最好的教育就是"从生活中学习","从经验中学习"。杜威把教育看作是儿童现在的生活的过程,而不是生活的预备。所谓"学校即社会",杜威认为,教育既是一个社会过程,学校便是社会生活的一种形式。学校作为一种制度,应该把显示的社会生活简化起来,缩小到一个雏形的状态。

　　在教学理论上,杜威提出了"从做中学"的基本原则,杜威列举了旧的教育对儿童发展的弊端,认为儿童的学习应该从自身的活动中进行。教学应该从学生的经验和活动出发,使学生在游戏和工作中,采取与儿童在校外从事活动的类似形式。根据这一原则,杜威对课程和教材问题也提出了自己的主张,其要点就是让学生学习与生活有关的内容和知识。在此基础上,杜威还提出了激发儿童思维的"五个步骤",即设置疑难情境,提出问题,提出解决问题的假设,推断假设以及验证假设五步。后来,杜威还针对这五个步骤,提出了教师教学过程的"五个步骤",这就是著名的教学五步法。

　　此外,杜威还论述了以儿童为中心的学校生活的组织理论和从民主主义观念出发的道德教育观以及职业教育等观点。

　　杜威一生的著述很多,除前面已经提及的,还有《教育的道德原则》《我们怎样思维》《哲学与文明》《人的问题》《自由与文化》《经验与自然》,等等。

第十一节　马卡连柯的生平与学说

马卡连柯（А.С.Макаренко）是苏联 20 世纪二三十年代著名的教育实践家和教育理论家。马卡连柯于 1888 年 3 月 13 日出生在乌克兰哈尔科夫省苏姆斯克县别洛波里镇的一个铁路工人家庭中。

1900 年马卡连柯就读于波尔塔瓦省别克勉秋克市立 4 年制学校。4 年毕业后，以优异的成绩考入该校附设的一年制师资训练班学习。自 1905 年，马卡连柯开始了他的教师生涯。

起先，马卡连柯在第聂伯河沿岸克留科夫镇的一所学校当教师。这时正是俄国第一次革命爆发的时期，马卡连柯因此也在这一时期开始接触马克思的著作以及高尔基等人的作品，使马卡连柯的无产阶级世界观逐步形成。在革命实践中，马卡连柯还积极支持工人革命，经常与工人保持密切的来往，并把他工作的这所学校作为工人集会的场所。马卡连柯还利用教师的有利条件，组织进步的工人家庭委员会，与反动当局进行斗争。后来，马卡连柯的这些革命活动被反动当局发现，他又被调到偏僻的海尔逊省多林斯卡娅车站铁路学校任教。在这里工作 7 年后，1914 年，马卡连柯到波尔塔瓦师专学校继续学习。在师专学习期间，马卡连柯博览群书，深入地学习和研究了教育学、心理学、哲学以及文学等领域的知识内容，为后来创立自己的教育理论以及著书立说打下了坚实的基础。1917 年，马卡连柯以优异的成绩毕业并获得了金质奖章。同年 9 月，马卡连柯被任命为克留可夫站高级铁路职工子弟学校的校长。十月革命后，马卡连柯又被选任为波尔塔瓦市立第二小学的校长。

马卡连柯最富有成效的教育实践活动开始于 1920 年的对违法和流浪青年的再教育工作。十月革命后，由于外国武装干涉和国内战争，苏联出现了许多无家可归的流浪青少年，于是苏维埃政府组织了许多工学团来收容这些青少年和儿童。马卡连柯在 1920 年 10 月被波尔塔瓦教育厅任命为波尔塔瓦少年违法者工学团的负责人。出于自己对高尔基的尊敬和爱戴，马卡连柯把自己所领导的工学团改名为"高尔基工学团"。后来，马卡连柯又被调往另一个教育机构——捷尔任斯基公社担任领导工作，这个公社是乌克兰国家政治保安部为纪念捷尔任斯基而建立的，主要任务是把那些 13 到 17 岁的少年犯和流浪儿童改造教育成社会主义新人。在捷尔任斯基公社工作期间，马卡连柯探索了许多教育改造这些青少年的方法，并作了理论上的研究。马卡连柯坚持教学和生产劳动相结合的原则。在公社里面,设有木工厂、铁工厂、旋工厂、缝纫工厂、电钻机工厂以及照相机厂,1930年和1935年,马卡连柯又分别设立了工农速成中学和完全十年制学校,使教学和生产劳动相结合具备了充分的条件。学生每天从事生产劳动四小时,学习四五小时,这是世界教育史上首次实行普通学校教育与现代化工厂生产劳动相结合的教育机构。通过这样的教育途径和方式,使马卡连柯领导的公社工作取得了非常明显的成效,一方面提高了学生的知识水平和技能,另一方面也使公社在经济上不仅自给自足,还能向国家上交许多的利润。

1935年7月,马卡连柯被任命为乌克兰共和国内务人民委员部工学团管理局副局长。1936年,马卡连柯又兼任基辅郊区的布洛瓦尔工学团领导人。1937年10月,马卡连柯辞去了乌克兰共和国的行政职务。

辞职后,马卡连柯经常到学校、工厂和教育机关进行演讲和作报告,介绍自己的教育实践经验。同时,他还对自己的教育教学实践经验进行整理,写成了100多篇(部)、数百万字的教育论文、教育小说、儿童读物、戏剧和文学评论。其中文学创作占据了很大的比例。1939年1月31日,由于马卡连柯在文学方面的卓越贡献,获得了苏联最高奖赏"劳动红旗勋章"。

1939年4月1日,马卡连柯由于心脏病突发,在白俄罗斯——波罗的海铁路里茨站城郊的火车上不幸去世,终年51岁。

马卡连柯的教育理论是他全部教育实践的结晶。而综观马卡连柯一生的教育活动,其大部分时间是致力于青少年的教育工作,尤其是流浪儿童和违法犯罪青少年的教育改造工作。因此,马卡连柯的许多教育理论在很大程度上是针对这些教育对象的。在马卡连柯的教育思想中,集体主义教育思想是他教育理论体系的核心。

马卡连柯根据马克思主义的基本观点和当时苏联的社会特点,认为社会主义和资本主义的一个重要区别就是集体主义和个人主义的区别。在社会主义社会中,每一个人都不能离开集体而单独存在,每一个人的创造和力量也都只有在集体中才能得到充分发挥。因此,社会主义教育的任务就是要培养集体主义者。马卡连柯认为,这既是教育的目的又是教育的手段,既是教育的主体,又是教育的客体。

马卡连柯集体主义教育理论的核心内容是"在集体中,通过集体,并为了集体而进行教育"。马卡连柯为实现对学生的集体主义教育,提出了五条集体主义教育的原则与方法。第一是尊重与要求相结合。所谓"尊重"就是尊重学生的人格,相信学生的才能和力量,善于发现他们的优点,并以深厚的感情来对待和教育他们。但这决不意味着是对学生的放任,在尊重学生的同时,还必须以真诚的、直率的、有说服力的、热忱的和坚定不移的要求,把两者相结合,才能正确地实施集体主义教育。马卡连柯提出的第二条是平行影响原则。所谓平行影响原则就是要求教师在教育过程中以集体为教育对象,通过集体来教育个人,而在教育个人的时候,应该注意整个集体的教育,两者要相互兼顾。第三条是前景教育。前景教育就是对学生进行前途和理想教育。马卡连柯认为利用前景教育法可以使集体不断前进,而集体又可以在前景教育中培养青少年的自尊心、上进心,同时激发他们的良好情感,鼓舞他们的意志。第四条是奖励和惩罚相结合。马卡连柯认为,通过奖励的方法可以调动学生的积极性,使他们相信自己的力量,激励学生不断努力。合理正确地利用惩罚也可以成为促发学生上进的动力。第五条是使劳动和教育相结合。

此外,马卡连柯对教师和教师集体在教育中的作用和要求提出了自己的观点。马卡连柯高度评价了教师的工作及其光荣使命。他确信,教育工作的效率很大程度上取决于教师的职业道德修养。为此,马卡连柯对教师的职业道德提出了一系列的要求,如教师要具有明确的政治目标和坚定的共产主义世界观,熟练的专业知识和广阔的文化视野以及教师应具备的教育科研能力、教育教学的技能技巧等。马卡连柯提出,教师集体是个人工作能力的重要保证。

此外,马卡连柯在家庭教育等方面也有许多深刻的论述。

马卡连柯一生尤其是在晚年著述很多,其中代表著作有《教育诗》《塔上旗》《论共产主义教育》《父母必读》《儿童教育讲座》《家庭教育问题讲座》等。我国曾于20世纪50年代翻译出版了《马卡连柯全集》,对马卡连柯的教育思想作了较为全面系统的介绍。

第十二节　苏霍姆林斯基的生平与学说

苏霍姆林斯基(В. А. Сухомлинский)是苏联当代著名的教育实践家和教育理论家。苏霍姆林斯基于1918年诞生在乌克兰的一个贫农家庭里。苏霍姆林斯基开始只在自己出生的村庄里念了7年书,1933年,苏霍姆林斯基进入了克列明楚格师范学校学习。1935年,苏霍姆林斯基从师范学校毕业后,又回到母校担任小学教师。从小生活在农村的苏霍姆林斯基,对农村怀着深厚的感情。因此,在苏霍姆林斯基回到农村母校后,工作十分努力,立志要把自己的一生奉献给农村的教育事业。

苏霍姆林斯基为了丰富自己的知识水平和加强自己的教学技能,他在一边教书的同时,还一边接受波尔塔瓦师范学院的函授教育。函授学习结业后,苏霍姆林斯基获得了中学教师的合格证书。1939年到1941年间,苏霍姆林斯基在离家不远的区中心镇奥努夫列耶夫卡完全中学任教,他在第一年教授九年级和十年级的语文课。第二年,苏霍姆林斯基还担任了教导主任一职,全面负责学校的教学工作。虽然只有两年的教学和管理实践,但是却为苏霍姆林斯基探讨和研究教育理论问题提供了有利的条件。

1941年苏德战争爆发,苏霍姆林斯基参了军,在连队做政治工作。后来,因身负重伤而复员,重返到教育岗位上。苏霍姆林斯基先是在一所学校当校长,后来,1944年春,又被任命为奥努夫列耶夫卡镇教育局长,在担任3年的教育局长之职后,苏霍姆林斯基仍然希望能回到农村学校中去,以便在那里能继续进行他所研究和探讨的问题。所以,在1947年,在苏霍姆林斯基的要求下,他又来到了帕夫雷什中学,这是他最后的工作学校,也是工作时间最长的地方,他领导帕夫雷什中学达22年之久,直到1970年病逝。

苏霍姆林斯基在帕夫雷什中学22年工作期间,仍是一面从事教学和管理工作,一面从事教育科研,作出了许多创新性的实践探索。在长期的教育实践中,苏霍姆林斯基既当校长,又当普通教师;既教课,又当班主任。苏霍姆林斯基一般在每天早上5点到8点从事写作,白天则亲自上课和听课,晚上便开始写教育日记,思考每天工作中所发现的问题。他整整花了10年的时间,跟踪观察和研究学生不同阶段的表现,他曾将一个班学生从一年级预备班一直带到毕业,研究他们的成长道路。苏霍姆林斯基大约对3700多名学生作了观察记录,积累了教学资料2000多本。苏霍姆林斯基不仅在实践中注重各种教育现象的细心观察,坚持写教育日记。同时,对教育理论的学习也十分感兴趣,阅读了国内外各种教育著作,使他具备了很深的理论功底。苏霍姆林斯基不仅自己积极从事教育科研,他还鼓励和要求其他教师进行教育研究,使整个学校的教育科研气氛十分浓厚。在这样的工作环境中,苏霍姆林斯基有可能从学校工作中的理论与实际工作的不同侧面、不同角度,全面地观察、了解、分析和处理有关学校教育、教学和管理工作方面出现的各种问题,把学校中错综复杂的现象置于相互联系、相互渗透的关系中进行综合研究。尽可能地避免实践与理论中的片面性,从而不断总结经验教训,并提到理论高度去认识①,这是导致苏霍姆林斯基教育实践成功的根本原因,也是他的"个性全面和谐发展"教育思想形成的主要原因。苏霍姆林斯基在帕夫雷什中学还创办了"快乐学校",坚持把劳动课纳入学生全面发展的教学,这些做法在当时引起了教育界的广泛重视。1950 年,乌克兰共和国最高教育研究机构和基辅师范学院选拔苏霍姆林斯基为在职研究生,攻读副博士学位,这样的学习机会使苏霍姆林斯基如鱼得水,他把自己的教育实践经验和理论研究相结合,在短时间里就完成了学业,并顺利通过了《中学的教育集体》学位论文答辩,还完成了导师指定的《培养学生集体主义精神》专著的写作。在这期间,苏霍姆林斯基还写成了《共产主义劳动态度的培养》和《如何培养学生的苏维埃爱国主义精神》两部著作,这些理论上的研究成果给苏霍姆林斯基带来了很大的声誉。1957 年,年仅 39 岁的苏霍姆林斯基当选为俄罗斯教育科学院通讯院士,1959 年又获得了"功勋教师"的荣誉称号。这时,许多学校热忱地邀请苏霍姆林斯基到他们学校中做报告,介绍经验,甚至还有许多条件优越的学校邀请苏霍姆林斯基到他们的学校任教。但是苏霍姆林斯基信守自己立志献身农村教育的诺言,一一婉言谢绝,即使波尔塔瓦师范学院的院长、苏霍姆林斯基的学位导师亲临帕夫雷什中学,希望苏霍姆林斯基到基辅去工作,苏霍姆林斯基也没能应允。

苏霍姆林斯基从 17 岁开始投身教育事业,在自己一生兢兢业业的教育实践工作中,积累了极其丰富的教育经验,写下了大量的著作,其中包括 41 本专著,600 多篇教育论文,1200 多篇童话、故事和短篇小说。苏霍姆林斯基深入教育实践,在理论上探讨了普通教育的各个领域,其中最具有代表性的思想是他的"个性全面和谐"教育思想。

苏霍姆林斯基从马克思列宁主义关于人的全面发展的基本原理出发,明确提出社会主义教育的任务就是培养个性全面和谐发展的人。苏霍姆林斯基认为,要培养个性全面发展的人,就必须对学生进行德、智、体、美、劳几方面的教育。苏霍姆林斯基就德、智、体、美、劳五育的任务和方法提出了自己的见解和看法。

在道德教育中,苏霍姆林斯基把德育置于主导地位,认为其他各育的发展中都应该贯穿着德育的进行,这是形成青年一代思想体系的核心,是儿童精神世界中最重要的基础。他主张要在儿童心目中把道德概念变为道德信念,其具体特征是:只有当道德行为发展到形成习惯的阶段才真正体现为道

---

① 徐汝玲主编.《外国教育史教程》.教育科学出版社,1944.370 页。

德信念支配下的行动,并把学生的义务感、同情心、荣誉感以及诚实的品质等作为青少年的道德情操的主要内容。

在智育方面,苏霍姆林斯基把它视为全面发展教育的一项重要任务。苏霍姆林斯基说:"智育是共产主义教育的一个重要环节。它包括获取知识,形成科学的世界观,发展认识和创造能力,养成脑力劳动的技能,培养对脑力劳动的兴趣和要求,以及对不断充实科学知识和运用科学知识于实践的兴趣和要求"①。另外,苏霍姆林斯基还指出:"智育是一种复杂的过程,它包括形成世界观信念,使智慧富于思想方向性和创造方向性,而这又跟把校内教学教育过程与校外社会生活和谐结合起来的那种个人的劳动和社会积极性处于紧密统一之中。"②在这里,苏霍姆林斯基充分地肯定了智育在人的个性全面发展中所具有的重要作用。

在体育方面,苏霍姆林斯基充分肯定了健康的身体对儿童蓬勃的精神生活具有决定性的作用,保证学生健康的具体要求是:建立合理的学习、劳动、休息制度以及卫生保健等。在美育方面,苏霍姆林斯基同样重视其在人的全面发展中的作用,尤其注重在美育中培养美的情感和美的心灵,并提出了进行美育的诸多途径和手段。在劳动教育方面,苏霍姆林斯基反复论述了劳动教育和德、智、体、美诸育之间的密切关系,提出了 12 条有关劳动教学的原则,并提出了实施劳动教育的措施。

苏霍姆林斯基强调,为使学生得到个性全面和谐发展,还必须建立丰富多彩的集体生活,学生自身必须要有良好的精神状态以及自我教育的愿望和要求,这是最为关键的。

另外,苏霍姆林斯基还指出,在实施个性全面发展教育时,除实施五育外,还要注意其他一些问题,如必须使人的多种多样的才能、天赋、意向、兴趣和爱好等个性特点得到充分的发挥,教师要谨慎地对待每一个学生,竭力把教学和教育工作安排得能使每一位学生都显示出他的天赋。

苏霍姆林斯基的著作也很多,其中被翻译为中文的著作有:《给教师的一百条建议》《把整个心灵献给孩子》《帕夫雷什中学》《学生的精神世界》,教育科学出版社出版的五卷本《苏霍姆林斯基选集》等。

---

① 《苏霍姆林斯基论智育》.王义高译.北京师范大学出版社,1985.19 页。
② 同上.21 页。

思考题

1. 请举例说明外国教育家的生活经历对其教育学说的影响。
2. 如何认识夸美纽斯"班级授课制"的历史意义?
3. 为什么福泽谕吉被称为"日本近代教育之父"?
4. 杜威"做中学"的教学原则对目前我国小学教学有何启示?
5. 苏霍姆林斯基的教育思想有何异同?

推荐阅读书目

1. 任钟印选编.《夸美纽斯教育论著选》.北京:人民教育出版社,1990
2. [瑞士]裴斯泰洛齐.《林哈德和葛笃德》.北京编译社译.北京:人民教育出版社,1984
3. [日]福泽谕吉.《福泽谕吉教育论著选》.王桂译.北京:人民教育出版社,1991
4. [美]杜威.《民主主义与教育》.王承绪译.北京:人民教育出版社,1990
5. [苏]B.A.苏霍姆林斯基.《给教师的建议(修订版)》,杜殿坤译,北京:教育科学出版社,1984

再 版 后 记

编写《中外教育思想史》,意在为中小学教师及师范生提供一本简明扼要的教育思想史读本。1999 年,根据原江苏省教委的统一安排,我们编写了《中外教育思想史》,作为高等学校小学教育的专业教材。此书出版后,先后重印了近 20 次,不仅江苏高等学校的师范生在使用,而且其他很多省份的师范生也在使用;不仅小学教育专业师范生在使用,而且其他专业师范生也在使用。为进一步满足广大师范院校专业教材建设需要,我们对 1999 年编写的《中外教育思想史》进行了修订。修订的主要内容包括:一是对部分内容作了调整和更新;二是为促进学生联系实际、学思结合,对每章思考题进行了调整;三是为便于学生延伸阅读和深入研究,每章均列出推荐阅读书目;四是新增了四位中外教育家的生平和教育思想介绍。

与其他教育思想史不同的是,本书着重介绍和分析一些基础性、规律性的问题,如中外教育思想理论基础的比较研究、中外教育思想的特征分析等,都是过去的同类教材所没有的,这些研究与分析也为教师的思考提供了线索和空间。此外,《中外教育思想史》侧重古代与近代的内容,现当代教育思想的发展在另一本教材《现代教育思潮》中专门讨论。为了给读者留下一个全景式的图像,我们专门用两章的篇幅介绍了 24 位中外著名教育家的生平与学说。希望读者将这两本教材互为参照,全面了解世界教育思想的源流与发展。

《中外教育思想史》由我主持编写,包括负责拟定大纲、编写有关章节、修改文稿以及审定全书。副主编杨树兵同志做了大量的工作。各章的作者分别是:第一章,杨树兵、朱永新;第二章,朱永新、杨树兵;第三章,朱永新;第四章,朱永新;第五章,谢逸、朱永新;第六章,杨树兵;第七章,朱永新、杨树兵;第八章,杨庆、杨树兵;第九章,谢竹艳、冯国红;第十章,杨树兵、冯国红。在这次修订过程中,苏州大学教育学院博士研究生顾云、南京师范大学硕士研究生冯国红也参与了部分工作。南京大学出版社社长兼总编辑金鑫荣、责任编辑胡豪老师对本书的修订出版高度重视、十分关心,在此一并表示感谢。

朱永新

2014 年 10 月于北京滴石斋

图书在版编目（CIP）数据

中外教育思想史 / 朱永新主编. —南京：南京大学出版社，2015.6（2021.7 重印）
高等学校小学教育专业教材
ISBN 978 - 7 - 305 - 15452 - 2

Ⅰ.①中… Ⅱ.①朱… Ⅲ.①教育思想-思想史-世界-高等学校-教材 Ⅳ.①G40-091

中国版本图书馆 CIP 数据核字（2015）第 142089 号

出版发行 南京大学出版社
社　　址 南京市汉口路 22 号　　邮　编　210093
出 版 人 金鑫荣

丛 书 名 高等学校小学教育专业教材
书　　名 中外教育思想史
主　　编 朱永新
副 主 编 杨树兵
责任编辑 胡　豪　　　　　编辑热线　025 - 83594071
责任校对 廖利明
照　　排 南京紫藤制版印务中心
印　　刷 南京新洲印刷有限公司
开　　本 787×960　1/16　印张 17.875　字数 302 千
版　　次 2015 年 6 月第 1 版　2021 年 7 月第 6 次印刷
ISBN 978 - 7 - 305 - 15452 - 2
定　　价 42.00 元

网址：http://www.njupco.com
官方微博：http://weibo.com/njupco
官方微信号：njupress
销售咨询热线：(025)83594756

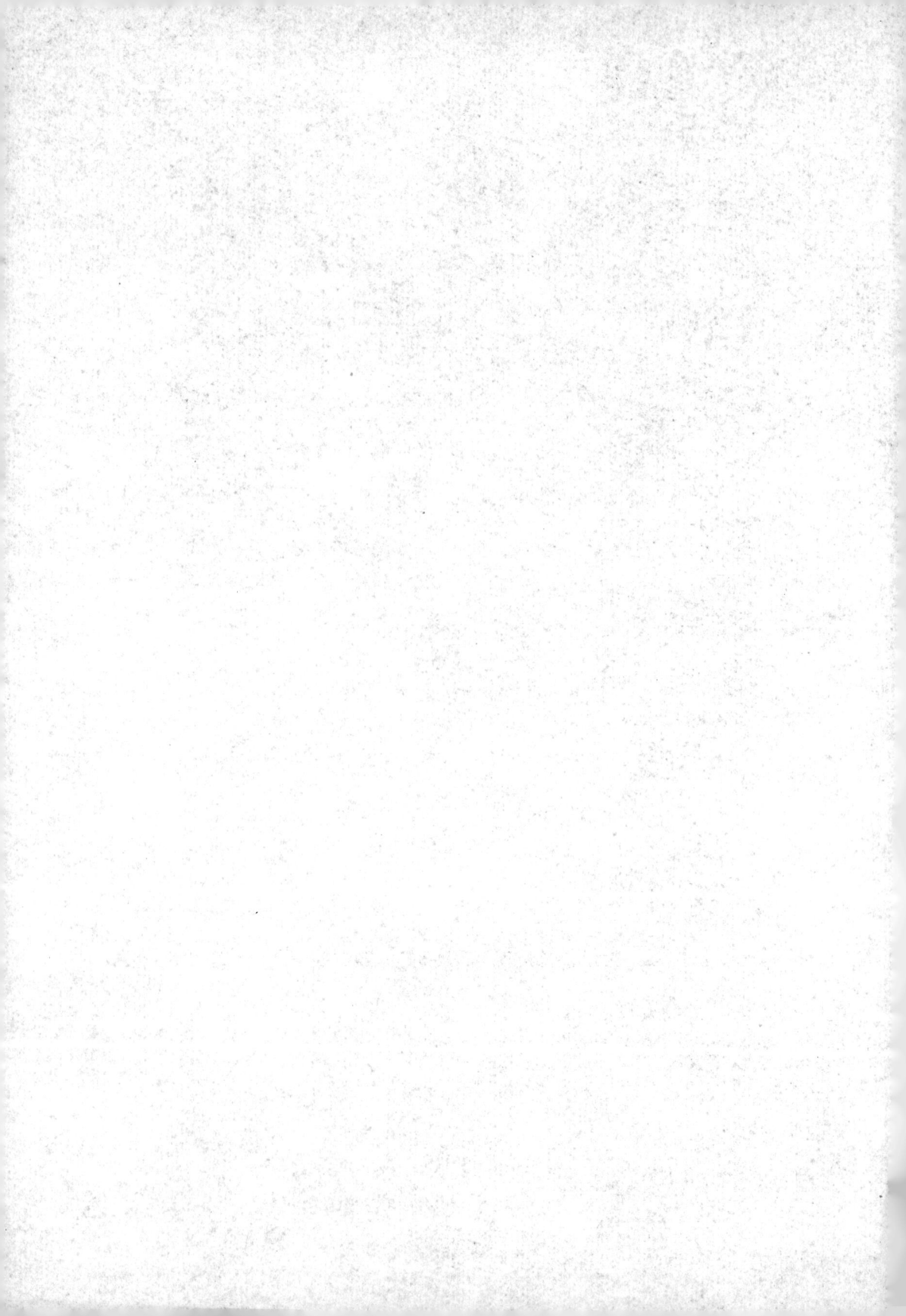